주의 손에 이끌리어

김정식 지음

주의 손에 이끌리어

지은이 | 김정식
펴낸이 | 원성삼
책임편집 | 홍순원
본문 및 표지 디자인 | 안은숙
펴낸곳 | 예영커뮤니케이션
초판 1쇄 발행 | 2019년 6월 23일
등록일 | 1992년 3월 1일 제2-1349호
주소 | 04018 서울시 마포구 동교로 55 2층 (망원동, 남양빌딩)
전화 | (02) 766-8931
팩스 | (02) 766-8934
홈페이지 | www.jeyoung.com
ISBN 979-11-89887-04-9 (03230)

값 15,000원

이 도서의 국립중앙도서관 출판예정도서목록(CIP)은 서지정보유통지원시스템 홈페이지
(http://seoji.nl.go.kr)와 국가자료공동목록시스템(http://www.nl.go.kr/kolisnet)
에서 이용하실 수 있습니다.(CIP제어번호: CIP2019022394)

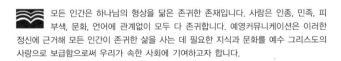

모든 인간은 하나님의 형상을 닮은 존귀한 존재입니다. 사람은 인종, 민족, 피
부색, 문화, 언어에 관계없이 모두 다 존귀합니다. 예영커뮤니케이션은 이러한
정신에 근거해 모든 인간이 존귀한 삶을 사는 데 필요한 지식과 문화를 예수 그리스도의
사랑으로 보급함으로써 우리가 속한 사회에 기여하고자 합니다.

주의
손에
이끌
리어

김정식 선교사의
30년 인도 선교 이야기

예영

| 격 려 사 |

이 글은 사도행전 29장의 한 페이지입니다.

계속되는 사도행전 29장(Acts Twenty-nine)의 역사!

베드로행전(1장-12장), 바울행전(13장-28장)

그리고 우리들의 행전(29장)으로 이어지기 때문입니다.

사도행전이 계속되어야 하는 것은

사도행전이 교회의 역사이기 때문입니다.

어찌 베드로에 비유하며, 감히 바울의 삶과 비교할 수 있겠습니까만

이에 못지않은 삶이라고 소개하고 싶은 분이 있습니다.

저는 지난 40년간 한 부부의 삶을 지켜보았습니다.

청년회장 김정식의 탁월한 리더십과 양명연 간호사와의 만남!

친구들의 만류를 뿌리치고 신혼여행을 기도원으로 한 이야기로부터

당시의 상황으로는 목회자의 길을 선택하는 자체도 어려운데

선교사라는 어려운 결단까지의 과정을 보았습니다.

그에게는 목회에 대한 남다른 비전이 있었습니다.

그래서 부산 남구 용호동 입구에 '새소망교회'라는 간판을 걸고

사명감이 투철한 청년들과 더불어 큰 꿈을 가진 목회를 시작했는데

하나님은 그를 인도로 부르셨고, 그는 이에 응답했습니다.

후원자도 갖추어지지 않았는데, 오직 믿음 하나만으로…

우리는 그 이후의 기록을 이 책의 글로 확인할 수 있습니다.

『주의 손에 이끌리어』는 그의 사도행전적 기록입니다.

저자에게는 죄송한 말씀이지만

그의 필력으로 다 기록하기에는 부족합니다.

저 역시 지난 30년 동안 선교 신학을 공부하고 가르친 사람이지만

김 목사가 흘린 라마나페트의 눈물을 영원히 잊을 수 없습니다.

그의 선교는 무릎의 선교이고 고난의 사역이었습니다.

그의 순종은 엉겅퀴와 가시밭으로 뒤덮인 십자가의 길이었습니다.

물론 이 시대 사도행전적 기록이 이 책으로 국한되기야 하겠습니까만

피(고난)와 땀(헌신)과 눈물(기도)로 얼룩진 그의 삶을 확인함으로

오늘을 사는 모든 성도가 나의 이야기로 읽었으면 좋겠습니다.

그를 아는 분들은 김정식 선교사 부부가 얼마나 겸손한지를 압니다.

그래서 이분들은 언제나 부족하기 그지없는 저를 선생이라 부릅니다.

이 책의 일독을 권하고 추천하면서 솔직하게 고백할 것이 있습니다.

제가 이분들을 지도할 당시의 저는 전도사와 교사에 불과했습니다.

선교 신학을 공부하고 학자가 되고 학회의 회장이 된 것까지도

모두 이분들이 인도 선교 사역을 시작한 이후의 일입니다.

그러므로 사실은 이분들이 스승이자 제 삶의 모델입니다.

꼭 말씀드리고자 하는 것은 이 부부의 사역과 기록이

결코 이 책에만 국한되지 않는다는 이야기입니다.

많은 성도가 이 책을 통한 변화를 기대합니다.

다시 한번 사도행전적인 교회들로 거듭나기를 소망합니다.

비난으로 점철된 이 시대의 교회들이 해야 할 일이 무엇인지를

이 책 한 권으로도 충분한 도움을 받을 수 있음을 강조합니다.

지금까지 그렇게 살아왔지만 앞으로도 선한 주님의 인도하심 따라

선교사님 부부와 대를 이어 충성하는

아들 김이레 선교사 부부의 사역에도

언제나 우리 주님의 크신 은총이 함께하기를

간절한 마음으로 축복합니다.

2019년 4월 선교지 네팔 이타하리에서

남대문교회 담임목사 손윤탁

선교신학 박사/동양철학 박사

델리역에서의 첫 만남!
나는 그가 인도 사람인지 한국 사람인지 구분하기 힘들었다.
자그마한 체구에 콧수염을 기르고 가무잡잡한 그는
물론 인도인의 복장을 하고 있었다.
이것이 내가 처음 만난 김정식 선교사의 모습이었다.
36시간이라는 긴 시간을 인도 완행열차를 타고 오신 분,
그분이 김정식 선교사다.
선교사의 삶이 얼마나 힘들었는지 말없는 그의 눈빛이,
몸짓 하나하나가… 가슴이 아려왔다.

오랜 세월 동안 만났다가 헤어졌다를 반복하게 되면서도
머릿속에는 김정식이라는 글자를 남게 하는 분,
언제나 한결같고 흔들림이 없으신 분,
하나님이 사랑하시는 주의 종이라는 확신이 들게 하는 그런 분이다.

얼마나 많은 세월을 고통과 인내로 살아오셨을까!
얼마나 많은 눈물을 그 땅에 흘리셨을까!
그리하여 그곳에 그렇게 풍성한 열매를 맺으셨을까!

선교사님이 쓰신 글을 보면서 책보다 더 많은 사역이 있었고,
그 사역의 열매가 맺혀지기 위하여 수많은 환난과 고통을
책에 다 담지 못했음을 알고 있다.
이 모든 일을 다 가슴에 묻어 놓고
하나님의 영광만을 나타내시니 말이다.

『주의 손에 이끌리어』를 통해 선교사님 사역의 생생한 간증들을
책으로 만나 보게 되어 독자의 한 사람으로,
아니 멀리서 응원하던 한 사람으로 기뻐 마지않는다.
부디 이 책을 대하는 모든 독자가 하나님의 살아 있는 선교의 현장
을 가슴으로 체험하는 일들이 일어나고
조국 교회가 다시 한번 선교의 사명을 감당하는 기회가 되었으면
하는 마음을 담아 이 책을 적극 추천하는 바이다.

윤대훈 장로
중동선교회 이사/전 (주)대우 인도지사장, 전무

하나님의 부르심을 따라 인도에서 선교 사역을 하는 동안 경험했던 하나님의 이야기를 진솔하게 펼쳐가는 길을 읽다 보면, 드라마틱하기도 하고 흥미진진하기도 하다.

하지만 삶을 녹여낸 이야기들이라 그 안에는 글로 설명될 수 없는 것들이 행간에서 저미어 나오는 것을 느낀다. 표현될 수 없는 것들의 한계에도 불구하고 삶과 사역이 어우러진 이야기들을 읽다 보면 눈을 떼지 못하게 하는 감동이 있다.

책상 위에서 기록한 이론서가 아닌 땀내 나는 삶과 신앙의 이야기들이기에 가능한 많은 사람이 읽기를 바라는 마음이 있어 기꺼이 추천하고자 한다.

수영로교회 담임목사 이규현
한국세계선교협의회(K.W.M.A.) 대표회장

| 추 천 사 |

김정식 선교사님의 『주의 손에 이끌리어』 출간을 축하드립니다.
선교사는 누구나 될 수 있습니다. 그러나 누구나 가서는 안 됩니다.
하나님의 사람, 성령의 사람, 기도의 사람을 하나님은 부르셨습니다.
김정식 선교사님은 이 부름에 응답했습니다.
하나님의 강력한 이 부름 앞에 자리를 잡아가고 있었던
정든 개척교회를 떠나야 하는 결단과 아픔도 있었습니다.
선교는 이론이나 생각에 머무르는 것이 아닙니다.
선교는 행동이고 실천입니다. 영적 싸움입니다.
백 가지 이론이나 지식보다 한 번의 행함과 실천이 중요합니다.
하나님을 만난 김 선교사님에게 양명연 간호사와의 또 다른 만남은
인생의 가장 큰 축복의 만남이었습니다.
정든 곳을 버리고 정글 같은 미지의 낯선 땅 오지로 가려고 할 때,
"당신이 가시면 나도 가야지요."라며 어린 아들을 데리고 결연히 따
라나선 아내 양명연 선교사, 평생의 동역자가 있었습니다.

30년의 선교 여정은 눈물과 기도로 얼룩진 삶의 궤적이었습니다.

길이 없는 미답의 처녀지에서 더 나갈 수 없는 절벽도 있었고

외롭고 힘들게 가다 보면 혼자뿐이기도 했습니다.

낯선 현지 풍습과 문화 충격 속에서 지나온 30년은 질곡의 가시밭길

에서 하나님이 승리하신 현대판 사도행전이고 전도행전이었습니다.

이 책은 하나님을 위하여 한 일을 기록한 것이 아닙니다.

하나님과 동행하므로 하나님이 김 선교사님 부부를 통해 역사한

삶의 궤적입니다.

인도 복음화를 위한 처절한 절규이고 바람이며,

30년 동안 인도 땅에서 흘린 기도와 눈물 자국입니다.

선교 최일선에서 겪은 체험담이요

생생한 선교 현장의 체험에서 녹아 나오는 진국들입니다.

오늘의 인도판 전도행전, 성령행전인 이 책이 선교 지망생들에게

시행착오를 줄이는 최대의 선교 훈련 지침서가 될 것이며,

나아가 한국 교회를 깨우고 선교 전략의 토대가 되며 선교사들에게

는 지침이 되고 나침판이 될 것을 확신하기에 필독을 강추합니다.

두상달
(사)가정문화원 이사장/대한민국 국가 조찬기도회 회장
한국 기독실업인회 명예회장

1989년 3월 8일 아침, 이례적으로 내린 눈이 백양산 등성이를 온통 새하얗게 뒤덮었다. 김해국제공항에 전송 나온 영광교회 김만술 목사님과 성도님들과 함께 출국 기도를 마치고 백양산 눈을 보면서 모두가 감탄했다.

"부산에도 눈이 이렇게나 많이 오는 때도 있었네!"

잠시 후 출국장을 통과한 나는 평생 처음 타 보는 비행기, 그것도 태국을 거쳐서 인도로 가는 국제선 비행기를 타게 되었다. 설렘과 두려움이 교차하는 가운데 출국장 한 구석으로 갔다. 이제는 정말 혼자 가야 하는 길이다. 허리를 깊숙이 숙이고 두 손을 쭉 뻗어서 그 자세로 기도를 드렸다.

"주님 이제 제가 인도로 갑니다. 어떻게 가야 하고 무슨 일을 해야 할지 전혀 알지 못합니다. 순전히 미지의 세계로 가는 길입니다. 주님이 이 손 꼭 잡아 이끌어 주십시오."

30년의 세월이 훌쩍 지나 인도에서 선교지 은퇴예배를 드리고 귀국하는 길에 부산국제공항을 통해 부산에 도착했다. 비록 공항 시설은 바뀌었지만 출국장을 빠져 나오면서 한눈에 들어오는 백양산을 다시금 바라보게 되었다. 산은 그 자리에 옛 모습 그대로 서 있었다. 마치 "아무 일도 없었다."는 듯이….

그러나 내 마음의 나이테에는 30년 동안 주께서 내 손을 잡고 살아온 순간순간이 잘 새겨져 있다.

"주님 이 손을 꼭 잡고 인도해 주십시오."

처음 선교지로 떠날 때에 드렸던 그 기도가, 이제는 "주의 손에 이끌리어 지금까지 사역하게 하셨습니다."로 바뀌었다. 지난 30년 동안 나의 일거수일투족 그리고 이루어진 사역들은 주님의 손에 이끌려 다녔던 흔적이었다.

많은 사람이 선교지에 있었던 일을 기록으로 남기는 것이 마땅하다고 했지만 솔직히 많이 망설였다. '하나님이 하셨던 놀라운 일들을 정말 제대로 표현할 수 있을까? 시원찮은 글로 인하여 오히려 그분이 하셨던 일들을 축소하거나 왜곡하지는 않을까?' 하는 염려 때문이었다. 그러나 이제는 한 개인이 아닌 인도복음선교회의 발자취와 역사가 되었기에 후배 선교사들에게 선교회가 걸어온 그 길을 글로 남기는 것이 마땅하다는 생각을 하게 되었다. 많은 용기가 필요했지만 그것이 이 글을 쓰게 된 동기가 되었다.

전문적으로 글을 쓰는 사람이 아니기에 글이 많이 어색하게 느껴지기도 할 것이다. 그래서 나는 모든 이가 편안히 읽고 또 이해할 수 있는 이야기 형태로 글을 쓰기로 했다.

먼저는 한 선교사가 부르심을 받고 응답하기까지의 과정 그리고 훈련을 거쳐 선교지에 정착해 나가는 과정을 썼다. 그리고 나서 주의 손에 이끌려 다녔던 선교 현장의 이야기들을 썼다. 그 가운데에는 선교사의 즐거움과 사역의 기쁨도 있지만 가슴 아린 추억으로 남는 가족의 어려운 일들도 있다. 무엇보다도 주님께서는 내 손을 이끌어 선교에 필요한 사람들에게로 안내하셨다. 바로 만남의 이야기이다. 그 만남은 나를 나 되게 하고 선교하게 하는 하나님의 특별한 이끄심이었다.

사역 이야기와 함께 부록으로 "인도에는 카레가 없다."라고 하는 그 알 듯 말 듯, 알 수 없는 인도 풍습 이야기도 써 보았다. 그리고 수많은 선교사가 추방되어 나오고 있고 또 날마다 반복되는 인도 기독교의 박해와 그 일이 왜 일어나는지 그 원인을 역사 속에서 생각해 보았다. 날로 강화되는 힌두 국가 재건이라고 하는 힌두트바 운동 속에서 "인도 선교를 과연 어떻게 하는 것이 좋을지"에 대해 그동안 사역해 오고 경험해 온 관점에서 인도 선교 전략을 나름대로 남겨 보았다.

이 글이 있기까지 격려해 준 많은 분과 지난 30년 동안 말없이 믿어 주고 기도하며 후원해 준 모든 후원자께 진심으로 감사드린다. 그들의 동역이 아니었으면 오늘의 내가 있을 수 없고 인도복음선교회의 사역도 있을 수 없을 것이다.

끝으로 지금까지 그림자처럼 함께 살아와 준 인생의 동반자이고 사역의 동역자인 아내 양명연 선교사에게 진심으로 감사를 드린다. 그녀의 말 없는 희생, 그것은 세상 그 어떤 것보다 귀한 후원이고 버팀목이었다.

무엇보다도 인도에서 자라나 인도 환경을 너무나 잘 알면서도 인도 선교사로 헌신한 아들 김이레 선교사와 자부 임지은 선교사 그리고 우리의 삶에 큰 기쁨을 주는 손자 영광이와 영찬이, 손녀 조이에게 이 글을 바친다.

| 목 차 |

1부

선교사 이야기

부르심

1988년 4월 12일, 거의 일렁임 없는 밤바다는 보름을 앞둔 밝은 달빛을 받아서 금빛자태를 맘껏 드러내고 뽐내고 있었다. 해변을 따라 켜진 가로등과 네온사인이 연인들의 가슴을 한껏 부풀게 하는 저녁이었다.

귓가를 살살 간지럽히는 저녁 바람만큼이나 모든 사람을 유혹하며 끌어내오는 그 백사장에서 나는 억누를 수 없는 감격과 주마등처럼 지나가는 지난날들에 대한 그리움 같은 상념에 잡혔다. 곁에서 함께한 아내 또한 같은 감회에 젖은 듯 말이 없었다.

결혼 한지 6년, 그 짧을 수 없는 기간 동안 낮에는 공사 현장에서, 밤에는 망치질로 인해 떨리던 손으로 펜을 잡고 공부하던 신학

과정을 마치고 오늘 아침 마침내 감격에 찬 목사 안수를 받았다.

어느 날 밤에 소리 없이 떠나버린 전임목회자의 뒤를 이어 억지 개척 교회를 섬기고 있던 4년 반이 포함된 기간인지라 우리 둘의 가슴에 새겨진 일들은 너무나 많았다.

이제 사랑하는 성도들에게 "축도를 할 수 있다."라는 기쁨과 "더 잘 섬기리라."는 각오도 새로웠었다. 그러나 왜일까? 왜 이처럼 마음이 갑갑할까?

문득 신학교에 가기 전에 주 앞에 드린 기도가 뇌리를 스친다.

"주님, 자격 없는 제가 어떻게 감히 목회자의 길을 갈 수가 있습니까? 그러나 주께서 부르심이 너무나 분명하시오니 따라가겠습니다 다만 남이 가지 않는 오지, 그런 곳에서 봉사하며 섬기겠습니다."

지금 내가 섬기는 곳이 오지일까? 대도시 부산이다. 비록 개척 교회이지만 성도들의 섬김이 지나쳐서 과분할 지경이었다.

불과 며칠 전에만 해도 그랬다. 한 남자 집사님이 찾아와서 같이 차를 마신 후 정중히 운을 뗐다.

"강도사님! 이번 목사 안수 기념으로 승용차 한 대와 교회를 위하여 15인승 미니버스를 봉헌 드리고 싶습니다."

그 집사님의 형편도 그리 넉넉하지 않음을 잘 아는 처지인지라 나는 극구 사양했다.

"제가 어떻게 승용차를 탑니까? 집사님의 그 중심은 주님께서 이미 열납(悅納)하셨을 테니 감사할 일이고, 교회 차는 형편이 허락되는 대로 성도들이 합심해서 구하도록 합시다."

그러나 거의 두 시간이나 실랑이를 벌인 끝에 결국 승용차와 15

인승 대신 12인승 봉고차를 봉헌하기로 결정이 났다. 여전도회나 남전도회에서는 각각 양복과 집사람의 한복까지 준비했고, 청년회는 청년회대로 잔치를 베푸는 등 법석들을 떨었다.

그날 저녁, 우리는 잔치 집에서 벗어나 해운대 백사장에 서 있었던 것이다.

'과연 이것이 기도했던 오지의 목회인가? 과연 이것이 십자가를 지고 가는 것일까? 입으로만 주를 위한 고난이라고 하면서 오히려 주로 인한 영광을 누리며 사는 게 아닐까?'

이상하게도 목사 안수를 받는 그날 잠재의식 저 깊은 곳에 있던 무엇이 마구 외쳐대며 젊은 목사의 의식을 깨어나게 했다.

그때였다. 갑자기 그 아름답던 바다가 그 금빛 찬란한 물결들이 가시와 수목이 우거진 정글처럼 보이기 시작했다. 그 안의 많은 움직임과 정글의 풍경들이 마치 아늑한 고향처럼 느껴지기 시작했다. 그렇게 한참이 지난 후 놀라운 평안함이 찾아왔다. 그 평안한 마음으로 나는 곁에 있던 아내에게 입을 열었다. 여전히 눈은 바다, 아니 이미 정글로 변한 그곳을 보면서….

"여보, 만일 주께서 우리를 오지로, 정글과 같은 오지로 부른다면 당신은 어떻게 할 것 같소?"

아내의 대답은 지극히 간단했다.

"당신이 가시면 저도 가야지요."

일테면, 우리의 대화는 이미 마음으로 가능했고 아내 또한 아직은 젊은 나이에 고난의 터널을 벗어나서 시작되어지는 성도들의 지극한 섬김에 위기의식을 느낀 것이 틀림없었다. 나의 어깨에 올린 아내의 얼굴에 행복이 무지개처럼 퍼졌고, 아내의 어깨에 올린 나의 팔 또한 가장 소중한 동역자에 대한 신뢰와 사랑의 확신으로 힘이 불끈 주어졌다.

기도원에서 지낸 신혼여행 때에 같이 누렸던 행복감, 그때와 같은 말로다 형용할 수 없는 평안과 그분의 사랑을 느끼면서 6년 전 그때의 부르심을 다시 한번 확인하는 것이었다. 하나님이 지으신 그 아름다운 해운대 백사장에서….

숫자적으로는 많지 않았지만 나름대로 교회 봉사의 꽃처럼 섬기고 있던 청년들 사이에서 수군수군하는 소리들이 생기기 시작했다.

"요즈음 목사님이 이상해지셨어. 강단에서 너무 자주 눈물을 흘리시는 것 같아. 혹시 우리가 무얼 섭섭하게 해 드려서 그런 거 아닐까?"

"아니야! 목사 안수를 받고 나서 은혜가 넘쳐서 그러신 거야. 생각해 봐! 요즘 설교가 훨씬 더 마음속에 파고드는 것 같지 않아?"

그러나 그 가운데 앉아 있는 한 청년의 생각은 달랐다. 목사님의 잦은 눈물이 무언가 예전과 같지 않게 느껴졌다. 왜일까?

그 청년은 목사님이 전도사이던 시절 지하실 교회 때부터 출석하기 시작했었다. 어언 4년이 되도록 교회 성장 과정을 옆에서 보고 같이 신앙 성장을 이루어 온 것이다. 고향을 떠나 부산에 온 후에 처음 출석했던 지하실 교회의 젊은 전도사는 말씨가 무척 빨라서 알아듣기 힘들었지만 그 덕분에 다른 곳에 신경 쓰지 않고 설교에 몰입할 수 있었다. 그래서 그의 열정적인 설교는 젊은 그의 가슴에 자주 와 닿았다. 특히 그 전도사는 음악을 좋아해서 같이 기타를 치며 찬송과 복음성가를 부를 때는 고향 생각이나 온갖 염려까지 깡그리 잊었다. 자연스레 이 청년은 전도사님을 좋아하게 되었고 전도사는 전도사대로 이 청년이 믿음직스러워 교회 일들을 맡기게 되었다.

사실 개척 교회의 봉사는 해도 해도 끝이 없는 지경이었고 그것이 젊은 시절을 방황하지 않고 지내게 된 동기도 되었던 것이다. 교회의 성장 과정 속에서 수없이 보아 왔던 목회자의 눈물과 기도속의 흐느낌을 계속 들어왔지만 이번에는 무엇인가 다르게 느껴지는 것이었다.

나의 비밀스런 기도는 계속되고 있었다.

"주님! 이 종이 가야 할 오지가 어디입니까? 인도해 주옵소서. 강원도 산골입니까? 아니면 남쪽 이름 모를 낙도입니까?"

그러나 정작 문제가 생긴 것은 주께서 응답하지 않음이 아닌 나자신에게서였다. "교회를 떠난다."라고 생각하기 시작했을 때 이미 그 교회는 단순한 성도의 모임이나 건물만이 아닌 자신의 몸과 같은 것이었음을 깨닫게 된 것이다. 강대상은 물론 의자 하나하나 그리고 구석구석 그의 땀과 눈물이 있었고 손때가 더덕더덕 묻어 있는, 그래서 어느새 한 몸이 되어 있는 그 교회를 발견하게 된 것이었다.

성도들과의 관계는 더욱더 그러했다. 40여 명 남짓한 성도의 모든 상황을 나는 손바닥 보듯이 환하게 알고 있었다. 그중에 누군가에게 문제가 생겼을 때 새벽 시간에 강단에서 드린 기도는 차라리 신음에 가까웠고, 환자가 생겼을 때는 마치 본인이 아픈 것처럼 애를 쓰곤 했다. 매년 송구영신예배 때에 강단에 한 가정 한 가정 불러서 기도해 주며 받아 놓은 그들의 기도 제목은 언제나 내가 손을 얹고 기도하는 그 자리에 있었고, 가끔씩 사도 바울이 고린도 교인에게 말했던 "그리스도 예수 안에서 내가 복음으로써 너희를 낳았음이라(고전 4:15)."는 말씀을 이해할 듯도 했다.

그러나 떠나야 하는 것이다. 그 성도들과 정든 예배당을 뒤로 하고, 갈 곳은 알지 못하지만 어디론가 아브라함처럼 떠나야 하는 것이었다. 비록 누구에게도 말하지 않았지만 강도사에서 목사가 된 목회자에게 더 많은 신뢰와 기대를 갖는 저들에게 오히려 무책임한 것처럼 떠나야 하는 것이다. 주 앞에만 갖고 있는 비밀 그리고 오직 한 사람의 동역자 아내만 아는 비밀을 갖고 있는 채로 예배를 인도할 때마다 기대에 찬 그들의 눈망울을 피해가며 쏟아지는 눈물을 주체하지 못하고 그들에게 보이고 있었던 것이었다.

1988년 9월 4일, 그날도 새벽 예배를 인도한 후에 나는 동일한 기도를 올렸다.

"주님, 어차피 떠날 일이면 차라리 빨리 가게 하옵소서. 환경을 통해서든 어떤 방법이든 이끌어 주옵소서."

아침 식사 도중에 예기치 않게 슬그머니 뇌리에 떠오르던 단어가 하나 있었다.

"선교사!"

왜? 어떻게? 이 단어가 생각이 났을까? 분명한 것은 전기에 감전되었듯 화들짝 놀랐다는 것과 더는 앉아서 식사할 수 없었다는 사실이었다. 그러나 그로써 그만이었다. "왜"인지, "어떻게"인지 응답도 해석도 없이 이미 그렇게 정해진 것처럼 나의 온몸과 머릿속에 "따라올 것"만을 요구하는 절대적인 것으로 전광석화처럼 그러나 확실하게 새겨져 버린 것이었다. 차라리 어이가 없어서 그날은 멍한 체 지나갔다.

잠을 못 이루는 밤이 시작됐다. 아내와 네 살짜리 아들 이레가 곤히 자고 있는 모습을 보다가 앞이 뿌옇여져서 분명하게 볼 수 없었다. 아내조차도 아직 이 일은 모른다. 나는 그렇다고 치자. 이 여인과 아이는 어쩌나? 터져 나오는 오열에 이들이 깰 것 같아서 문을 열면 바로 나오는 교회에 나가 강단 뒤에서 소리 없이 흐느낀다.

"오, 주님! 왜 저희를…."

어디에서 그 많은 눈물이 만들어지는지 알 수 없다. 길을 가다가도 문득문득 터진다. 지나가는 사람의 이상한 눈초리도 아랑곳없고 부끄러움도 눈물 앞에는 맥을 못 추나 보다. 아이들과 놀고 있던 아들을 안아본다. 내년에는 선교원에라도 보내려고 했는데…. 영문을 모르는 아이는 좋아서 깔깔대고 품안에서 장난질을 친다. 어떻게 하나?

그즈음 갑자기 통 말이 없어진 남편의 태도에 아내는 묵묵히 뒷바라지를 하면서 교회의 사임 문제가 오래가는 것으로 인해 남편이 부담을 느끼고 있는 것으로 생각했다. 그리고 주께서 응답하시기를 간절히 바라는 마음으로 지내고 있었다.

9월 중순 어느 날, 아내는 잠결에 얼굴에 무엇인가 떨어지는 것 같은 느낌에 눈을 떴다. 남편의 얼굴이 바로 자기 얼굴 위에 있고 그 떨어진 것이 남편의 눈에서 흘러내린 눈물임을 알았다. 아내는 말없이 자기가 채워 주어야 할 그 빈 가슴을 껴안았다. 한참이 지나고 그녀는 기도하듯이 남편을 위로했다.

"여보, 염려 말아요. 그래, 한국 땅에서 우리가 못 갈 곳이 어디 있겠어요. 당신, 나랑 이레 때문에 고민하는 것 같은데 우리 걱정은 전혀 말아요. 어떤 사람들은 선교사로도 나가는데…"

"그래, 선교사!"

그때 문득 남편이 뱉어낸 말이다. 화등잔(火燈盞)처럼 동그래진 그녀의 눈앞에 남편은 다짐하듯 다시 한번 고쳐서 말했다.

"그래, 선교사! 바로 주께서 지금 우리를 선교사로 부르신다는 말이요."

그 밤을 어떻게 지냈는지 아내는 기억할 수 없다고 한다. 그러나 기억하는 것이 있었다. "너 근심 걱정 말아라! 주 너를 지키리. 주 날개 밑에 거하라! 주 너를 지키리. 주 너를 지키리. 아무 때나 어디서나 주 너를 지키리. 늘 지켜주시리."라는 성도들의 새벽 찬송소리가 영혼 깊이 울렸다는 것, 그 '아무 때나 어디서나'가 주께서 보내실 선교지와 그곳 생활이라는 확신이 용솟음쳤다는 것 그리고 그날 남편이, 아니 목사님이 증거한 "너희는 마음에 근심 하지 말라 하나님을 믿으니 또 나를 믿으라(요 14:1)."는 말씀과 "볼지어다 내가 세상 끝날까지 너희와 항상 함께 있으리라(마 18:20)."는 말씀은 "순종하며 땅 끝까지 증인이 되는 자에게 하신 약속"이라는 설교 말씀이 영혼과 관절만 쪼개지 않고 자기의 생각까지 지배해서 평화의 봇물이 터지게 했다는 것이다. 결국 그녀는 남편보다 먼저 주 앞에 응답했던 것이다.

나의 몸부림 같은 기도는, 기도 아닌 몸부림은 계속됐다.

"주님, 지금까지 인도해 오신 그 세심함과 확실함을 전적으로 인정합니다. 지금까지의 모든 종의 삶은 전적인 여호와 이레로 예비하셨음을 믿습니다. 그러나 저를 선교사로 부르시는 것은 아무래도 이상한 부르심 같습니다."

선교사! 이것은 나로서는 도저히 오를 수 없는 나무 같은, 상상조차도 해서는 안 되는 "영웅이거나 무엇인가 본질적으로 특별한" 사람들에게 붙여지는 칭호로만 생각하고 지나던 시기였기에 부끄럼 없이 드렸던 기도였다.

아프리카의 영웅 데이비드 리빙스턴(David Livingstone), 오엠에프(O.M.F.) 전신인 중국내지선교회 창시자 제임스 허드슨 테일러(James Hudson Taylor), 미얀마(버마)의 애도니럼 저드슨(Adoniram Judson), 가까이는 100여 년 전에 순교자로 혹은 자신의 삶을 온전히 헌신했던 한국에서의 선교사님들….

그들에게 붙였던 고귀했던 선교사라는 명칭을 감히 나의 이름 석 자에 붙이는 것이 마치 불경스러운 것처럼 느꼈던 나였기에 겁 없이 드렸던 기도였다.

두 달간의 기도는 마치 하나님 앞에 전투를 하는 것 같은 혹은 생떼를 쓰는 것 같은 상태로 계속되었다. 그러나 완전한 침묵, 그 침묵이 오히려 그분의 선포하심으로 나를 지배했다.

드디어 나는 꾀를 내기 시작했다. 노트에 쓰기 시작했다.

'선교사가 되기 위해서는 무엇이 필요할까?'

내가 아는 상식을 모두 동원해서 열거하기 시작했다.

"그래, 언어야! 절대로 한국말로 전도하는 것이 아니잖은가? 적어도 영어 정도는 할 수 있어야 한다. 그럼 나는? 주님 영어 못하는 선교사가 어디 있을 수 있습니까? 아십니다. 저가 영어 잘 못하는 것을요. 신체는 건강해야지? 밀림이나 오지에서 아무거나 먹고, 아무데서나 자고, 그래도 건강은 지킬 수 있는 건강이 좋은 사람이어야지?"

그대로 기도가 되는 것이었다.

"주님, 제가 위장병 환자임을 잘 아십니다. 배가 아파서 벌침 맞는 것 보셨지요? 심지어는 낚싯대 들고 밀양까지 가던 것 보셨지요? 우리 성도들의 기도 제목이 저의 건강이라는 것 잘 아시죠? 그런데 제가 어떻게 갑니까?"

첫 번째는 혹시 몰라도 두 번째의 기도에는 주께서 틀림없이 항복하실 것 같았다. 그러나 또 있었다.

"선교사는 보내는 단체가 있어야 안정되게 사역을 할 것이다."

이것에 대해서는 이미 슬그머니 조사를 한 후라서 더욱 자신이 있었다.

일전에 총회 선교부장님을 노회장님의 추천으로 만나 뵈었었다. 총회 파송을 받기 위해서였다. 그런데 면접하는 자리에서 냅다 첫

마디부터 영어로 질문하셨다. 얼마나 당황했는지 모른다. 같은 말로 두 번째 질문을 하셨을 때에서야 비로소 무슨 말인가는 알아들었다. 그런데 대답하려니 입안과 머리에서 뱅뱅 돌기만하지 도대체 입안에서 얼어버렸는지 말이 나오지 않았다. 아주 간단하게 KO패했다.

"김 목사! 선교는 열정과 영웅심으로만 하는 게 아니야. 가서 목회나 열심히 하시오."

이것이 확실히 알아들을 수 있는 말이었다.

오엠에프에서는 토플 성적 550점 이상을 요구했고. 오엠(O.M.)에서는 500점을 그리고 가족 선교사의 경우 65만 원 정도의 후원금이 있어야 했으며, 다른 단체들도 아마 엇비슷했던 것 같다.

나의 기도에는 더 큰 확신과 자신이 붙어갔다.

"하나님, 보십시오. 제가 나가려고 해도 보내 줄 단체가 없습니다. 그런데 어떻게 선교사로 나갑니까?"

이렇게 해서 넷째로 후원 문제 등으로 쌓여 갔다.

그러나 "주께서 쓰시겠다." 하시면 "감람산 벳바게의 나귀(마 21:3)처럼 되고야 만다."는 생명처럼 융해되어 있는 믿음이 삶속에 녹아 있었기에 기도에 힘쓸수록 확실한 이유들에도 불구하고 "갈 수밖에 없겠다."라는 예감으로 점차 바뀌어 가고 있었다.

1988년 10월 29일에 감림산 기도원에 올랐다. 고속도로로 내달리는 차량들과 추수가 막 끝난 훤한 들판이 내려다보이는, 산위의 십자가가 세워진 구국제단 밑에서 금식하면서 정해진 메뉴판 같은 못 가게 될 이유를 외우는 듯 때로는 항의하는 듯 풀어놓으면서 계속된 기도는 시간을 껑충 뛰어넘어 새벽을 맞이하고 있었다. 어둠이 달아나고 서서히 먼동이 터가는 시간에 분명히 들려온 것이다. 그분의 목소리, 내 귀에인지 마음에인지 알 수 없지만 확실한 그 음성, 부드러운 듯 천둥처럼 퍼지는 듯 소리가 들려왔다.

"아들아! 내가 너를 불렀지 아니하냐? 무슨 조건이 필요하냐? 출애굽기 3장을 보라! 모세에게 말 잘하는 아론을 붙였듯이 너의 입 대신 말할 자를 주리라! 시편 139편을 보라! 내가 너의 체질을 알지 않느냐? 내가 너의 위장병을 모르겠느냐?"

그분의 음성은 꿈이었는지 사실이었는지 모르게 끝이 났다.

날이 밝아오는 그 시간에 나는 방금 들려온 그 성경구절들을 읽고 또 읽었다. 어느새 나의 입술에는 찬송이 흐르고 있었다.

"저 장미꽃 위에 이슬 아직 맺혀 있는 그때에 귀에 은은히 소리 들리니 주 음성 분명하다. … 밤 깊도록 동산 안에 주와 함께 있으려 하나 괴론 세상에 할 일 많아서 날 가라 명하신다. 주님 나와 동행을 하면서 나를 친구 삼으셨네. 우리 서로 받은 그 기쁨은 알 사람이 없도다."

우연의 일치일까? 7년 전, 신학교에 가기로 항복했던 그 기도 시간과 응답 받은 장소와 하산하며 부르던 찬송이 같은 것이었다.

11월 첫째 주 주일 예배를 마치고 재직회로 모인 장소에서 사임을 이야기하고, 이미 노회에 사임 청원을 드렸다고 공포했다. '초상집', 아마 그랬던 것 같다. 어이없다는 표정들, 정신이 들었던지 어떤 집사님은 "이럴 수가 있는 겁니까?" 하고 고함까지 지르면서 붙

잡았다. 그러나 목회자의 사임 시에는 냉정하고 차게 보일수록 후임자에게 그리고 성도들의 장래에 유익이라고 들었기에 찬바람이 휑 나게 뿌리치고 나와 버렸다.

내가 다시 정신이 들었을 때에는 바닷가에 있었다. 나는 유달리 바닷가를 좋아한다. 바닷가에서 자란 이유도 있겠지만 그냥 바라보고 있으면 마음속의 모든 것이 풀어져나가고 녹아져나가는 것이다. 마치 우리 주님의 존전이나 품속이나 되는 것처럼 말이다.

누가 알랴? 내 눈에 맺힌 눈물의 의미를 주님 외에 누가 알랴? 지금 바닷가에 온통 머리칼을 흩날리고 서 있는 작은 체구의 사내의 가슴속에 꽉 막혀 오는 아픔들을….

이상한 일이었다. 정말 신기로운 일이었다. 비록 많진 않았지만 가진 것 전부, 방세와 결혼반지 등 가진 모든 것을 개척 당시 헌금으로 드린 나에게는 당연히 머무를 방 한 칸이 없었다. 확실하게 빈 몸이 된 것이다. 그러나 정확하게 말하면 이것도 틀린 말이었다. 교회 사택에서 떠나던 날 나에게는 그동안 잘 자라준 아들 이레가 오른쪽, 아내가 왼쪽에 서 있었고 가슴에는 성도들이 정성껏 모아 준, 전별금 15만 원으로 구입한 선교지에서 사용할 기타가 안겨 있었기 때문에….

그러나 정든 교회를 떠나는 첫발을 내딛는 그 순간, 나는 마치 우주를 소유한 것 같은 포만감에 가슴이 벅차올랐다. "아무것도 없는 자 같으나 모든 것을 가진 자로다(고후 6:10)."라고 했던 사도 바울의 고백이 터져 나왔다.

"하나님, 옳습니다. 바로 제가 모든 것을 가졌습니다."

전혀 상상하지 못한 새로운 세계에 들어가는 것 같았다. 차라리 환희였다.

"네가 아무래도 정상이 아니제. 결혼한 사람이 가족도 생각해야지. 이게 무슨 짓이고?"

누군가 야반도주한 개척 교회에서 고생고생하더니, 이제는 소문으로 듣기에 시골 교회도 세 곳이나 돕는다 하고 인도에도 선교 헌금을 보내고 차도 구입하기에 혈육의 정으로 인한 안쓰러움이 안도감으로 바뀐 지 불과 1년여 만이었다. 동생의 이상한 변덕을 겨우겨우 참아왔던 형님도 보관할 곳이 없어서 지하실에 들어가지 않는 책장을 뜯어서 옮길 때에 마침내 폭발하고 말았다. 이미 나이 칠십 줄에 든 어머니의 방에 같이 기거하면서 계속해서 터져 나오던 노인의 칼날 같은 한숨소리가 가슴을 찌르는 그 환경에서도 거짓말처럼 모든 것을 소유한 것 같은 포만감은 황홀할 정도로 나와 아내를 지배하고 있었다. 정말 이상한 일이었다.

출국

스님과 선교사

 1989년 3월 8일, 김해국제공항 국제선 1청사에는 처음 해외 여행길임이 틀림없을 한 사람의 이상한 행동으로 지나던 이들의 주목을 끌고 있었다. 두 손을 앞으로 쭉 펴고 마치 누군가가 손을 잡아 끌어 주기를 기다리기라도 하는 자세로 구부리고 있었는데 꼭 감은 눈에도 불구하고 그 얼굴에서 비장한 각오를 충분히 느낄 수 있었다. 입술은 중얼거리는 것이 기도하는 것 같아 그의 우스꽝스런 연출에도 불구하고 지나는 이들이 함부로 웃을 수도 없는 그런 분위기의 사내였다.
 "주님, 이처럼 철저히 주님만 의지할 수밖에 없는 환경을 주시니 감사합니다. 종의 손이 여기 있사오니 잡아 주시고 인도하옵소서."

같은 시각, 그곳에는 땀을 뻘뻘 흘리며 큰 가방을 4개씩이나 트레일러에 싣고서 짐칸으로 보내면서 인도에 내린 후에 운반할 일을 걱정하고 도울 이를 만나게 해 달라고 염불에 잇대어 기원하는 스님이 서 있었다. 그는 인도의 성지 바라나시(Varanasi)에서 10년 계획으로 이미 5년간 공부하고 있는 인도 원래의 불교를 연구하는 불제자였다. 4개씩이나 있는 큰 짐을 보고 달려들, 인도 공항에서의 혼잡 속에서 까딱하면 짐을 잃어버릴 수도 있음을 너무나 잘 아는 그였기에 그 짐들을 같이 운반할 일행을 간절히 찾는 것은 당연한 일이었다.

잠시 후, 인도를 가기 위해 거쳐 가야 하는 방콕 행 타이 에어라인 에어버스 300에는 두 사람이 나란히 앉아 있었다. 앉자마자 두 손을 잡고 기도하는 옆 사람을 보면서 스님은 "이거 예수쟁이하고 동행이 됐구면."이라고 생각했다. 그리 좋은 기분만은 아니었다.

기도를 마친 그이 또한 스님이 예상외로 젊음에 약간은 놀랐으나 가벼운 인사를 나누었을 뿐 행선지도 묻지 않은 채 5시간 반의 비행시간 동안 서로의 신에게 기도하는 데에 주로 시간을 보냈다.

그렇게 방콕에 도착했다. 인도 행 비행기를 타기 위해서는 6시간 45분을 방콕 공항 대기실에서 기다려야 했다. 그런데 대기실에서 그들은 다시 만나게 되었다. 스님 식대로라면 인연이었고, 그이 편에서도 인도에 같이 가는 사람이 있다는 것만으로도, 약간은 거북할 수도 있는 스님과 다시 만난 것이 반가운 일이었다.

그동안 인도에 대한 정보를 얻기 위해서 선교 단체들과 대학 도서관을 돌아다니며 정보를 얻었다. 그렇게 해서 얻은 결론은 인도에 대한 정보는 거의 없다는 것과 지리적으로만 아니라 인도는 한국에게는 너무나 먼 나라라는 것이 고작이었다. 이런 상황에 놀랍게도 인도에 대한 많은 것을 스님을 통해서 듣게 되었을 때에 그는 오히려 노트라도 준비해서 메모하고 싶을 정도의 훌륭한 선생의 강의를 듣는 학생이 된 기분이었다. 정말이지 그 6시간 45분은 지금까지 준비해 온 인도에 대해 60배도 넘는 정보를 얻는 시간이었다.

지금은 오엠 선교부가 독립된 사무실을 쓰고 있지만 그때만 해도 한국외항선교회와 같은 사무실을 쓰고 있을 때였고, 자료를 얻기 위해 부산 지부장의 추천을 들고 그 사무실을 들렀을 때의 일을 그는 잊을 수 없었다.

해외 선교사로 계시던 임재성 목사님께서 선교총무로 막 부임하셨을 때인데 인도에 대한 슬라이드 8장을 건네주시면서 "인도에 가거든 슬라이드를 잘 만들어서 보내줄 것"을 요청받았던 것이다.

기독교 선교 단체에서도 얻지 못했던 인도에 대한 정보를 실재적인 경험을 통한 스님의 이야기를 통해서 알게 되었을 때에 큰 기쁨을 느꼈다. 그 스님이 오히려 하나님의 긴급 조치로 보내신 분일 수도 있다는 생각이 들 지경이었다.

이튿날 이른 새벽 3시 경에 도착한 델리공항에서 인도와의 첫 대면은 충격 그 자체였다. 걷고 있는 것조차가 신기하게 보이는, 타다 남은 장작처럼 비쩍 마른 사람들이 순식간에 사방에서 달려들어서 낚아채듯 짐을 뺏어서 각각 다른 방향으로 밀고 가는 것이었다. 30분은 족히 이들과 밀고 당기는 몸싸움 끝에 겨우 택시 승강장에 이르자 이번에는 또 우르르 몰려든 택시 기사들에게 둘러싸여서 혼이

빠졌다. 이미 온몸이 흐르는 땀으로 흠뻑 젖은 채 시내를 향하면서 맡은 그 냄새, 뭐라 표현할 수 없는 그 냄새는 구역질을 일으킬 것 같은 충동을 느끼게 했다.

잠시 후, 우중충한 바퀴벌레 소굴이 된 곳, 그래도 호텔이라고 짐을 풀고 난 스님과 그는 그 사람들 사이에서 벗어난 안도감에 격전지에서 같이 전투를 치른 전우처럼 웃음을 나누며 녹초가 된 몸을 뉘었다. 그에게는 이 일들로 인하여 미래에 대한 암담함과 알 수 없는 불안감이 안개처럼 피어올랐다. "부르신 주께서 책임지신다." 라는 한 가닥 믿음을 간직한 채 첫 감사 기도를 드렸다. "다만 죽어버리면 되는 것이다."라고 마음속에 새기면서….

도착과 훈련

아기를 갖지 못한 이들이 정성을 드리면 아기를 갖게 된다는 소
문으로 시밤이라 불리는 템플에는 치성을 드리는 이들의 발길이 줄
을 잇고 있었다. 그래서 그런지 템플의 모양이 시바링감이라 하여
거대한 남성의 성기 모양처럼 생긴 것이다.

그곳에서 조금 벗어난 골목길은 전형적인 인도의 골목길이었다.
오랫동안 치우지 않아서 군데군데 작은 언덕처럼 쌓인 쓰레기더미
에서는 파리 떼들이 윙윙거렸고 가끔씩 불어오는 바람에 그 썩은
냄새는 근처의 모든 안방까지 옮겨가고 있었다. 골목 모퉁이에는
앞을 보지 못하는 소경이 인도 피리로 구성진 소리를 내어가며 오
가는 이들의 동정심을 유발시키려 애쓰고 있었다. 벌거벗은 아이들

은 매서운 햇빛에도 아랑곳없이 소리치며 뛰어놀고 있었다.

시내 어디에서나 볼 수 있는 염소들도 여지없이 그곳을 오가며, 채소장수가 꾸벅 조는 사이에 당근을 슬쩍하다가 고함소리에 달아나기도 했다. 주인 없는 개들은 떼를 지어 주둥이를 쓰레기에 처박고 먹을 것을 찾아 킁킁대고 있었다.

그 골목 끝에 있는 두 번째 집에서는 무슨 까닭인지 이웃 주민들이 상당히 관심을 갖고 있는 눈치가 역력했다. 어른의 배꼽 높이에 이르는 담장이 둘린, 아직도 건축이 끝나지 않은 그 집은 2층의 조그마한 방 한 칸에 주인 내외와 두 자녀가 살고 있었다. 그리고 아래층 부엌이 딸린 방 한 칸에는 어설프게나마 응접실 모양을 갖춘 방이 붙어 있었다.

아직도 어둠이 채 가시지 않은 이른 아침에 주민들이 어렵지 않게 엿볼 수 있는 그 부엌에는 놀랍게도 팔다리와 얼굴이 새하얀 젊은 남자가 음식을 준비하는 듯 부산히 움직이고 있었다. 그렇다. 자기들과는 전혀 다른 하얀 사내가 부끄럼도 없는지 털복숭이 허연 다리를 반바지 아래에 드러내 놓고 부엌에서 요리하는 것이다. 더군다나 여자가 아닌 사내가 ….

가끔씩 그가 시장이라도 보는 듯 거리에 나오면 또 다른 소동이 벌어지곤 했다. 외국인을 거의 본 적이 없는 동네 꼬마들은 이 신기한 하얀 사람을 보면 벌떼처럼 따라다니며 즐거워했다. 아이도 아닌 어른이 말을 잘 못하는지 "할로! 할로!" 하고 접근하면 그저 씩 웃는 것이었다. "미루 바그나라?(안녕하세요?)" 해도 씩 웃었고, "미루 애우루 워츄나루?(어디에서 왔어요?)" 해도 그저 빙긋 웃었다. "미

페루 에미?(이름이 뭐예요?)" 해도 역시 웃는 것이었다. 바보인가 생각하고 툭 치고 건드려도, 여럿이 동시에 달려들어도 모르는 체 그냥 있는 것이었다. 그렇지 않아도 신통한 놀이기구가 없던 아이들에게 예기치 않게 한번 씩 고함까지 질러 주는 그 사내는 정말 좋은 놀이감이었던 것이다.

온몸에 비 오듯 땀을 흘리며 뒹굴다 완전히 그로기 상태에 이르면 비로소 잠이 드는 악몽과 같은 밤이 시작되었다. 해만 떠오르면 마치 불덩어리 근처에나 있는 듯이 열기가 확확 거렸다. 수은주가 43도를 넘어서는 날은 호흡까지도 불편해진다. 숨을 쉴 때에 뜨거운 열기가 들어오면서 점점 숨쉬기도 어려워지는 것이다.

"조금 나은 집을 빌려서 있을 걸 괜히 현지인의 생활을 하면서 배운다고 과욕을 부린 건 아닐까?"

이런 후회가 슬금슬금 들기 시작했다.

5월 초에 접어들면서 수은주가 45도 가까이 오르는 날들이 가끔 생겼다. 반바지도 더워서 못 입게 된 지금 몸에 걸친 것이라고는 오직 팬티 하나뿐이다. 간이침대를 하나 방 가운데 놓고 천장을 쳐다보며 벌렁 누워 있다. 그것이 이 살인 더위 앞에 자신을 지킬 수 있는 유일한 방어책인 것이다. 지난 10일간을 이런 모습으로 지내면서 별의별 상념에 시달려야 했다.

"왜? 주께서는 나를 이곳 인도에 보내셨을까? 선교는 고사하고 자신의 몸 하나 감당 못하고 헉헉거리고 있을 뿐인데…. 차라리 그냥 목회하도록 두셨으면 막 재미가 붙어 가던 제자훈련을 통해서 오히려 좋은 선교사 후보생들을 키울 수 있을 텐데….”

　가끔 후원자들이 생각날 때는 더욱 괴로웠다. 사실 당시 나의 선교후원자들은 자기 집을 가진 이들이 거의 없었다. 그들의 굳은 일로 거칠어진 손길을 통해서 헌금이 모아졌고 기도 후원이 이루어지고 있었다. 그중에 몇몇 이들은 밤을 세워가며 기도하고 있었다. 생각이 여기에 미치자 마치 그들이 기도하는 소리가 웅성웅성 들려오는 것 같았다.

　“주님, 우리 김 목사님을 더위 가운데 지켜 주시고 맡겨진 사명을 잘 감당하게 하셔서 인도에서 선교의 열매를 주렁주렁 맺게 하옵소서.”

　그런데 나는 뭔가? 나는 무얼 하고 있는가? 팬티바람에 간이침대에 누워서 숨을 헐떡거리고 있는 것이다. 선교인지 인도 사람인지 생각해 볼 여유가 전혀 없는 것이다. 차라리 저들의 기도하는 것이 부담이 되어 어깨를 꽉 죄어오는 것이다. 점점 절망감이 가슴을 눌러오는 그런 날들이 지나갔다.

　그러던 어느 날, 여전히 천장 쳐다보는 것이 일과가 되어버린 나의 뇌리에 슬그머니 성경의 한 장면이 떠올랐다. 요한복음 4장의 예수님과 수가성 여인이 우물가에서의 만나는 장면이었다.

　“갑자기 이 장면이 왜 떠오르는 걸까?”

　곰곰이 생각하기 시작했다. 유대를 떠나 갈릴리로 가시던 예수님이 유대인들의 여행길로 가시지 않고 사마리아를 가로 질러서 가고 계셨다. 수가라는 마을에 이르렀을 때에 야곱의 우물에서 한 여인에게 “물을 달라.”고 부탁하면서 여인과의 대화 내용이 성경에 나오는 것이다.

보통 이 말씀의 주제를 목마름으로 잡고 목회하고 있을 때에 "이 목마른 삶을 어떻게?"라는 제목으로 설교한 기억이 있었다. 그러나 그날의 깨달음은 전혀 그것이 아니었다.

대화를 나누는 시간이었다. 12시! 한참 더워서 다른 이들이 나처럼 집안에서 더위를 피하느라 나오지 않는 시각! 바로 그 시간에 한 죄 많은 여인이 사람들의 눈을 피해서 우물가에 물을 길러 왔다가 예수님을 만난 것이다.

그것이었다. 바로 그 더위! 그 더위 속에서도 예수님은 전도를 위한 발걸음을 옮기고 계셨다. 한 영혼 구원에 대한 열망이 너무나 뜨거웠기에 머리를 녹일 듯 이글거리는 태양도, 모두들 집안에 피해 있어야 하는 그 살인적인 더위도 예수님의 그 급한 걸음을 멈출 수 없었던 것이다.

갑자기 온몸에 전류가 흘렀다. 침대에서 벌떡 일어났다.

그렇다. 내가 선교사로 인도에서 무엇을 해야 한다는 의무감 이전에 이 더위보다 더 뜨겁게 나를 사랑하셔서 걸어오셨던 예수님의 사랑이, 그 사랑이 계셨다.

'아! 바로 우물가의 여인 같았던 이 죄인을 위해서 예수님이 그 더위 속을 땀범벅이 된 채 걸으셨구나! 오! 예수님이 나 때문에….'

어느새 옷을 걸친 나는 길거리를 걷고 있었다. 작렬하는 태양도 확확 거리는 열기도 느끼지 못한 채 걷고 또 걸었다. 오! 예수님이 나 때문에….

그때 나는 비로소 보았다. 그 시각에 그대로 길에 누운 채 살았는지 죽었는지 늘어져 있던 사람들. 주린 식구들 배를 채우기 위해서 쓰레기를 뒤지는 사람들. 안간힘을 다해서 짐수레를 끌고, 밀고 있는 사람들. 살기 위해서 자신을 서서히 녹여가는 거리의 사람들이 거기에, 여전히 거기에서 움직이고 있었던 것이다. 거리에서 나서 거리에서 살다가 거리에서 죽는 사람들. 그렇다. 이들에게 내가 받은 그 뜨거운 사랑, 더위를 넘어서는 불타는 사랑, 그 사랑을 주시기 위해 나를 보내신 것이 아닌가?

"오, 주님! 감사합니다. 저를 인도에 보내신 것, 참으로 감사합니다. 더위를 넘어서 오셨던 주님의 그 사랑, 그 사랑을 품은 선교사로 이 더위를 넘어서 쓰임 받게 하소서."

그 사랑을 받은 자로서 더위를 이기게 되리라는 확신과 기쁨이 물밀 듯이 밀려오는 것이었다.

"예호와 나 발라마 야타르타 마이나디 니마르감 바리포르나 마이나디 니 마르감 예호와(나의 힘이 되신 여호와여, 나의 굽은 길을 펼치시며 은혜의 대로로 인도하소서. 오, 여호와여!)"

인도식 사리가마 음계에 따라 불러지는 독특한 찬송이 낭랑한 봉고(인도 북) 소리와 함께 슬럼가에서 퍼져 나오고 있었다.

찬송이 나오는 그곳에서는 아이들을 포함한 30여 명의 사람이 다섯 평 남짓한 소똥으로 칠한 바닥 위에 적당히 둘러앉아 있었고 나뭇잎으로 엮어 놓은 천장은 허리를 구부려야 드나들 수 있었다. 예배당 정면에는 그래도 성전이라서 그런지 흙과 함께 바르던 소똥이 아닌 흰색 회칠이 되어 있었고 강대상 대신에 한쪽으로 엇비

스듬히 숙여진 낡은 철제 책상 하나가 놓여 있었다. 예배를 인도하는 사람도 천장에 닿지 않기 위해서 고개를 숙이다 못해 허리가 구부정한 모습으로 서 있었고 참여한 대부분의 사람들은 교인이 아닌 그를 구경하러 온 사람들이었다. 시계가 없어서인지 예배가 시작된지 2시간 반이나 지난 축도시간까지도 사람들은 슬슬 모여들었고, 또 일부는 수시로 물을 마시러 가거나 소변을 보러 들락거렸다.

대다수가 주위에서 돌을 깨는 사람들이거나 남의 집에 물을 길러 주는 것을 생계 수단으로 삼던 그들에게는 그에게 거는 기대가 각자의 마음속에 조금씩은 있었다. 그중에 아까부터 그가 쓴 안경을 슬금슬금 곁눈질해 보면서 관심을 갖는 한 여인이 있었다. 코는 구리로 꿰었고 손목에는 여러 개의 뱅글(bangle)을 주렁주렁 걸어서 품에 앉은 아기에게 젖을 먹일 때에 절그렁 소리가 났다. 시커먼 그녀의 발목에도 수십 개의 뱅글이 있어서 걸을 때마다 찰랑거리는 소리를 내었다.

'틀림없이 금테로 된 안경! 저것을 팔면 적어도 우리 식구 며칠은 따뜻한 밥 먹을 수 있을 거야!'

그녀의 눈에는 번쩍이는 금테 안경과 배고파 칭얼거리는 아이들의 얼굴이 겹쳐서 보이는 것이었다.

'그래도 안 돼! 이건 도둑질 아냐?'

'설마 도둑질이면 어때? 우리 세 아이는 굶주림에 시달리고 있고 저 사람은 돈이 많으니까 또 하나 사면 될 거 아냐?'

이렇게 마음속으로 싸우고 있는 그녀 앞에 유혹의 시간이 왔다. 모두가 기도하는 시간에 그가 안경을 벗어서 자기 앞에 넙죽 내려놓는 게 아닌가? 더군다나 다시는 눈을 뜨지 않을 듯 질끈 눈을 감고 있는 모습이 아무래도 그녀가 섬기는 신 가네쉬가 주시는 축복의 순간인 것 같았다. 슬쩍 주위를 살피고 아무도 보지 않는 순간에 슬그머니 집어서 재빨리 배꼽 옆 사리(인도 여인 의상) 속에 찔러 넣었다.

과부의 동전 두 닢! 부자의 생활비 일부가 아닌 땀과 피가 서린 동전으로 성전 부지를 마련하겠다는 그들의 약속 앞에 나는 코끝이 찡해 오는 감동을 받았다. 한국에서만 성전 건축을 위해서 집을 팔고 결혼반지를 팔아 봉헌하는 줄로 알았던 나에게는 차라리 충격이었다. 그래서 나는 당연히 건축비 모금 일을 맡아야 한다고 생각했고, "최선을 다해서 여러분의 땀방울 위에 성전 건축을 이루겠다!"라고 선포하다시피 약속을 하고 말았다. 순간적으로 나누는 교인들의 눈빛을 기쁨으로 빛나는 것으로 착각한 채….

나의 안경은 예배를 마치고 집으로 돌아가는 순간에도 끝내 나오지 않았다. 당황한 나는 죠티 바부 목사에게 이야기했고 그들이 사방으로 수소문해도 안경을 찾을 수 없었다. 그 안경은 출국 당시에 어디에서 소문을 들었는지 인도에는 햇빛이 너무 강해서 햇빛을 차단하는 선글라스 겸용 안경이 필요하다며 처제가 선물로 사 준 것이었다.

이튿날, 선글라스 없이 거리에 나온 나는 너무 강한 햇빛에 저녁 녘에는 눈이 욱신거리는 것 같은 느낌이 들었다. 잃어버린 안경에 대한 아까운 마음이 더욱 강하게 일어났다. 이 마음은 시간이 흐르면서 원망으로 흐르다가 급기야 더 심해져가는 화와 함께 "이 깜둥이들이 말이야." 하고 인도인에 대한 원망으로 바뀌어갔다. 생각할수록 괘심했고 분통이 터졌다.

그 저녁에도 나는 여느 날처럼 자기 전에 성경을 펼쳤다. 요나서 4장이었다. 요나가 원수였던 니느웨에서 회개를 촉구하라는 하나님의 명을 어기고 다시스로 도망하다가 물고기 뱃속의 고난을 통해서 깨닫는 장면과 두 번째 명을 받들어 니느웨에서 회개를 외친 후에 그래도 하나님의 백성인 이스라엘을 무던히도 괴롭히는 그들이 망하기를 기다리는 장면 그리고 니느웨 사람들이 회개하고 망하지 않자 잔뜩 화가 나서 성 동편에 앉아서 니느웨의 멸망을 기다릴 때의 사건이 적혀 있었다. 그날 요나에게 화가 난 또 하나의 이유는 박넝쿨이 나와서 시원하게 덮어 주었기에 아주 기분이 좋았는데 이튿날 새벽에 벌레가 먹고 시들어 버려서 더위를 피하지 못한 데에 있었다. 일테면, 안 주시면 처음부터 주시지 말지 주셨다가 뺏어가는 저의가 무엇이냐는 것이었다. 그러나 하나님의 질문은 지극히 정당하고 분명한 것이었다.

"이 박 넝쿨로 인하여 네가 성냄이 합당하냐?"

요나의 대답이 걸작이었다.

"내가 성내어 죽기까지 합당하나이다."

이러고도 요나가 죽지 않는 것을 보면 구약시대에도 은혜가 크고 넘치게 있었던 것 같다. 하나님의 응답은 이러했다.

"네가 수고도 아니하였고 배양도 아니하였고 하루 밤에 났다가 하룻밤에 망한 이 박 넝쿨을 네가 아꼈거늘 하물며 이 큰 성읍 니느웨에는 좌우를 분별하지 못하는 이가 12만 명이요, 육축도 많이 있는데 내가 아끼는 것이 어찌 합당하지 아니하냐?"

이 질문과 응답은 정통으로 나의 가슴에 꽂혔다.

"김 목사야! 네가 안경으로 인하여 화냄이 합당하냐?"

나는 마음속에 있는 부글거림으로 말없는 답변을 했다.

"예. 내게 꼭 필요한 안경인데 누가 가져갔잖아요?"

"그럼, 그 안경을 구하기 위해서 네가 무엇을 했는데?"

대답할 수가 없었다. 그냥 수고도 없이 선물로 받았으니까…. 조용한 주님의 음성이 말씀을 통해서 들려오는 것이었다.

"네가 수고도 아니하고 그냥 선물로 받은 안경을 그처럼 아꼈거늘 내가 아끼고 사랑하는, 좌우를 분변하지 못하는 이들에게 대하는 너의 그 자세가 어쩜인고? 더군다나 내가 너를 그들에게 선교사로 보냈거늘 깜둥이가 무엇이고 흰둥이가 무엇인고?"

"오, 주님…."

너무나 부끄럽고 황송해서 감히 눈을 들지 못하고 방바닥에 고꾸라졌다. 그리고 오열과 회개가 계속되었다. 그 밤! 그동안 눌렸고 메마른 가슴속에 쌓였던 모든 것이 봇물 치듯이 터져 나왔다. 방안 가득히 대화하는 듯한, 끊일 듯 끊일 듯 이어지던 기도는 철야기도로까지 이어졌다.

"김 선교사야! 네가 한국에서 때로는 금식하며 때로는 밤을 새며 은혜를 구할 때에도 나는 이미 네가 안경 하나 잃어버리면 오히려 내가 보낸 그들을 원망할 줄 알고 있었노라! 그러나 내가 너를 보내지 아니했냐? 결국 너의 자격이 아닌 선교의 열정이 넘치는 나의 부름이 아니더냐?"

"오! 주님! 옳습니다. 주께서 이 모습 이미 아시면서도 보내셨군요. 결국 당신의 전적인 은혜로 종이 여기 있나이다. 이 몹쓸 죄인의 모습도 받으시고 쓰시오니 만 번 감사, 감사이옵니다."

그날 나는 지금까지도 누리고 있는, 선교사에게 가장 귀하고 소중한 은혜 하나를 그냥 덤으로 받았음을 알게 되었다. 냄새, 그 견디기 어려웠던 구석구석에 배여 있던 독특한 인도 냄새가 느껴지지 않는 것이다. 시골집 그리고 슬럼가 어디에서나 풍겨나던 소똥 냄새, 카레 냄새 그리고 알 수 없는 혼합된 냄새들…. 때로는 그 냄새 때문에 앞에 내어놓은 차를 마시기에도 곤욕을 치렀고, 때로는 그 냄새 때문에 모처럼 준비한 최상의 정성인 치킨 비리야니(Biryani, 인도 쌀요리)까지도 울컥거리며 먹어야 했기에 느꼈던 양심의 가책, 그 냄새가 나의 노력이 아닌 그냥 그렇게 느껴지지 않는 것이었다.

"내가 나 된 것은 하나님의 은혜로 된 것이니 … 내가 모든 사도보다 더 많이 수고하였으나 … 오직 나와 함께하신 하나님의 은혜로라(고전 15:10)."고 한 사도 바울의 고백이 쓰임 받는 모든 이의 공통된 고백인 것을 표현할 길 없는, 주님 앞의 감격으로 나의 영혼 가득히 울려 퍼지고 있었다.

선교를 하는 방법은 여러 가지가 있겠지만, 나는 꼭 직접 복음을 전하는 전도하는 사역을 하고 싶었다. 그래서 그런 사역을 하는 현지인 교회나 단체 혹은 사역자를 찾기 시작했다.

그러던 어느 날, 미살이라는 형제를 만났다. 그는 나만큼이나 삐쩍 마르고 유난히 더 검은 얼굴 그리고 고수머리에 전도인의 상징이라고 할 수 있는 어깨에 매는 천으로 만든 가방을 메고 있었다.

"시골 전도 사역을 하고 있다고 하는데 내가 한번 따라 가서 사역하는 것을 보고 싶습니다."

이렇게 말했더니 그는 며칠 후 가는 길에 같이 가자고 응했다. 그러면서 이 더위에 괜찮은지 모르겠다 하고 말끝을 흐렸다.

며칠이 지나 우리는 전도지 가방을 매고 시골 버스로 1시간 30분 정도 간 후에 내려서 30분간 더 걸어 시골 마을에 도착했다. 오전에 집집마다 전도지를 나누어 주고 있는 동안은 그래도 더위를 참을 수 있었지만, 오후 2시 경에 들어온다는 버스를 기다리는 동안 도대체 견딜 수 없는 햇빛과 더위를 맞게 되었다. 나무 밑으로 피했지만 바람 한 점 없는 날씨에 지옥은 이런 곳이겠구나 생각이 들 정도였다. 2시에 온다는 버스는 오후 6시가 넘어서 왔다.

이 일이 있은 후에 나는 기도할 때마다 "시골 전도를 하자면 차량이 없이는 불가능합니다. 전도 차량을 한 대 주십시오."라는 제목을 넣어 놓게 되었다. 나는 시도 때도 없이 전기가 나가는 이곳에서 "아이와 함께 살자면 발전기가 꼭 필요합니다. 발전기도 주세요." 그리고 이것이 시간이 흘러가면서 "하나님이 이 두 가지를 주지 않으시면 선교지에 나가지 않겠습니다." 하고 떼를 쓰는 기도를 하게 되었다.

파송과 정착

　3개월의 인도 현지 적응 훈련을 마치고 귀국한 후에도 이 기도
는 계속되었고, 그런 가운데 비자를 신청했다. 하나님께서는 발전
기도 차량도 주지 않으셨지만 한 가지 더 주지 않으신 것이 있다.
바로 비자였다.

　비자도 받지 못했다. 이제는 기도한대로 당연히 선교지에 나가
지 않아야 하겠지만, 그래도 하나님께서는 "출발해야 한다."라는 마
음을 더욱 강하게 하셨다. 세 번이나 비자를 신청했지만 나오지 않
자 나와 아내는 결국 비자 없이 출국하기로 했다. 당시에 비행기가
거쳐서 가는 동안 비자 없이 입국이 가능한 홍콩에서 관련 비자를
받거나 혹시 그것도 안 되면 태국에서 비자를 받기로 하고 출국하

게 되었다.

홍콩 게스트하우스에 머물면서 인도 대사관에 비자를 신청했고 4일 후에 다시 오라는 말만 듣고 왔다. 4일 후에도 갔지만 그때도 비자는 나오지 않았다. "왜 너희 나라에서 받지 않고 홍콩에서 신청하느냐? 너희 나라에 가서 받아라!"는 말만 되풀이했다.

태국으로 출발할 수밖에 없었다. 태국에 도착한 후에 관광 중인 가족이 인도 여행을 위해서 비자를 신청하는 것처럼 보이기 위해 10일을 머문 후에 인도 대사관에 비자를 신청했다. 기다리는 그 4일은 밤낮없이 기도하는 시간으로 보낼 수밖에 없었다. 이미 홍콩에서 비자를 거부당한 경험이 있어서 이제 마지막 기회인지라 이곳에서 비자를 받아 인도로 가든지 아니면 한국으로 되돌아가야 하는 상황이었다. 4일 후 대사관에 들렀더니 3개월 관광 비자가 나와 있었다. 너무나 기뻤다. "가족을 데리고 3개월 밖에 머물 수 없다니 너무 짧지 않나?"라는 생각은 감히 할 수 없을 만큼 인도 비자를 받은 사실만으로도 아내와 나는 너무나 기쁘고 행복했다. 그 3개월짜리 관광 비자를 들고 우리는 당당하게 인도에 입성했다. 그것이 인도에서 30년의 시작인 것은 알지도 못했지만….

1989년 10월, 가족과 함께 안드라프라데시(Andhra Pradesh)주의 수도 하이데라바드(Hyderabad)에 정착했다. 하이데라바드시는 남인도에서 북인도가 시작되는 중간 지점에 위치하여 차차 북인도 쪽으로 사역지를 옮겨 가려고 하는 우리에게는 나름대로 전략적인 지점이라고 생각했기 때문이었다.

게스트하우스에 머무는 동안 가족과 함께 주택을 구하고자 돌아다니기 시작했다. 하이데라바드는 하루에 최소한 7번 이상 끊어지는 전기 사정으로 인해 계단을 걸어 올라가는 5층 아파트가 가끔씩 보이는 것 외에는 아파트는 거의 없는 도시였다. 열대 지방이 대개 그러하지만 나무가 많은 도시로 개인 주택이 주를 이루었다. 다행히도 지방 신문인 「데칸 크로니클(Deccan Chronicle)」 광고란에서 집을 사고파는 것과 빌려 주는 내용이 매일 신문에 실렸다.

가족이 함께 신문을 들고 주소가 적힌 대로 오토(오토바이를 개조한 삼륜 택시)를 타고 여기저기 집을 보러 다니기 시작했다. 두 칸짜리 집을 빌리기로 하고 다녔는데 두 칸짜리 집은 우리가 생각하고 있는 마루가 딸린 집들이 없었다. 두 칸짜리 구조는 현관을 겸한 이름뿐인 마루에 방 두 칸 구조로 너무 좁았다. 그래서 세 칸짜리로 얻기로 하고 다시금 다니기 시작했다. 세 칸짜리 주택은 한국 개념으로 보면 상당히 넓은 마루가 있고 방마다 화장실이 붙은 넓은 그런 구조였다. 일테면, 두 칸짜리 집들이 서민주택이었다고 하면 세 칸짜리 주택은 부자들이 사는 주택 구조였다. 그리고 그 중간 크기로 있는 집들은 거의 없는 것이다.

집을 구하기 정말 어려웠다. 집이 마음에 든다고 결정하고 얻으려고 하는 시점이 되면, 집 안을 돌아보는 과정 속에서 바퀴벌레는 당연히 있는 것이었지만 방벽과 마루 벽에 도마뱀들이 살고 있었다. 이 도마뱀을 본 아들 이레가 기겁을 하고 울고 도망을 가는 것이다. 그러니 집이 괜찮고 집세도 적당하다고 생각해서 얻으려고 하면 도마뱀으로 인하여 도저히 집을 구할 수 없게 된 것이었다.

이제 다시 방향을 바꿔서 새 집이나 아파트를 보기로 했다. 그러나 새로 지은 세 칸짜리 집세는 우리로서는 생활비 전부를 보태도 모자라는 액수였다. 인내와 체력을 요구하는 날들을 보내면서 돌아다니고 있는데 하루는 길에서 화장실이 급해졌다. 작은 볼일 같으면 적당하게 처리가 되겠지만 큰 볼일이어서 난감했다. 화장실을 찾지 못하여 거의 울 지경이 되었다. 세상에! 길 건너편 집에 화장실이라고 쓰인 글이 붙어 있지 않는가? 죽을힘을 다해서 갔더니 글쎄, 입구 문이 잠겨 있었다.

"아니 공중 화장실 문을 왜 닫아? 사람 싸게 생겼는데."

사정없이 문을 두드리니 웬 할아버지가 나와 고함을 지르신다.

"왜 남의 집 문을 그렇게 무자비하게 두드리느냐?"

"아니, 공중화장실 문을 잠그시면 어떻게 하느냐?"

그러자 어이없는 표정으로 "여기 어디에 공중화장실이 있냐?"라고 하신다.

할아버지를 데리고 나와서 집 앞 벽면에 크게 붙어 있는 화장실이라는 글을 가리키는데, 아뿔싸! 그것이 'Toilet'이 아니라 'To.let'이라 쓰여 있지 않은가. 화장실이 아니고 빈집이라는 말이었다. 다행히 주인의 배려로 급한 불(?)은 끌 수 있었다.

이런저런 과정을 겪으면서 우리는 번자라힐이라고 하는 언덕에 새로 지은, 그 도시의 가장 높은 8층짜리 아파트 3층에 가족이 함께 살아갈 둥지를 틀게 되었다.

하이데라바드는 시내 한가운데에 있는 탱번이라는 큰 호수를 끼고 한편에 있는 세컨드라바드와 한 도시를 이루는, 인구 500만 명의 큰 도시였다. 그 한쪽 편은 언덕을 이루고 있는데 그곳을 번자라 힐이라고 불렀다. 이 언덕 위에 있는 우리 집에 가기 위해서는 시내에서 한참 오르막길을 올라가야만 한다. 그동안 운전면허증도 따고 15년 된 고물 차였지만 우리 가족에게는 소중한 발 같은 차도 구입했다. 대중교통편이 거의 없는 시내 상황이기도 했지만 정류장에서도 서는 일이 없이 움직이던 버스를 타다가 뒷바퀴에 깔려 죽은 선교사가 생겨서 대중교통 이용을 자제하도록 권하는 분위기 때문이기도 했다.

어느 날 시내에 갔다가 이 오르막길을 오르고 있는데 어둠이 막 깔리는 시각이었다. 맞은편 내리막으로 내려오는 큰 트럭이 우리 차를 막 지나가자 그 뒤에 보이지 않던 검은 버팔로 한 마리가 달려 내려오는 것이었다. 이 소는 우리가 올라가는 오르막 차선으로 달려 내려오고 있었고, 그것을 보고 아차 하는 순간 미처 피할 방법도 없이 충돌하게 되었다. 그래서 고물 차가 박살이 나 버렸다. 모든 유리창이 다 깨어지고 앞 범퍼가 찌그러지면서 문들이 열리지 않는 상태가 되어 버렸다. 옆에 앉은 아내에 대한 생각은 전혀 없이 뒤에 앉아 있는 5살 아들에 대한 생각에 온 힘을 다하여 문을 발로 차서 겨우 문을 열고 뒤로 갔다. 열리지 않는 뒷문 안에 아이가 앉아 있는데, 조각난 유리창을 온통 뒤집어쓴 채 움직이지 않는 것이다. 울부짖으며 문을 발로 차고 열어서 아이를 부둥켜 않고 PT체조를 하듯 깡충깡충 뛰었다. 그렇게 하면 피가 놀라서 멈춰 섰다가도 다시 돌 수 있다고 군대 유격 시간에 배웠던 것이다. 한참을 그러고 있는데 "아빠, 왜 그러세요?"라고 잠에서 막 깬 이레가 묻는 것이었다.

3일 전, 우리는 차를 타고 시내에 다니면서 매우 강렬한 햇볕에 그대로 다닐 수가 없어서 햇빛 가리는 선팅을 했었다. 차를 맡기고 3일이나 걸려서 어제 찾아 왔는데 이런 사고를 당한 것이다. 선팅을 한 차 유리창은 산산조각이 나지 않고 선팅 용지에 그대로 붙어 있어서 아이는 유리 파편 밑에 깔려서도 단 한 곳도 다친 곳이 없었다. 하나님의 도우심이었다. 물론 사고가 나지 않았으면 더 좋았겠지만…. 이 사고를 통해서 인도에 대한 새로운 경험을 하게 되었다. 물론 소와 박치기한 사람은 지금도 흔치 않겠지만….

　　사고를 목격한 사람들이 주위에 많이 몰려들었다. 그 사람들은 명백히 소가 잘못한 것이기 때문에 파출소에 신고하면 소 주인이 차량 수리비를 물어 줄 것이라고 했다. 그래서 그 사람들의 도움을 받아 파출소에 신고했다. 담당 경찰은 염려 말고 "사람이 다치지 않았으니 얼마나 고마운 일인가?"라고 하면서 "내일 아침에 소 주인이 아마 차량 수리비를 물어 줄 것이니 집에 돌아갔다가 오라."고 했다. 그런데 이튿날 아침 파출소에 들른 나는 완전히 달라진 경찰관의 태도에 어이가 없었다. 내가 소값을 물어 줘야 한다는 것이다. 그래서 어제저녁에 했던 증인 두 사람의 명함을 보였더니 그들이 "내가 잘못했다고 증언했다."라는 것이다.

　　이야기는 이랬다. 내가 가고 난 뒤에 경찰관이 소 주인을 만났을 때 소 주인은 부서진 내 차를 보고 많은 돈을 물어야 할 것을 직감했다. 그래서 차량 수리비 반에 해당하는 돈을 뇌물로 경찰에게 주었다. 그러고 나니 경찰이 일사천리로 증인들도 증언을 바꾸게 하고 나에게 "소 값을 물어라."고 하는 것이다. 소 주인을 불러서 대면

하고 실랑이하고 있는데 파출소장이 들어와서 모든 내용을 다 듣고는 멋진 제안을 했다. "서로 물어 주지 말고 그날 일진이 안 좋았으니 그냥 그렇게 지나가라."고 하는 것이다. 참 멋진 솔로몬의 판결이었다.

이 사건을 통해서 물론 차를 바꿔야 하는 재정적인 어려움이 있었지만 인도에 대한 교육을 나름대로 받았던 것 같다. 이후에도 이 일은 인도를 살아가면서 일어나는 많은 일들을 해결하는데 도움을 주었다. 물론 뇌물을 썼다는 것이 아니라 인도인들을 이해하는 데에 큰 도움이 되었다는 말이다.

당시에 현지 말을 가르쳐 주던 제선 목사는 더 멋진 아이디어를 제공했다. 어디 가든지 이 버팔로 떼가 길을 막고 차가 움직이지도 못하는 일들이 빈번이 일어나니 차 안에 대나무로 뾰족하게 침을 만들어 두었다가 버팔로가 길을 막으면 찔러 버리라는 것이다. 그러면 "다니기가 한결 수월할 것이라."는 기가 막힌 제안이었다.

1990년 3월이 지나고 4월에 접어들면서 매일매일 내리쬐는 대지를 태울 듯한 이글거림으로 그 기세를 더해 갔다. 다섯 살 난 아들이 열병에 걸려서 열이 40도를 오르내리면서 음식을 먹으면 토해 버리고 설사를 계속했다. 병원에 가면 바이러스성 열병이라서 별 것 아니라고 하고 약을 주었지만 조금도 차도가 없이 펄펄 끓는 몸으로 지내고 있었다. 열병을 이 나라 사람들은 감기 같은 것 정도로 가볍게 여기는 듯 했지만, 이런 일을 처음 당하는 우리에게는 아무런 방법도 몰라서 견디기 어려운 일 가운데 하나였다.

당시 안드라프라데시주 인구는 약 1억 명이었지만 그 가운데 살아가는 한국 사람은 나와 아내 그리고 아들 이레. 이렇게 우리뿐이었다. 누군가 한국에서 온 사람이 미리 경험했으면 그 이야기를 들으면서 어떻게 할지 알아서 대처할 수 있었을 것이다. 그러나 전혀 알 수 없는 새로운 병으로 인해서 어찌할 줄을 모른 채 불안해 하며 지내고 있었다. 일주일이 지나고 열흘이 지나면서 아이는 몸을 가누지 못하고 먹지 못하면서도 설사를 했다. 병원에 가면 시간이 좀 지나면 괜찮아진다고 별일이 아닌 듯 이야기한다.

　그러한 나날을 보내는 가운데 하루는 뭄바이에 있는 외국인 등록소에서 연락이 왔다. 기차로 하룻밤 걸리는 거리를 찾아간 등록소에서 나에게 건네준 쪽지에는 48시간 내에 인도를 떠나라는 명령이 들어 있었다.

추방과 재입국

아이가 아플 때에는 그래도 아내와 함께 하나님께 간절히 구하는 기도를 드리고 있었고 하나님의 도우심이 있을 것이라는 믿음 또한 있었다. 하지만 막상 출국 명령서를 읽고 나서는 아무 생각도 나지 않고 멍해지는 상태가 되었다. 그냥 인도를 떠날 수 있는 것도 아니었다. 비행기 표를 살 돈도 없었고 몸을 가누지도 못하는 아들을 안고 이동하기 또한 쉬운 일은 아니었다. 뭄바이(당시 봄베이)에 주재하고 있던 기독교인 몇 사람이 이 소식을 듣고 모인 자리에서 나는 예배를 인도하면서도 어떻게 예배를 인도했는지 알 수 없는 그런 상태로 시간을 보냈다.

예배를 마친 후 그들이 봉투를 내밀었는데 그 안에는 태국까지

갈 수 있는 비행기 표와 호텔 숙박비 400달러가 들어 있었다. 천사를 만난 적이 없지만 이들이 "눈에 보이는 천사"라는 생각이 들 정도로 그들이 베풀어 준 도움은 감사라는 단순한 말로는 결코 표현할 수 없는 것이었다. 그날 밤, 아내와 함께 가방 두 개와 늘어진 아이를 안고 인도를 떠나 태국으로 가는 비행기가 이륙했을 때에 받은 그 기분은 "뼈가 저리도록!"이라는 말 외에는 달리 표현할 길이 없었다.

이 땅에 사는 날 동안 내가 할 일이 있든 없든 하나님이 부르시면 이 모든 것을 놓아두고 그냥 바로 떠나야만 한다. 적어도 나는 내 평생을 인도에서 지내며 하나님의 일을 할 것이라고 확실히 정하고 사역 준비를 하고 있었다. 오스마니아대학에 영어 과정을 등록해서 영어 공부를 시작했고 지역 언어인 텔루구어 또한 배우기 위해서 사람들을 만나고 있던 때였던 것이다. 그러나 이 모든 것은 물론이고 다른 어떤 변명도 통하지 않고 그냥 인도를 떠나게 된 것이었다.

"하나님 우리 아이가 고등학교 3학년이어서 진학해야 하는데, 조금만 늦추어 주세요."

"남편이 병원에 입원해 있어서 지금은 어려워요." 혹은 "우리 딸 결혼식이 다음 달인데 그 후에 불러 주세요.", "내가 요즈음 집을 건축 중인데 이 일이 끝날 때까지만 기다려 주세요." 등의 아무 변명도 통하지 않는 것이다. 그냥 그대로 가는 것 외에는….

태국 공항에 도착한 시간은 새벽 시간임에도 불구하고 넘쳐나는 관광객으로 인해 대낮처럼 활기차게 돌아가고 있었다. 그 많은 관광객 사이에 열병 때문에 늘어진 아들을 안고 있는 나와 손가방 두 개를 든 아내는 처량한 걸음으로 입국장을 향해 가고 있었다.

'어디로 가야 하나? 400달러로 세 식구가 며칠을 머물 수 있을까? 만일 비자가 안 되면 한국으로 돌아가야 하는 것인가?'

그때였다. 갑자기 들려온 한국말이 있었다.

"○○야, 같이 가자! 좀 천천히 걸어!"

그 말을 듣는 순간 그만 왈칵 눈물이 터져 나왔다.

"하나님, 저 사람은 누구고 우리는 누구인가요?"

그렇다. 원망이었다. 선교사로 대망의 꿈을 안고 나간 우리 가족이 비참하게 쫓겨난 신세로 공항을 걷고 있을 때에 한국에서 출발한 관광객들이 들뜬 마음으로 외치는 귀에 익숙한 그 말이 마음을 찔러버린 것이었다.

잠시 후, 택시를 타면서 하룻밤에 20달러에 머물 수 있는 게스트하우스 혹은 호텔로 가 달라고 부탁했다. 그런데 도착한 호텔이 규모가 상당한 것을 보고 20달러가 확실하냐고 다시 한번 확인한 후에 호텔에 체크인했다. 다음 날 아침, 밖에 나와 본 호텔의 규모는 아무래도 숙박비가 20달러보다는 더 비쌀 것 같았다. 프런트에 내려가서 하루에 얼마냐고 물었더니 40달러라고 한다. 내가 20달러로 알고 체크인했다고 하니 절대 그럴 리가 없다고 한다. 난감했다. 손에 가진 400달러로 식사비를 포함해서 비자 신청 기간인 일주일을 더 머물러야 했기 때문이다.

이렇게 한참을 옥신각신했다. 그런데 지나가던 한 사람이 프런트에 오더니 왜 그러냐고 물었다. 직원이 영어로 상황을 설명하니 그분이 나더러 따라오라고 한다. 그는 방 입구에 "코리안 리"라는 한국어 명패가 달린 사무실로 들어갔다. 사무실로 따라 들어가자 그는 자리에 앉은 후에 무슨 일이냐고 내게 물었다. 나는 한국 선교사로 인도에 나왔다가 추방당한 사실을 이야기하고 호텔비가 예상보다 비싸서 체크아웃해야 될 것 같다고 대답했다.

그런데 갑자기 그분이 한국말로 말하는 것이 아닌가?

"목사님, 많이 놀랐겠네요. 안심하세요. 제가 도와드리겠습니다. 제가 집사입니다."

나는 너무나 놀라서 뭐라고 대답할 틈도 없이 눈물이 또 왈칵 나왔다.

지금은 장로가 된 그 집사님의 도움으로 그 호텔에서 20일을 지내며 부인 집사님이 특별히 준비한 한식도 먹을 수 있었다. 게다가 아들 이레의 생일날이 5월 5일인 것을 알고는 우리 가족이 파타야 여행을 할 수 있도록 해 주셨다. 파타야는 한국에도 잘 알려진 휴양지인데 특별히 산호섬은 너무나 아름다운 산호로 이루어져 있었다.

그날을 즐겁게 가족과 함께 지내고 호텔에 돌아오니 그 집사님이 비자가 나왔다고 하면서 여권을 주신다. 그 호텔 수출입 담당 과장으로 인도에 사업차 나가는 것으로 하여 받은 1년짜리 사업자 비자였다. 정말 꿈만 같았다. "사업자 비자라니." 그동안 3개월씩 혹은 1개월씩 연장을 받아 지내왔던 관광 비자와는 비교되지 않는 유용한 비자였다.

5일 후, 우리 가족은 다시 방콕 공항에서 인도로 출발하게 되었다. 민망한 마음이 들었다. "하나님, 저 사람들은 누구고 우리는 누구입니까?"라고 태국 입국장에서 뱉은 원망 때문이었다. "자격 없는 저들을 이처럼 주를 위한 고난에 세워 주시니 감사합니다."라고 했더라면 얼마나 멋있었을까? 선교사다운 기도였을 텐데…. 그런 마음이었다.

　이제는 열병에서 깨끗이 나아서 건강해진 아들과 아내와 함께 인도에 도착한 우리는 또 다른 소식을 접하게 되었다. 우리가 추방당한 바로 다음 주일 월요일에 태풍이 불고 비가 오지 않는 건기에 쏟아진 비로 인해 피해가 엄청 났었다는 것이다. 우리가 살던 동네도 거의 1층 의자 높이까지 물이 찼었다고 한다. 대충 정리된 집 안으로 들어서면서 그 태풍의 규모를 짐작할 수 있었다. 태풍이 친 후에는 신종 열병이 돌았다고 한다. 열이 뇌로 들어가서 이 열병에 걸리면 3일 이내에 죽었다는 것이다. 당시 지방 신문인 「데칸 크로니클」에는 "죽음의 춤이 온 시내에"라는 제목의 기사가 연일 나왔다. 우리가 추방되어 태국에 머물렀던 25일 안에 이런 무서운 일이 벌어진 것이다. 그 기간에 우리는 태국에서 시원한 호텔에 머물며 한식도 먹고, 덤으로 사업자 비자까지 받아서 돌아왔는데 말이다. 이것을 어떻게 사람이 계산을 해서 피할 수 있었겠는가? 하나님의 인도하심과 지키심은 너무나 놀라웠다.

2부

선교 사역 이야기

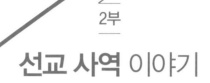

믿음의 기초 파기

선교 센터 부지로 구입한 땅은 13.7에이크로 3만 평은 조금 되지 않았지만 그 땅 뒤편에 놓여 있는 언덕과 그 언덕 앞에 땅이 정부 소유이기에 사실상 버려진 땅이었다. 그래서 실제 우리 센터 부지는 3만 평이 훨씬 넘는 그런 부지였다. 그러나 그 땅 안에 있는 것은 비옥한 흙이 아니라 곳곳에 널브러진 큰 바위덩어리들이었다. 막상 공사할 생각을 하니 그 돌들을 들어내는 데만도 굉장한 시간과 돈이 들어갈 것 같았다.

또 한 가지, 땅은 사 두었지만 선교 센터 공사를 위한 후원금은 전혀 없었다. 당시 내가 받는 후원금 중에서 사역자들 인건비와 키우는 아이들 아홉 명에게 필요한 것을 제외하고 그 남은 돈으로 공사하는 것이 유일한 방법이었다.

나는 미살 형제에게 건축은 벽돌과 시멘트로 하는 것이 아니라 믿음으로 하는 것이라고 강조하기 시작했다. 특별히 이곳은 하나님의 사람들을 훈련시키고 돌아보는 장소이기에 믿음으로 건축해야만 한다고 했다. 그러나 혹시나 하고 기다리던 건축 헌금이 몇 개월이 지나도 들어오지 않았고 하나님께서는 정말 나에게 믿음으로 시작하는 것인지 확인하시는 것 같았다.

기도하는 가운데에 지혜가 생겼다. 5월부터 9월까지 우기가 지나면 인도는 건기가 시작되는데 전혀 비가 오지 않는다. 그래서 나는 10월에 기초를 파기로 했다. 그동안 조금씩 모아둔 돈으로 기초를 팠다. 석자 깊이에 폭 두자 반 그리고 기초로 올리는 높이 또한 석자로 정했다. 이 기초를 파 두고 그때부터 돈이 생기는 대로 벽돌을 하나씩 쌓아 가기로 했다.

기초를 파고 난 후에 생긴 고민은 역시 어떻게 널브러진 저 돌들을 내다 버리는가 하는 것이었다. 하루는 그 이야기를 미살 형제와 나누고 있는데 신기한 말을 형제가 했다.

"그 돌을 왜 버립니까? 그 돌을 석수들로 하여금 한자 폭의 돌로 쪼개면 이것보다 더 든든한 기초가 없습니다."

정말 나에게는 깜짝 놀랄 제안이었다. 그리고 그 석수들의 인건비는 믿을 수 없을 만큼 낮았다. 한국 돈으로 일당 2,000원 정도 밖에 되지 않았다.

이렇게 하여, 매일 다섯 명의 석수가 나와 돌을 쪼개기 시작했다. 약간 큰 돌은 열 개 가까운 기초석이 나왔고 또 작은 것들도 최소한 한두 개의 기초석이 나왔다. 그렇게 이 땅에 널브러진 모든 돌들을 쪼개고 기초석으로 만들었더니 폭, 깊이 그리고 높이 각각 석자의 정말 놀라운 숫자의 기초석들이 만들어진 것이다. 돌을 구입해서 넣는 것이 아니라 있는 돌을 쪼개어서 쓸 수 있게 되었던 것이다. 널브러져 있었던 돌들은 돌이 아니라 돈이었던 것이다. 그들이 돌을 쪼개는 동안에 시멘트를 사서 기초를 넣고 쌓아 올라간 것이 11월에 시작하여 3월에 끝나게 되었다.

이제 여름이 시작되어서 공사하는 속도를 낼 수도 없었지만 무엇보다도 물을 길어 올 수가 없어서 공사를 중단할 수밖에 없었다. 땅을 파면서 겉으로 나왔던 흙으로 석자 높이로 쌓아 올린 기초에 채우고 나니 누가 보아도 그럴듯한 기초가 완료되어 있었다.

그 후에 몇 사람의 후원이 있었지만 정말 믿음으로 시작한 선교센터가 올라가고 있었다. 1993년 11월에 선교 센터 1차 공사인 교회 건물을 함께 마무리하여 입당 예배를 드렸다. 그해에 나는 안식년으로 한국에 있었고 새로 선교사로 나와 있던 임권동 선교사가 그 공사를 마무리한 것이다.

종교 분쟁 이야기

1992년 12월 6일, 아요디아(Ayodhya)에 세워졌던 바브리 마스짓(이슬람교 사원)을 약 15만 명의 힌두교도가 폭동을 일으켜 파괴해버렸다. 이 일로 인해 인도에서는 전국적으로 종교 분쟁이 벌어져서 2,000~3,000명이 죽는 비극이 벌어졌는데 이 사건은 이렇게 시작하게 되었다.

1991년 5월에 치러진 인도 총선에서 인도인민당(Bharatiya Janata Party, 약칭 BJP)이 군소 정당에서 용트림치며 처음으로 전국 정당으로 약진했었다. 이들은 총선 선거 운동으로 라마신과 함께 가장 인기 있는 신인 크리슈나신이 죽었다고 믿어지는 곳, 인도에서 가장 큰 사원이 무슬림에 의해 완전히 파괴되었던 "솜나트(Somnath)"라는 곳에서 행진을 시작해서 라마가 탄생한 "아요디아"에서 끝냈다. 우리에게는 가야국의 허 황후의 출신지로 알려진 아요디아는 라마신 신전이 있던 곳이었으나 이슬람교도인 바베르 황제가 1529년에 파괴했다. 그리고 바로 그 자리에 바브리 마스짓이라는 이슬람 사원을 세운 곳이다.

이 행진은 인도인들의 힌두신에 대한 신앙심에 불을 지른 행위였다. 그런데 이 선거 운동은 적중해서 군소정당이었던 인도인민당이 선거에서 압승하고 정권까지 창출하기에 이르게 된 것이다. 셀 수도 없는 지역 정당들이 있지만 전국 정당은 몇 개 없던 인도에서 네루, 인디라 간디, 라지브 간디로 이어지는 집안이 이끄는 인도국민회의(National Congress, 약칭 NC)와 어깨를 나란히 한 채로….

바로 이 인도인민당의 강령 중에 하나가 "힌두트바", 즉 힌두교들의 나라를 만들겠다는 것이다. 인도가 영국으로부터 독립할 당시 인도 독립의 아버지들은 인도를 힌두교도의 나라로 만들겠다는 생각을 한 번도 한 적이 없었다. 그들은 모든 종교를 어우르고 함께 사는 세속주의 국가를 만들겠다는 확실한 목표를 가지고 있었다. 그래서 여기에 불만을 품은 민족의용단(Rashtriya Swayamsevak Sangh, 약칭 RSS) 같은 극렬 힌두교도들이 간디를 암살했던 것이고. 바로 그 간디를 암살한 조직인 민족의용단이 대거 포진해 있는 정당이 인도인민당이다.

인도인민당이 비록 연정이었지만 집권을 하게 되자 이에 힘을 얻은 약 15만 명의 힌두교도가 민족의 응어리를 푸는 심정으로 폭동을 일으켜 "라마 신전을 뜯어내고 세웠다."라고 믿고 있던 바브리 마스짓을 파괴해 버렸다. 그러자 이번에는 이에 흥분한 이슬람교도들이 지하드(성전)를 선포하고 최소 20만 명이 아요디아에 모이기로 결정하게 된다. 이에 정부에서는 비상계엄령을 선포하고 군대가 동원되어 아요디아에 이슬람교도들의 진입을 원천 봉쇄하게 되었고 이리하여 폭동은 엉뚱하게도 아요디아가 아닌 인도의 전통적인 무슬림 도시 하이데라바드에서 일어나게 되었다.

그때 우리는 하이데라바드의 마힌드라힐이라고 하는 야트마한 언덕이 있는 곳에서 살고 있었다. 선교회 사무실은 언덕 뒤편에 있는 가운데 홀을 포함하여 방이 8개나 되는 제법 넓은 집을 빌려서 사용하고 있었다. 동역하는 현지인 책임자인 미살 형제의 가족이 머물렀고, 가운데 홀은 강의실로 활용하고 그 홀과 연결된 방 하나를 사무실로 썼다. 그리고 세 칸에 우리가 돌보는 6명의 아이가 머물고 있었다.

현지 영자 신문인 「데칸 크로니클」에서는 아요디아 사건으로 인해 비상계엄령이 떨어진 것을 기사화하고 모든 학교와 관공서들도 문을 닫는다고 하면서 주민들은 출입을 삼가라고 했다. 이 기사를 보면서 나는 우리 센터에 있는 아홉 식구들의 식량이 염려가 되었다. 분명히 상당한 기간 동안 이 사건이 진행될 텐데 그동안 우리 센터의 식구들은 "무엇을 먹고 지내나?" 하는 생각이 들자 사건이 더 확대되기 전에 빨리 내려가서 양식을 구입해야겠다고 마음을 정했다. 당시에 나는 태국의 라자 호텔에서 이종혁 집사님의 도움으로 받은 사업자 비자로 사업하는 것처럼 위장하고 있었는데, 마을로 내려가기 전에 온 얼굴에 나 있는, 이슬람교도처럼 보이는 수염을 먼저 깎았다. 혹시라도 무슬림으로 오해를 받으면 위험해질 것이라는 생각에서였다. 그러고서는 지프차를 타고 한 100여 미터 나가면 큰 길로 들어가는 우회전 길이 나오는 데까지 아무런 방해를 받지 않고 잘 가고 있었다. "별일 없구먼." 생각하면서 오른쪽 큰길을 향하여 회전을 했더니 바로 전방 50여 미터 앞에서 폭도들이 마구 부수고 몽둥이랑 무기들을 휘두르며 올라오고 있었다. 순간적으로 "죽었구나." 하는 생각이 들고 아찔해지면서 핸들을 잡은 손에 힘이 쫙 빠져 버렸다.

그러나 잠시 후에 정신이 들면서 알 수 없는 열기가 온몸에 꽉 차는 것을 느꼈다. 놀랍게도 공포와 두려움은 전혀 없어지고 바로 앞으로 다가온 폭도들을 향하여 차 문을 열고 내려서 큰 소리로 외쳤다.

"이 중에 책임자가 누구요?"

그러자 올라오던 폭도들이 오히려 주춤하면서 나를 쳐다보는 것이었다. 나는 고함을 질렀다.

"이 언덕 뒤에 있는 고아원을 지원하는 사람인데 지금 식량이 떨어졌다는 연락을 받고 식량을 구입하기 위해서 내려가는 길이니 길을 좀 열어 주시오."

그러자 그 폭도들 중에 한 사람이 나를 알아보는 것이었다. 우리 선교부 근처에 살고 있는 사람으로 그 사람이 큰소리로 내가 누구인지를 설명해 주었다. 그러자 폭도의 우두머리가 나에게 "수고한다."라고 하면서 "상황이 안 좋으니 조심해서 갔다 오시오."라고 이야기하는 것이 아닌가? 물론 그날은 많은 쌀을 살 수는 없었지만 일주일간 먹을 수 있는 양의 쌀을 확보하고 집으로 돌아왔다.

"죽었구나!" 생각하고 온몸에 힘이 쫙 빠져버린 것이 나의 본래의 모습이었다면 온몸에 열기가 퍼지면서 당당하게 차에서 내려서 고함을 질러대던 그 사람은 또 누구인가? 참으로 신기한 일이었다.

"아하 이것이 하나님이 도우시는 방법이구나. 큰 소리만 들어도 가슴이 쿵쾅거렸던 내가 그리 용감했다니."

나는 며칠을 두고 황홀한 시간을 보냈다.

군대가 동원되어 5미터 간격으로 무장하고 지키고 있는 삼엄한 사이에도 사람들은 죽어 나갔다. 이 사태가 보름을 넘어가자 정부에서는 양식이 떨어진 집에 양식을 배급하기 시작했고 그나마 식량난은 해결되는 듯했다. 그러나 소식은 점점 더 흉흉해져서 "살인 전문가들이 들어왔다."라는 신문 기사가 나오기 시작했다. 내용인즉, 뭄바이 지역에 있는 시브세나(Shiv Sena)라는 마피아 집단이 들어와서 전문적으로 사람들을 죽여 준다는 것이었다. 물론 힌두교인들이 무슬림을 죽이는 방법이지만 말이다. 우리 사무실 근처에는 힌두교인도 있었지만 이슬람교도들도 함께 살고 있었는데 이제까지 그들이 그렇게 사이좋고 평화롭게 사는 것을 보고 지내왔기에 서로 싸우게 될 것이라고는 전혀 생각하지 못했다. 하루는 사무실에서 연락이 왔는데 "바로 옆집에 살던 힌두교인과 이슬람교도들 사이에 싸움이 나서 서로 칼로 난도질하고 같이 죽었다."라는 것이었다. 사건이 한 달 이상 진행되면서 이제는 오토바이를 타고 다니는 살인 전문가들이 한 칼에 사람을 죽여 주고 2천 루피씩 받는다는 소문까지 돌게 되었다. 불안하고 암담한 나날들이었다.

우리 집은 집주인이 1층에 살고 우리는 2층에 살았다. 나는 2층에 있는 우리 집 문 앞에 가족을 지키기 위한 것이라는 생각에 매일 크리켓 방망이 두 개를 세워두고 자다가 깨다가 하는 일을 반복했다. 뉴델리에 있는 한국 대사관에서 연락이 와서 "철수하는 것이 좋겠다."라고 권했다. 그러나 내가 배워 온 선교사들의 삶은 이런 사건이 났을 때 더욱 더 현지인들과 함께 있는 것이고, 이것이 선교를 위한 방법인 것을 이미 아프리카 선교지에서 일어난 실례를 통하여 알고 있었기에 철수는 생각할 수도 없었다.

그러나 정작 가슴이 아팠던 것은 이 폭동이 성탄절 기간까지 진행되었고 성탄절을 맞이하는 교회들이 교회 문을 닫고 예배를 중단하게 된 것이었다. 물론 사람들이 움직이지 못하는 것 때문이었겠지만 최소한 교회 문이라도 열어 두었으면 하는 바람이 있었다.

그리고 나에게는 또 다른 고민이 생겼다. 성탄절을 특별히 전도하는 기간으로 삼아서 시골 지역을 순회하던 것이 있었기 때문이다. 물론 시내 곳곳에서는 총소리가 들리고 사람들은 움직이지 못하고 있었지만 시골에는 그렇지 않을 거란 생각이 들었다. 도시만 빠져나가면 시골에서는 그렇지 않고 복음을 전할 수 있을 것이라는 확신이 생겼다.

미살 형제와 사역자 여섯 명이 함께 센터에 모여 기도를 계속하면서 나는 갈등하기 시작했다.

'과연 이 사태를 무시하고 전도하러 나갈 것인가? 아니면 안전하게 잠시 이 사건을 피하고 움직일 것인가?'

기도할수록 나의 마음은 점점 전도를 나가는 쪽으로 기울어졌다. 드디어 나는 사역자들 모두에게 예배 시간을 통해서 공표했다.

"우리가 나가서 전도하다가 죽으면 인도 선교 역사에 없는 순교자가 되는 것이고, 순교자의 영광은 믿는 자에게 가장 귀한 것이니 우리의 살고 죽음을 하나님 손에 맡기고 나가자."

출발하기로 한 날은 금요일이었다. 그런데 목요일 저녁에는 도저히 잠을 잘 수 없었다. 밤을 꼬박 새우며 과연 이 결정이 맞는 것인지 생각하고 또 생각했다. 그러나 이튿날 우리 팀원들은 차량 두 대로 나누어 타고 시골 지역으로 나갔다. 시내를 통과하는 동안 여기저기에서 총 쏘는 소리가 나고 타이어를 태우는 시커먼 불길이 솟아오르고 있었다. 그러나 우리가 시골 지역에 다다랐을 때에는 놀랍게도 아주 평화로운 모습이 연출되고 있었다. 우리는 그때 마음껏 복음을 전파했고 마무리빨리라는 지역에는 귀신들린 여인이 나음으로 인해 이후에 교회도 세우게 되었다.

폭동이 안정되고 나서 현지 목회자 기도회에 참석했더니 순교를 각오하고 움직인 사람들에 대한 영웅담은 이미 퍼져 있었다.

"당신이 그 김 목사요?"

수없이 들은 질문을 통해서 알았지만, 역시 사람들은 사람을 영웅으로 만들고 싶어 하는가 보다.

라마나페트 선교 센터 이야기

인도 시골 지역 전도는 생각보다 간단한 것이었다. 비록 멀리 떨어져 있어서 들리기가 쉽지는 않지만 일단 시골에 들어가서 전도지를 돌리다가 보면 관심이 있는 사람들은 더 자세히 묻기도 한다. 그리고 때로는 60% 이상이 문맹인 시골 사람들이라 전도지를 읽을 수가 없어서 이웃 사람들에게 그 내용이 무엇인지 묻는다. 그리고 그사람이 읽어 주는 내용을 듣고 예수를 믿는 사람들이 나오는 것이다. 일찍이 한국의 길거리에서 전도지를 돌리기도 했지만 돌아서면 길에 버려져서 동네 쓰레기가 되는 일이 많았다. 그래서 전도지 돌리는 것으로 인해 교회가 욕을 먹는 일도 왕왕 있었다. 그러나 이곳 인도에서는 복음의 능력이 스스로 일하는 것을 보게 되었는데 그것이 바로 이웃이 읽어 주는 전도지 내용을 듣고서도 예수 믿는 사람이 생기는 것이었다.

우리가 전도하여 교회가 세워지게 된 마무리빨리 지역에도 이런 일은 여전히 있었는데, 상카리야라는 사람 또한 그런 과정을 통해서 예수를 믿게 된 경우였다. 상카리야는 그 동네에서도 농사지을 논밭이 없어서 땅을 빌려 농사를 지어 주인에게 갚는, 일테면, 가난한 소작농이었다. 그가 교회에 나오기 시작하고 정말 신실하게 예배에 한 번도 빠지는 일이 없었다. 그리고 집에서 별로 할 일이 없을 때면 시간을 드려 교회에 와서 청소나 필요한 것을 수리하는 일을 했다.

어느 날은 사무실에 있는데 얼굴을 알 수 없도록 두드려 맞아서 멍든 사람 한 명이 사무실에 들렀다. 누군가했는데 바로 그 상카리야였다. 그가 여기에 오기까지 겪은 자초지종을 듣게 되었는데, 그 동네에 있는 사람들이 상카리야가 교회에 나가기 시작하자 나가지 말라고 권고하고 때로는 위협을 가하기도 했다는 것이다. 하지만 상카리야는 그 말을 듣지 않고 교회에 계속 출석했던 것이다. 그러자 그 동네 썰펀치(추장)가 상카리야의 친척들을 다 불러 모아서 "우리가 저 교회를 없애버리려고 하는데 상카리야가 반대하고 교회 편에 서서 매우 강력하게 자기들에게 항의하곤 해서 못쓰겠으니 상카리야가 교회에 나가지 못하도록 조치를 하라."고 했다. "만일 그렇지 않으면 당신 친척들이 이 동네에서 농사를 지을 수 없도록 땅을 빌려 주지 않겠다."라고 위협한 것이다. 잘못되면 생계가 위협을 받는 상황인 것을 느낀 친척들이 상카리야를 불러서 교회에 나가는 것을 중단하라고 요구했다. 그러나 상카리아는 여전히 자기는 교회에 나가는 것을 중단할 수 없고 이제는 확실히 예수를 믿는 사람으로 살아가겠다고 우겼다. 달래고 또 달래 보았지만 꿈쩍도 하지 않는 상카리야를 보고 이제 친척들은 그가 말로는 도저히 듣지 않는 것을 알았다. 그래서 온 형제들이 상카리야를 구타하기 시작했고 얼굴을 알아보지 못할 만큼 두들겨 팬 후에 동네 바깥으로 쫓아내 버렸다. 그렇게 갈 곳이 없는 상카리야는 시내에 있는 우리 선교 사무실로 찾아 온 것이었다. 우선은 상카리야를 사무실에 머물도록 조처했지만 장기간 머무를 수 없어 한 달 후에는 다시 시골로 돌려보낼 수밖에 없었다.

그러나 그때부터 나의 고민은 시작되었다.

'이렇게 예수를 믿게 된 것으로 인해 집안에서 혹은 동네에서 쫓겨난 사람들은 어떻게 해야 하나? 땅에 살아 있는 동안에는 그래도 먹고 살 방법이 있어야 하는 것이 아닌가? 당장 죽어서 천국에 가는 것이 아닌 다음에는 무엇인가 할 일이 있고 머물 곳이 있어야만 하지 않을까? 이런 사람이 또 생기면 우리가 할 수 있는 일이 무엇일까?'

나는 복음을 전하기만 하고 지나갔지만 사람들은 그 복음을 받은 것 때문에 지금까지 잘 살아온 삶의 터전을 잃어버리는 것이다. 나의 기도는 구체적으로 바뀌어 갔다.

"하나님, 저런 사람들이 생기면 함께 모여서 공동체 생활을 하든지 함께 살아갈 장소가 필요합니다. 장소를 허락해 주십시오. 조그마한 집이 아니라 넓은 땅이 필요합니다. 이 기능을 감당할 수 있을 만한 넓은 땅을 주십시오. 3만 평이면 좋겠습니다."

그리고 그때부터 이것이 기도 제목이 되어서 계속 하나님께 아뢰고 있었던 것이다.

1991년 8월 11일에 수도 뉴델리(New Delhi)에 있는 한인 교회 목사님에게서 연락이 왔다. 목사님 내외가 한국에 가시는 기간 동안에 델리에 와서 5일간 부흥회를 인도해 달라는 것이었다. 나는 부흥사가 아닌 것을 이야기했지만 좌우지간 와서 예배를 인도해 달라고 하셨다.

내가 델리에 도착했을 때는 새벽이었다. 그런데 기차역에서 나를 기다리기로 하신 목사님이 보이지 않았다. 몹시 당황한 나는 지난해 광복절 경축 행사에 대사관 초대로 참석하면서 머물렀던 윤대훈 집사님께 전화해 상황을 이야기했다. 그랬더니 그 집사님이 새벽 시간에 차로 나를 태우러 기차역까지 와 주셨다.

집으로 가는 길에 "씽 목사님이 가끔씩 이런 실수를 한다."라고 이야기하면서 나에게 어떻게 사역을 하는지 물으셨다. 내가 대답을 하려고 하는데 집사님이 이어서 이야기했다.

"여기 석기 시대 사람들에게 전도하기 위해서는 그저 교회 하나 짓고 하는 그런 사역보다 사람들이 한곳에 머물면서 공동체 생활을 하는 그런 방법을 사용해야만 선교가 될 것 같습니다."

그 집사님은 중동을 포함한 오랜 해외생활 가운데서도 인도 사람들은 확실히 독특한 사람들이라고 덧붙여 이야기했다. 차 안에서 이 이야기를 듣는 나는 정말 기분이 묘해졌다. 한 번도 사람에게 말하지 않고 하나님께 기도하고 있었던 공동체 이야기를 지금 이분이 차를 운전하면서 하고 있는 것이다. 정말 신기한 일이지 않은가? 그래서 나는 이 생각을 하게 된 모든 과정을 그 집사님에게 이야기 했다. 그랬더니 "목사님이 그 일을 하신다고 하면 땅은 우리가 사 드릴게요!"라고 말하는 것이 아닌가? 놀라운 일이었다. 그 집사님 댁에 머무는 5일 동안 나는 몇 번 땅 이야기를 했다. 집사님이 땅을 사 주시면 여기를 이렇게 하고 저기를 저렇게 하고 하면서…. 한국 사람들이 선교지에 와서 약속하고 이미 현지인들에게 공표를 한 후에 제대로 실행되지 않아서 어려움을 당했다는 선교사들의 이야기를 이미 들은 바가 있어서 의도적으로 말한 것이었다.

태어나서 한 번도 땅을 사고팔아 본 적이 없는 나는 땅을 사는 것이 결코 쉽지 않다는 것을 모른 채 신이 나서 땅을 알아보고 있었다. 그 집사님이 하신 헌금에 알맞은 땅을 사야 되겠지만 먼저 교회가 있는 마무리빨리 동네 교회 근처 땅을 알아보았다. 마침 적당해 보이는 땅이 있었는데 집사님이 헌금한 액수로는 약 2천 평을 구입할 수 있었다. 그런데 계약이 될 듯 될 듯 하다가 되지 않는 상태로 계속 시간만 가고 있었다. 땅을 팔겠다고 해서 돈을 가지고 가면 마음이 바뀌어서 팔지 않겠다고 한다. 이런 일이 반복되면서 넉 달이 휙 지나가 버렸다. 혹시 그 집사님이 너무 시간이 걸려서 헌금을 안 하시면 어쩌나 하는 염려가 다 생길 지경이었다.

며칠 후, 정반대편 방향에 있는 지역에 땅이 있다고 연락이 왔다. 그 땅은 하이데라바드 시내에서 동쪽으로 있는 비자야와다(Vijayawada) 쪽으로 가는 길 약 1시간 반 거리에 있었다. 그 지역은 우리가 하이데라바드에 살면서도 한 번도 가본 적이 없는 곳이었다. 원래 산이 많은 지역에 살았던 우리들은 가도 가도 끝이 없는 광야 뿐인 인도에 살면서 무엇인가 빠진 것 같은 그런 마음이 늘 있었던 것 같았다. 그런데 지금 그 반대편 길을 가면서 야트막한 언덕과 산들이 끼어 있는 길을 가고 있었다.

"야! 고향으로 가는 길 같아!"

아내와 내가 서로 나누었던 이야기였다. 정말 고향에 온 것 같은 편안한 마음이 드는 그런 길이었다. 우리가 그 장소에 도착했을 때에 눈앞에 펼쳐진 풍경에 마음을 홀딱 뺏겨 버렸다. 비록 광야처럼 돌덩이투성이 땅이었지만 그 땅 입구 왼편에는 호수가 하나 있었다. 마침 그 호수에서 양들이 집으로 가는 길에 물을 마시고 있었다. 그렇다. 한편의 그림이었다. 너무 아름다운 광경에 반해 버린 나와 아내는 그 땅을 꼭 사고 싶은 마음이 굴뚝같아졌다. 그러나 인도는 물이 나지 않아서 버린 땅이 많은 나라다. 그래서 나는 "이 땅에 물은 많이 나나요?"라고 질문했다. 땅 주인은 호수를 가르치며 말했다.

"이 호수가 상당히 깊고 이 호수 밑에는 물이 꽉 차 있습니다. 물 걱정은 전혀 없습니다."

이제는 내 마음이 급해졌다. 주인의 마음이 변하기 전에 현장에서 땅값 3분의 1을 선금으로 지급하고 한 달 후에 잔금을 치르기로 하고 헤어졌다. 그날은 너무나 기뻐서 잠이 오지 않았다.

한 달이 지나고 우리가 잔금을 치르러 갔을 때에 믿을 수 없는 광경을 보게 되었다. 그렇게 아름다웠던 호수, 많은 양들이 물을 마시고 있던 그 호수가 흔적도 없이 사라져 버린 것이다. 눈으로 보면서도 믿어지지가 않았다. 사기를 당한 것이었다.

그 과정은 이러했다. 물이 나지 않아서 버려둔 땅이었던 이 장소는 그 사실을 아는 현지인 누구도 살려고 하지 않았다. 어느 날 갑자기 몬순이 시작하기 전에 억수같이 소나기가 쏟아졌다. 그 엄청난 소나기로 인해 그 땅 왼쪽 약간 낮고 넓은 지역에 물이 가득 채워졌다. 아무리 봐도 호수처럼 보이는 그런 장면이 연출된 것이었다. 그런데 그때에 어떤 외국인이 땅을 사러 다니고 있다는 소문을 듣고 이 땅 주인의 귀가 번쩍 트이게 된 것이었다. 지금 땅을 팔면 이런 과정을 전혀 알 수 없는 그 외국인이 그 땅을 사게 될 확률은 매우 높았다. 실제로 그 외국인이 와서 땅을 보는 순간의 표정을 봤을 때 주인은 이미 그 사람이 이 땅을 살 것이라고 확신할 수 있었다. 그래서 이 땅에 물이 있냐고 물었을 때 "이 호수는 깊고 그래서 물은 많다."라고 쉽게 거짓말을 할 수 있었던 것이다. 인도에서는 땅을 팔기 위해서 집안사람들의 동의가 필요한 경우가 많다. 이미 이 땅에 대해서는 집안사람들이 모두 잘 알고 있었지만 돈이 많은 외국인에게 땅을 팔려고 하는 것에는 조금도 양심에 찔리는 바가 없었다.

이제 와서 잔금을 치르지 않으면 계약을 파기한 것이 되어 먼저 선금으로 지급한 땅값 3분의 1은 그냥 날려 버리게 되는 것이다. 할 수 없이 나는 잔금을 치른 후에 땅을 구입해야만 했다. 그러나 그때부터 본격적인 고민이 시작되었다.

'어떻게 할까? 어떻게 해야 이 땅을 쓸 수 있을까?'

그러다가 민수기의 말씀이 문득 떠올랐다. 모세가 이스라엘 백성을 광야로 인도하고 있을 때에 르비딤 광야에서 물이 떨어진 사건이 있었다. 백성들이 목말라 모세에게 대들었고 모세는 하나님으로부터 반석을 치라는 말을 들었다. 모세가 반석을 쳤을 때에 그 반석 사이에서 물이 터져서 이스라엘 백성들이 실컷 마시게 된 사건이었다. 그렇다. 반석에서 물이 나왔다는 것이다. 그렇다면 이 땅에도 하나님이 허락하시면 물이 날 것이다.

나는 아침 예배 때에 모든 팀원에게 이 성경말씀을 읽고 설명하면서 "이스라엘에게 반석에서 물이 나게 하신 하나님께서 우리 땅에서도 물을 나게 하실 것이다. 그러니 우리도 기도를 시작하자." 라고 제안했다. 이로써 24시간 릴레이 기도를 시작했다. 모든 사람이 돌아가면서 1시간씩 기도하는 것으로 하루 종일 쉬지 않고 기도했다. 도대체가 인도 사람들이 부르지 않는 "마른 땅에 샘물 터지고 사막에 물 흐르니"라는 이 찬송가도 가르치고 말이다.

우물을 판다는 사람들을 찾아다니기 시작했다. 첫 번째 사람을 데리고 그 땅에 갔더니 이것저것 검사를 하고 난 후에 이 땅에는 물이 나지 않는다고 했다. 두 번째 사람을 데려갔더니 그 사람도 같은 말을 하는 것이었다. 그러던 가운데 캐나다 선교부에서 우물 파주기를 하는 팀이 있다는 말을 들었다. 그 사람을 직접 모시고 구입한 땅에 갔다. 그 또한 이것저것 살피고 땅의 모양을 보더니 자세히 설명해 주었다.

"보세요! 이 뒤에 야트막한 언덕이 있지요? 이 언덕은 거대한 반석이 이루어 놓은 언덕입니다. 저 언덕의 검은색 돌은 여기서 시작하는데 이 땅 전체 밑에 내려와 있습니다. 그것 때문에 반석을 뚫을 수 없어서 물이 날 수가 없습니다. 다만 하나님이 하실 일도 있을 테니 기도해 보세요."

기도해 보라는 것이었다. 결국 물이 나올 수 없다는 공통분모가 있었지만 믿는 사람이 하는 말은 하나님이 하실 일이 있을 수 있다는 것이었다. 그러나 이것만으로도 나에게는 큰 힘이 되었다.

'하나님이 할 수 있고 말고!'

지질 검사 결과가 이렇게 나왔지만 나는 우물 공사하는 사람들을 찾아서 우물을 파기 위해 상담했다. 모두 먼저 지질 검사 결과를 보자고 했다. 지질 검사 결과는 물이 날 수 없다는 것이었다. 그래서 우물 파는 사람들은 우물을 판 후에 물이 나지 않으면 통상적으로 돈을 주지 않으려고 하는 사람들과 옥신각신했던 경험 때문에 그 일을 하려고 하지 않았다. 할 수 없이 나는 "물이 나지 않아도 돈은 드린다."라는 각서를 쓰고서야 기술자들을 현장에 데리고 갈 수 있었다.

지하수 파는 공사는 이렇게 진행이 되었다. 큰 트럭을 개조해서 지하 깊이 드릴링할 수 있도록 한 차가 한 대 왔다. 파이프 끝에 공업용 다이아몬드를 달아서 드릴 작업을 하는 것이었다. 시간이 지나면서 파이프가 점점 땅 안으로 파고 들어갔다. 1시간이 지나면 그곳에 공기를 불어 넣는데 물이 있으면 파이프 위로 물이 나온다는 것이었다. 1시간 후에 공기를 보내 놓고 또 1시간 후에 공기를 집어넣고 이렇게 하기를 아침 9시부터 12시까지 반복했다.

공사를 진행하는 동안 나는 자리에 앉아 있을 수 없었다. 그냥 지하수 공사 현장 근처를 빙빙 돌면서 한 가지 기도를 반복하고 있었다. 평소에 하는 미사여구가 붙은 기도가 전혀 아닌 한마디뿐인 기도였다.

"하나님 지금 제가 무엇을 하는지 아시지요?"

점심을 먹고 1시에 다시 일을 시작하여 2시 경에 바람을 불어 넣었는데 높은 파이프 끝부분에서 물이 콸콸 쏟아져 나왔다. 시원스럽게 물이 뿜어져 나오는 것이다. 순간 나는 어린 시절 동네에서 기분이 좋으면 두 팔을 옆으로 펴서 비행기를 만들어 집까지 쫓아가 소식을 전하는 그 자세로 환호성을 질렀다. 그러면서 지하수 공사장 주위를 돌기 시작했다. 그것이 무슨 자세인지도 모르는 현지인 사역자들도 나와 똑같은 자세로 우물 주위를 빙빙 돌면서 환호하기 시작했다.

물이 나온 것이다. 어떻게 된 일인지 알 수 없지만 바위 사이에 틈이 난 그곳으로 파이프가 들어갔고 그 밑에 있던 물이 터져 나온 것이다. 공사하는 이가 말했다.

"이 수량은 이 주위를 논으로 만들어도 될 만큼 많은 양입니다."

내가 조금 똑똑했다면 틀림없이 지질 검사 결과를 땅 주인에게 요구했을 것이다. 그러면 땅을 사지 못했을 것이고 하나님이 하신 마른땅에 샘물이 터지는 놀라운 결과를 경험할 수도 없었을 것이다. 무엇보다도 여섯 동의 아름다운 건물이 세워지고 아이들과 신학생들이 뛰노는 현재의 라마나페트 선교 센터는 존재하지 않았을 것이다. 나의 어리석음과 조금 모자람이 결국 하나님이 하실 일을 하게 하는 도구가 된 것이었다.

지키시는 하나님

일주일에 두 번씩 들르는 몬다마켓 쇼핑은 볼거리가 별로 없는 인도에서 우리 가족이 함께 누리는 즐거운 시간이었다. 그날은 낮 시간에 시장에 들러야 하는 관계로 학교에 간 아들 이레가 동행하지 못하고 아내와 둘만 가게 되었다. 몬다마켓은 세쿤데라바드(Secunderabad)시에 있는 우리나라 재래시장 같은 그런 곳이다. "없는 것이 없다."라고 할 만큼 그저 필요한 것은 무엇이든지 구할 수 있는 곳이었다.

그날은 마침 병어가 나오는 날인지라 꼭 병어를 사서 구워 먹으리라 생각하고 생선 가게에 들렀다. 누군가의 표현대로 "생선 반 파리 반"이라는 말이 이해가 될 만큼 수많은 파리가 윙윙거리고 있었지만 그래도 내륙 한가운데에서 생선을 사 먹을 수 있다는 것이 얼마나 귀한 일이었던지 파리는 생각하지도 않고 지내던 시절이었다. 그런데 마침 사려고 하던 병어가 보이지 않았다. 갑자기 병어라는 단어가 잘 생각이 나지 않아서 "펌프킨이 왜 안 보여요?" 하고 말했다. 생선 가게 아들이 의아하게 쳐다보면서 "펌프킨은 여기 없어요. 저쪽에 있어요." 하면서 손으로 채소시장 쪽을 가리킨다. 나는 "아니, 채소 말고 펌프킨 주세요." 하고 이야기했더니 똑같은 반응이 오는 것이었다.

"아차! 병어가 펌프킨(호박)이 아니라 팜프렛이구나."

그래서 "팜프렛이 어디 있냐?"라고 고쳐 물었더니 그가 냉장고에서 꺼내 가지고 왔다. 아내와 나는 배꼽을 잡고 웃었다. 병어를 달라는 것을 호박을 달라고 했으니….

돌아오는 길에 닭고기도 사게 되었다. 닭털을 뽑는 과정을 보면 신기하다. 꼭 짤순이처럼 생긴 통에 닭을 집어넣으면 털이 싹 뽑히고 뽀얀 몸통만 나오는 것이다. 소고기와 돼지고기를 먹지 않는 나라에서 닭고기는 우리에게 영양을 지켜줄 소중한 먹거리였다.

집으로 돌아오는데 새로 집을 짓고 있는 공사장이 길가에 있어서 지나가게 되었다. 그런데 어처구니없게도 아내가 공사장 가림대로 설치한 파이프에 눈을 찍혀 버렸다. 너무 순식간에 예기치 않은 일을 당해서 정신없이 가까운 의원으로 갔다. 감사하게도 파이프가 눈을 찍은 것이 아니고, 눈 바로 곁을 찍어서 피가 흘렀던 것이다. 그것도 가벼운 정도라서 소독약을 바르고 집으로 돌아왔다.

당시 우리가 살던 집은 주지사의 사저가 있는 골목 입구에 있었기에 경호를 위해 밤낮으로 경찰이 지키고 있었다. 그중에서 외국인 꼬마를 귀여워하여 아들 이레와 사이좋게 지내던 경찰이 있었다. 그 사람이 우리에게 와서 히마야다구다 세무서에서 직원이 나와서 지금까지 기다리다가 이제 막 돌아갔다고 했다. 그리고 무슨 일인지 궁금해했다. 집히는 바가 있었지만 "한 시간 후에 공항에 나가야 되니 세무서 직원이 다시 오면 일주일 후에 오라고 전해 달라."고 한 후에 급히 가방을 간단히 꾸려 아내와 함께 집을 나왔다. 어디로 가야 하나? 피할 곳이 없었다. 아들은 학교에 가서 아직 오지도 않았는데….

일주일 전이었다. 인도 성경 대학(Barat Bible College) 학장이었던 부라가 박사가 나를 찾는다는 연락을 받고 학교에 들렀었다. 반갑게 나를 맞이한 브라가 학장은 이레에게 "너, 이름이 뭐니?"라고 물었고, 예상치 않은 한국말에 깜짝 놀란 이레와 함께 열린 마음으로 기분 좋은 시간을 보내게 되었다. 흔히 인도인들이 그러하듯이 이런저런 대화로 본론에 들어가기 전 30분의 시간을 충실히 보낸 끝에 제안을 하나 하셨다.

"이름도 없는 미살 형제와 사역하는 것보다 여기 이 성경 대학에 와서 당신이 가진 은사대로 종교 음악을 가르치고 지내면 어떻겠습니까?"

정말 마음에 드는 제안이었고, 나도 음악을 좋아하는 것 때문에 꼭 나에게 필요한 사역처럼 느껴지기는 했다. 하지만 그것보다도 언제 쫓겨날지 모르는 인도 상황 속에서 한 번이라도 더 복음을 전하고 떠나야겠다는 강박관념 같은 생각을 떨칠 수가 없었다.

"말씀은 너무나 감사하지만 계속 전도하는 쪽으로 사역을 하겠습니다."라고 답했다. 그러자 친절하게도 "인도에서 지내기에 불편함은 없습니까?"라고 질문했다. 나는 오직 한 가지 불편, 비자 문제를 이야기했다.

"내 비자는 사업자 비자지만 사실상 사업을 하지 않는 관계로 세무 관계가 어려워지면 더 머무를 수 없을 것입니다."

나는 정말 친절하고 고맙다는 마음과 함께 내 상황을 이야기했다. 그리고 나서 꼭 일주일이 지나고 우리가 사는 지역인 히마야다 구다 세무서에서 직원이 나왔다는 것이다. 아버지처럼 온화해서 믿었던 인도 기독교 지도자에게 큰 실망과 배신감까지 함께 받게 된 것이다.

방향을 알 수 없는 상태에서 오는 불안감이 가슴을 눌렀다. 공항으로 가면 그곳에 경찰이 있을 것 같았고, 호텔로 가도 경찰이 밤에 순찰을 돌 것 같았다. 우리 가족은 온전히 노출되어 있지만, 상대는 전혀 보이지 않는 데서 오는 불안감이었다. 미살 형제가 소개해 준 현지인 집에 거하며 방을 구하기까지의 나날은 그런 날들의 연속이었다. 또다시 학교를 가지 못하고 있던 아들 이레가 이렇게 말했다.

"우리가 무슨 죄를 지었어요? 왜 자꾸 도망 다니는 거예요?"

너무나 아파서 뭐라고 말할 수가 없었다. 본인의 의지와는 아무 상관없이 부모의 손에 이끌려 선교지에 나와 있는 아이를 꼭 껴안으면서 상황을 이해할 수 없는 여섯 살짜리 아들에게 내가 할 수 있는 일은 말없이 기도하는 것뿐이었다.

"이 아이가 상처받지 않게 도와주세요."

아내가 실수로 공사장 가림대에 눈을 다친 것, 그것은 세무서 직원을 피할 수 있는 하나님의 은혜였다. 만일 그날 사고가 일어나지 않고 집으로 바로 돌아갔다면 어떻게 되었을까? 상황을 정확하게 아시는 하나님이 시편 121편에 말씀하신 것처럼 우편 그늘이 되셔서 우리를 지켜주신 날이었다.

일소와 송아지

인도의 비오는 계절, 즉 우기는 보통 5월 말 혹은 6월 초에 시작된다. 대지는 바짝 마른 채 달아올라서 열기를 푹푹 내뿜고 풀과 나무들도 누렇게 떠서 황량하기 그지없는 풍경을 연출한다.

1990년대 말 운행되고 있는 영업용 차량은 차에 에어컨이 달렸을 경우에 앞뒤로 "에어컨 차량"이라고 붙여서 위세를 부리고 다녔다. 에어컨이 없는 차를 타고 다니던 나는 그 차들이 그렇게 부러울 수 없었다.

"저 차 안은 얼마나 시원할까?"

여름의 피크가 되는 5월 중순부터는 정말이지 차 안은 열을 받아서 사우나장이 따로 없었다. 신호 대기를 하고 있을 때에는 육수라고 부르던 땀이 줄줄 흐른다. 연일 계속되는 불더위에 머리가 어질어질해진 채로 하루하루 버티기를 시작하는 그 즈음에, 몬순이 시작되는 것이다.

몬순이 시작되는 첫 비가 내리는 날은 모든 사람이 길거리에 나와 비를 맞으면서 춤을 춘다. 아이들은 고래고래 고함까지 지르면서 펄쩍펄쩍 뛰어 놀고 어른들 또한 기쁨을 감추지 못하는 표정으로 길거리에서 비를 맞고 있다. 여기에서 우산을 쓰는 사람은 물론 아무도 없지만 설사 있다고 하면 이상한 사람이 될 뿐이다.

일단 몬순이 시작되면 또 다른 풍경이 연출되는데, 특별히 시골 지역에서 그렇다. 비가 오는 그날에 모든 농부가 들판으로 나가서 빗물을 모아 모 심을 자리를 만든다. 이때에 서둘러서 벼를 심는 사람은 1년에 삼모작을 할 수 있고, 이 시기를 일주일만 놓치면 이모작 밖에 할 수 없기 때문이다. 못자리에 모를 다 심은 들판의 풍경은 너무나 아름답다. 특별히 누렇게 떠 있던 광야의 들풀들과 나무들이 생기를 뛰면서 푸르게 다시 자기 자리를 잡게 되면 온 천지는 녹색 옷을 입은 생명의 생기가 넘쳐나게 되는 것이다.

그러던 어느 날, 집으로 돌아오기 위해서 지프차를 타고 센터 입구까지 내려왔더니 신기한 풍경이 펼쳐지고 있었다. 큰 소 한 마리와 그 옆에 송아지를 달아매고 한 농부가 논을 쟁기로 갈고 있었다. 처음 보는 이상한 장면에 차를 길가에 세우고 한참 보고 있었는데 쟁기질을 하는 농부는 큰 소와 송아지 사이에서 중심을 잡기가 논을 가는 것보다 더 힘들어 보였다. 차라리 큰 소 한 마리가 끌고 가면 쭉 나갈 텐데 옆에 있는 송아지가 장난을 치는 통에 중심 잡기가 힘들었던 것이다. 나는 그 모습이 궁금해졌다.

"왜 저렇게 큰 소 옆에 송아지를 달고 어렵게 쟁기질을 합니까? 차라리 한 마리만 달고 하면 좋을 텐데, 왜 그러십니까?"

그런데 그 대답이 신기했다. 소를 신성시하는 인도에서 쟁기질에 소를 한 마리만 사용하면 소를 학대하는 것으로 간주하여 신의 기분이 나빠져서 그해 농사가 흉년이 든다고 한다. 그래서 비록 불편하지만 송아지를 달아서라도 두 마리 소가 쟁기질을 하게 되면 신의 기분이 좋아져서 그해 농사가 풍년이 되도록 복을 준다고 한다. 그 이야기를 듣고 신기하기도 했지만 집으로 돌아가던 내 마음 속에 갑작스럽게 생각이 났다. 전혀 예상치 않았던 생각이었다.

예수님께서 "수고하고 무거운 짐 진 자들아 다 내게로 오라 내가 너희를 쉬게 하리라(마 11:28)."고 하시면서 "나의 멍에를 메고 내게 배우라 그리하면 너희 마음이 쉼을 얻으리니(마 11:29)"라고 하신 말씀이 떠올랐던 것이다. 내 멍에가 무엇일까? 그렇다. 예수님의 멍에는 한 겨리, 즉 소 두 마리가 매는 멍에인 것이다. 큰 소이신 예수님께서 열심히 일하고 계실 때에 송아지인 나는 곁에서 쫄망쫄망 장난질하기도 하고, 때로는 길을 반대로 가기도 하고 따라다니는 것이다. 그런데 마치 신이 송아지조차도 큰 소로 계산해서 두 마리 소가 일하는 것처럼 인정해 주듯이 내가 비록 송아지로 쫄망쫄망 거리며 따라다녔지만, 우리 하나님께서는 소 두 마리가 함께 쟁기질한 것으로 인정하시는 것이다. 모든 사역은 큰 소이신 예수님께서 하시지만, 그 옆에서 따라다니는 송아지인 나 또한 모든 사역에 함께 일하는 것으로 인정해 주시는 것이다. 그래서 "잘 하였도다

착하고 충성된 종아 네가 적은 일에 충성하였으매 내가 많은 것을 네게 맡기리니(마 25:23)"라고 하신 하나님의 상급이 거기에 있는 것이다.

정말 놀라운 깨달음의 은혜로 온몸에 전율을 느끼게 되는 시간이었다. 나는 다시금 차를 길가에 세워 둔 채, 감사와 감격의 눈물을 흘리고 있었다. 주께서 다 하시면서 나도 함께했다고 인정하시고 상급을 주신다니 세상에 이런 일이 어디에 있을까? 세상에 예수 믿는 것보다 복 있는 일이 어디 있을까? "내가 모든 사람보다 더 많이 수고하였으나 내가 한 것이 아니요 오직 내 안에 계신 예수께서 하신 일인 것"이다.

뭄바이 폭동

히마야다구다 세무서 직원 사건이 있은 후, 더는 하이데라바드에 머물 수 없어서 뭄바이로 가족과 함께 피해 있기로 했다. 뭄바이는 당시 집세가 비싸기로 유명한 도시였다. 선교사가 얻을 수 있는 방은 시내에는 없었지만, 이번에도 하나님은 특별한 방법으로 거할 곳을 주셨다. 해외 파견 근무 기간이 다해 귀국하는 상사 주재원의 남은 계약 기간 동안 전기세와 물세만 내고 거할 수 있는 길이 열린 것이었다.

그렇게 거할 곳이 생기고, 이레의 학교가 해결된 두 달 후인 1992년 12월 7일에 뭄바이 센트럴 지역에 이슬람과 힌두 간에 폭동이 일어났다. 그날 아침, 아들 이레는 뭄바이 센트럴 지역에 있는 학교에 등교하고, 나는 아내와 함께 쌍용의 주재원으로 나와 있던 집사님이 말라리아에 걸려서 병문안 겸 예배를 드리고 있었다. 갑자기 근처에 살던 현대중공업 주재원의 아내가 찾아왔다.

"뭄바이 센트럴 지역에 폭동이 일어나서 난리가 났는데, 혹시 김 목사님 아들이 거기에 있는 학교에 다니지 않나요?"

나는 너무나 놀라서 예배를 급히 마치고 뭄바이 센트럴로 택시를 타고 달려갔다. 그러나 우리가 도착했을 때는 이미 경찰이 그 지역을 포위한 상태에서 실탄 사격까지 하고 있는 중이었다. 뭄바이 센트럴 안쪽, 우리 아이가 있는 학교 쪽으로는 사람도 차도 들어가지 못하게 통제하고 있는 상태였다. 아이가 그 안에 있는 학교에 다니고 있음을 경찰에게 이야기하고 들어가려고 했지만, 경찰은 이미 총성과 곳곳에 난 불로 검은 연기가 올라오는 그곳으로 들어갈 수 없다고 우리를 잡고 보내 주지도 않았다. 이러지도 저러지도 못하는 그 한 시간여는 우리 생애에서 가장 긴 시간으로 기억된다.

핸드폰이 없던 시대이기에 혹시 집에 전화라도 왔을지 모르겠다는 생각이 들어서 집으로 갔다. "세상에!" 이레가 집에 들어가지 못하고 문밖에서 기다리고 있는 것이었다. 아이의 이야기를 들어 보았다. 그날은 학교에 갔는데 무엇인가 분위기가 어수선하고 계속 수업을 하지 않는 상태였다고 한다. 그리고 얼마 후에 아이들이 하나둘 학교를 떠나기 시작했다. 그러나 이레는 모처럼 수업이 없어서 친구들과 노는 즐거움에 흠뻑 빠져 있었는데, 갑자기 학교에 있는 차에 불이 나고 총 소리가 들려오기 시작했다는 것이다. 그때서야 아무것도 모르고 신나게 놀고 있던 아이들이 울고불고 부모를 찾았지만 아무런 도움도 받지 못했다는 것이다. 이미 선생들은 떠나고 없었기 때문이다. 그렇게 아이들이 겁에 질려서 울고 있는데, 어떤 군용 지프차 한 대가 들어와서 한 아이를 태워 나가는데 같이 있던 아이들을 모두 태워 주었다는 것이다. 그것도 일부러 집까지 태워 주고 갔다는 것이다. 나는 천사를 보지 못했다. 그러나 보지 못했던 사람 그 군인 장교, 즉 아이 친구의 아빠가 우리에게는 천사로 느껴졌다.

하나님의 도우심은 이렇게 종교 갈등과 폭동 그리고 테러 속에서도 우리를 지켜 주셨고 사람들을 보내어 어쩔 수 없이 발만 동동 굴리고 있던 우리 대신에 아이를 집까지 무사히 오게 했던 것이다. 공식 집계로도 1,400명이 죽은 난리 가운데서 말이다.

안식년 이야기(근황)

"역 문화 충격으로 인한 우울증".

이것이 안식년의 선교사들이 또 한 번 넘어가야 할, 피할 수 없는 과정이라고 했다. 그러나 그 내용이 다른 먼 나라의 일들처럼 여길 때가 있었다.

날씨가 "닭살이 돋아나도록 춥다."라는 것 외에는 주위의 모든 환경은 '한국에서 살고 있다.'라는 사실 만으로도 우쭐해지고 촌뜨기 우리 가족을 들뜨게 했다. 무엇보다도 아들 이레가 신이 났다. 주위 친구들에게 아마 외국 여행 자랑 이야기로 잔뜩 어깨에 힘을 주는 눈치였다. 주위로부터 얻은 용돈은 주머니에 넉넉하게 있고 각종 음식과 과자는 가는 곳 어디에서나 사 먹을 수 있었고 살살 녹는 그 맛은 황홀할 지경이었다. 언제나 그 입에는 먹을 것으로 가득했고, "히야! 히야!"는 새 노래 제목처럼 되었다.

"내 친구 프라사드가 이것 한번 봤으면, '야! 그것 참 신기하다.'라고 했을 거야."

그 즈음 신세계 백화점인가에 들렸을 때는 나도 한 번쯤 정신을 잃어 버렸다. "세상에, 세상에!" 아내와 이레 그리고 나는 먹고 또 먹고 게걸스레 먹고 낄낄대며 문명 세계에 나온 야만인들 티를 양껏 내고 나왔었다.

엑셀 승용차를 타고 도시 고속도로를 냅다 달릴 때는 말 수 적은 아내조차 이렇게 말했다.

"미살 형제가 이 차를 타고 시내에서 시속 100km로 달려 보면 뭐라고 할 것 같아요?"

그랜저에 앉은 사람보다 더 만족하는 태도였다.

"아! 행복이여! 우리가 대한민국 국민이라니! 뭐 역 문화 충격 우울증이 온다고 별 공연한 소리를 다 하는구먼."

귀국한 지 한 달여가 지난 지금, 아들의 신명은 어디에도 흔적이 없다. 아니 애초에 신명난 나날이 있었다는 사실이 의심스러울 지경이다. 어김없이 찾아오는 아침의 배 아픔, 학교에 가기 싫은 것이다. 바보처럼 되어 버린 자신을 견딜 수 없는 것이다. 학교 선생님을 만나도, 학원 선생님을 만나도 아이가 말이 없단다. 그 학원은 이미 그만 두었지만….

"그래, 나라도 해 보자."

모처럼 마음을 정하고 시간을 쪼개 공부를 유도하지만 똑같이 비참해진다. 문제 자체를 모르니 또 내가 화를 내 버리고 밤길을 헤맨다. 마치 수업 시간에 오리무중 헤매는 아들처럼…. 여느 부모처럼 교육도 제대로 못 시켰으면서 무슨 자격으로 고함까지 질렀는지….

높은 물가에 이미 질려 버린 아내는 버스 차비를 물었던 아주머니의 묘한 눈초리에 밀리고, 시장과 옷 가게에서 "너무 비싸요."라는 말을 입버릇처럼 했기에 눈치에 밀려서 밖에 나가는 것이 그리 편치 않은 모습이다.

그래도 여전히 선교지에서 사용할 선교 센터 공사비 부족을 호소하고 후원하던 교회는 돌아보아야 한다. 그러니 내게도 여유가 없다.

'고난이 변형된 축복이라 하면 이것이 또 한 번의 기회일 텐데…. 나의 마음은 왜 이리 힘겹다는 신호음을 울리고 있을까? 아니 내가 이미 안식년 선교사가 겪는다는 우울증에 빠져 들고 있는 것은 아닐까? 그러나 나는 곧 벗어나게 되리라. 나는 바보니까. 그리고 그 바보를 주님이 여기까지 오게 하셨으니까.'

사역지 이동

    선교지마다 안식년을 맞는 기간이 다른데 인도는 열대 지방이라서 4년 근무에 1년 쉬는 안식년을 택하고 있다.

    선교지의 여러 상황으로 1993년 첫 안식년을 한국에서 보낸 나는 1994년, 선교지에 복귀하고 나서 또 다른 고민을 하게 되었다. 그동안 이미 선교 센터 건물이 세워졌고, 임권동 선교사님이 파송되어 하이데라바드에 머물면서 선교 센터를 돌아보고 있었다. 또한 박혜정 선교사도 파송 받아 센터 내의 아이들을 돌보고 있었다. 여기에 현지인 대표로 미살 형제가 사역을 같이 하고 있었다. 한 사역지에 너무 많은 인원이 몰려 있다는 생각이 늘 들었다. 그렇다면 누가 사역지를 옮겨 갈 수 있을까? 당연히 내가 해야 할 것 같았다.

그래서 선교 초기에 마음속에 정했던 것처럼 남인도 지역에서 차차 북인도로 올라가기 위한 다른 지역을 염두에 두고 찾아보기 시작했다. 통계에 따르면, 바로 옆에 있는 마하라슈트라(Maharashtra)주의 기독교인은 1.4%로 인도 전체 기독교 인구에 못 미치는 것이었다. 그리고 그 주는 북인도에 소속된 남인도에서 시작되는 첫 번째 주였던 것이다.

나는 안드라프라데시주 사역을 임권동 선교사님과 박혜정 선교사님이 미살 형제를 도와서 하는 것이 옳겠다고 판단했다. 그래서 내가 선교지를 옮기기로 작정했다. 그런데 그러고 나면 방향이 정해져서 마음이 홀가분하리라는 생각과 달리 마음이 그리 가볍지 못했다. 내가 떠나고 나면 현재 진행되고 있는 사역을 위한 사역비를 어떻게 충당할 것인가 하는 고민이 생긴 것이다. 심각하게 고민해야 할 문제였다. 아무리 생각해도 내가 떠나고 나면 문제가 생길 것 같았다. 이럴 때에 먼저 해 보는 생각이 있다.

"과연 내가 하는 계획이 하나님의 뜻인가? 아니면 내 생각인가?"

나는 기도하기 시작했다. 그리고 기도할 때마다 내 마음속에 선교지를 이동하는 것에 대한 확신이 자리 잡았다. 그러면 사역비 지원은 어떻게 할 것인가? 그것은 나의 믿음 없는 생각일 뿐일 것이다. 하나님께서는 그분의 사역을 위해서 필요한 만큼 공급하시고 그 일을 하게 하시는 분이시기 때문이다. 이렇게 마음을 정하고 나니 고민으로 가득 찼던 마음이 편안해졌다.

1994년 8월, 나는 가족을 하이데라바드에 둔 채 다니엘 목사와 니따 자매를 데리고 뭄바이로 옮겨 왔다. 일단 거처가 정해지면 가족을 부르기로 한 상태로 말이다. 이렇게 해서 마하라슈트라주의 사역이 시작되었다.

모두 다 나의 가족

길가에 앉아서 딸의 머리에서 이를 잡는 모녀의 표정이 무척이나 정겹다. 언제나 보아 온 모습이지만 오늘따라 무척이나 새롭게 보인다. 마구 헝클어진 머리, 누더기가 된 옷, 맨발에 덕지덕지 붙은 새까만 때, 틈틈이 지나가는 행인에게 쪼르르 달려가서 손을 내미는 그 아이나 뒤에서 보고 있는 엄마나 전혀 심각한 모습이 아니다. 오히려 자연과 동화된 듯한 평화로움마저 느끼게 한다.

아내를 하이데라바드로 보내기 위해 공항에 배웅하고 되돌아오는 마음은 말할 수 없이 공허하고 쓸쓸하다. 예전 같지 않게 심각해진다.

'나는 왜 타국에서도 가족과 떨어져야 하나? 나에게는 가족과 함

께 지낼 권리도 없는가?'

혼자 생활한 지 한 달 보름 만에 잘못 먹은 음식 탓에 감염되어 입원한 병원으로, 서울과 부산을 두 번 오가는 거리를 급히 날아 온 아내의 간호를 받은 것도 5일간뿐이다. 퇴원하자마자 두고 온 아들 때문에 황급히 떠나는 아내를 보면서 그만 마음이 텅 비어 버린 것이다.

선교관에 돌아오니 예기치 않은 일이 또 생겼다. 이곳 마하라슈트라주에서 현지인 책임자로 일하는 다니엘 목사의 고등학교 3학년 아들이 기관지암에 걸렸다고 해서 그를 고향에 보냈었다. 그런데 그가 사전 연락도 없이 온 가족을 데리고 선교관으로 다시 들이닥친 것이다. 집이 떠나갈 듯이 쉴 새 없이 계속되는 기침 소리, 우왕좌왕하는 가족들 사이에서 내 마음을 안착할 장소는 아예 없었다. 설상가상으로 치료비까지 부탁하고 나선다. 어떡하나? 나도 빈손인데….

하룻밤을 자고 나니 다시 배가 살살 아프기 시작한다. 아뿔싸! 또 스트레스가 시작되는구나. 다시 무릎을 꿇는다.

'이 종의 체질과 성격을 아시는 주님 어떻게 할까요? 이 처지에서 저희들을 위해 제가 무엇을 해야 합니까?'

문득 떠오르는 단어 "가족!" 이런 상황에서 왜 이 단어가 떠오르는지 묵상 시간을 갖는다.

"오호호, 그렇구나! 왜 그토록 가슴이 쓸쓸했는지. 내게 달린 아내와 아들만이 아닌 현지 전도인들의 가족들, 그 가족들이 모두 나의 가족인 것을, 나는 그들의 가장인 것을. 얼마나 이기주의인가?

나의 대가족 가운데 아내와 아들을 그리면서 시골 지역으로 순회하는 전도인들이 얼마이며, 떨어져 있는 아빠를 그리는 이들이 얼마인가? 더구나 아들이 암으로 고통을 당하고 있는데, 나의 불편만 생각하고 있다니…. 오, 주님! 용서하소서. 주의 일에 쓰임을 받는다는 이유로 떨어져 있는 가족들을 배려하지 못한 이 못난 가장을 용서하소서! 이 성탄의 계절에 부부의 품에 안기신 아기 예수님의 평안함을 우리 모든 현지 전도인들의 가족들과 선교사 가족들에게 베풀 수 있는 지혜를 주소서! 아울러 우리를 위해 동역자로 후원하며 기도하는 한국의 후원자들 모두의 가정에도 땅에서는 기뻐하심을 입은 자들에게 주신 평화가 넘쳐나는 성탄의 계절이 되게 하소서!(1994년 성탄에)"

뭄바이 교회 연합 성탄 축제

3억 3천의 신을 섬기는 힌두교는 지역과 종족에 따라서 각기 다른 신을 섬기는 축제가 있다. 그래서 1년 365일 중 363일이 각종 축제로 연결된다. 축제 기간에 보면, 그 축제의 열기로 생활의 염려나 내일에 대한 고민이 전혀 없는 사람들처럼 온몸으로 노래하고 춤춘다. 평소 부끄러움을 타는 듯한 태도는 어디에서도 찾아볼 수 없는 정말 뜨거운 축제들이다. 이 축제 기간에는 인도 사회의 가장 큰 근간을 이루는 계급이 무너지기도 하고, 사회의 가장 구석진 곳에서 모든 것을 참아내고 있든 여인들까지도 축제 장소에서 남성들을 공개적으로 사정없이 마구 때릴 수도 있다.

봄철이 오는 것을 알리는 홀리 축제가 특히 그러하다. 원래는 봄

철에 몸에 좋은 약제를 물에 타 서로에게 뿌리면서 건강을 위하는 행위로 시작되었지만, 그 축제 때에는 계급도 남녀도 무장 해제가 되고 함께 어울리는 장이 벌어지는 것이다.

홀리 축제가 봄에 벌어지는 "물의 축제"라고 하면 가을에서 겨울로 넘어가는 계절에 벌어지는 디왈리 축제는 "불꽃의 축제"이다. 인도의 유명한 라마신의 이야기 『라마야나(Ramayana)』에 근거하여 진행되는 축제이다. 라마가 그 부인 시타를 납치해 간 악마의 나라(지금의 스리랑카)에 가서 악마와 전투를 벌여 악마를 물리치고 부인을 데리고 올 때에 사람들이 등불을 켜고서 맞이했다는 기원을 가진 축제이다. 디왈리 축제는 터뜨리는 폭죽, 환히 밝히는 등잔불과 등불을 포함해 그 연기와 소리로 오늘날 공해 때문에 사회 문제까지 야기하는 축제이다. 이렇게 일 년 내내 힌두교의 각종 신을 위한 축제와 거기에 이슬람교, 시크교 등의 종교적인 축제까지 합하면 과연 인도는 축제의 나라라고 해도 과언이 아니다.

이러한 축제의 나라 인도에서 축제가 없이 조용한 종교가 있는데, 바로 기독교였다. 성탄절만 되면 상업적인 이유도 있었겠지만, 들뜨는 분위기에서 지내던 나로서는 그 흔한 별 장식 하나 없이 사람들이 성탄절이 왔는지조차 알 수 없는 조용한 분위기로 지내는 것에 마음이 아프기도 했다.

1994년, 기독교 교세가 더 약한 마하라슈트라주 뭄바이(예전 봄베이)로 사역지를 옮기고 나서 내가 집중적으로 시작한 사역은 찬양을 통한 복음 전도였다. 서양 음악을 들을 수 없던 하이데라바드 시내와 달리 뭄바이에서는 케이블 TV가 도입되면서 서양 음악이 이미 퍼지기 시작했다. 사리와 펀자비 등 전통적인 복장이 대부분이었던 하이데라바드와는 다르게 뭄바이 여인들은 청바지와 블라우스를 입고 다녀서 서구 풍습에 가까운 그런 거리 풍경과 문화가 진행되고 있었다. 아들 이레의 말에 따르면, 뭄바이는 인도가 아니었다. 특히 청년들은 팝송을 즐겨 부르고 서구 문화를 자연스럽게 받아들이고 있었다.

이런 모습들을 보면서, 나는 찬양팀을 만들어 찬양 집회를 하는 방법으로 복음을 전하기로 결정했다. 일단 교회에 다니는 청년들 중에 악기를 연주하거나 노래를 좋아하는 이들을 모집했다. 그래서 이 청년들을 중심으로 악기를 가르치기도 하고 연습하기 시작했다. 두어 달 남짓 연습하면서부터 기타와 베이스 기타, 클라리넷, 콩고 등의 악기를 연주하면서 서로 화음도 되고 찬양을 아름다운 소리로 드릴 수 있는 수준이 되었다.

우간다에서 유학을 와 있던 피트는 드럼을 쳤는데, 그 종족이 그렇지만 3옥타브를 오르내리는 특별한 목소리를 지니고 있었다. 베이스 기타를 치는 줄리어스는 푸네에 있는 유명한 공대 학생으로 센스 있게 연주를 잘했다. 한편으로 리드 기타를 치는 고든은 머리 모양부터 예술가처럼 보이는 친구였는데, 음악성이 뛰어났던 것 같았다. 콩고를 연주하면서 집회 때마다 진행과 분위기를 이끌어 나갔던 다니엘 목사는 우리 집에 함께 거하고 있었고, 싱어인 아벨라 자매는 총무 일을 하며 모든 대원을 아우르고 부족한 부분을 채워가는 꼭 필요한 사람이었다. 이 자매는 지금도 우리 인도복음선교회 북동부 지부장의 아내로 동역하고 있다.

우리는 찬양팀의 이름을 피쉬(F.I.S.H)라고 했는데, Friend International Singing Hope의 약자이다. 피쉬는 초대교회 기독교인의 암호로 사용했다. 세상에 떠내려가지 않는, 흐르는 물을 거슬러 올라가는 기독교인들의 약진을 상징하기도 하지만 무엇보다도 "예수 그리스도는 하나님의 아들 구주"라는 초대교회의 신앙고백인 헬라어 익투스(ἰχθύς)가 영어로 물고기였기 때문이었다.

피쉬 찬양팀은 한 달에 두 번 찬양 집회를 했다. 한 번은 뭄바이 바닷가에 위치한 윌슨대학 강당에서, 또 한 번은 뭄바이 근처에 있는 나비 뭄바이의 얼라이언스교회에서 진행했다. 당시 나는 여기에 집중해서 사역을 진행했고, 틈이 있을 때에는 악기를 배우고 싶어 하는 청년들에게 우리가 쓰고 있는 악기를 가르쳐서 미래의 찬양팀들을 일으키는 준비를 하고 있었다.

뭄바이에서는 비싼 월세 때문에 마땅한 집을 구하지 못하여 여기저기 떠다니고 있었다. 그러던 차에, 1996년에 하나님의 은혜로 전혀 예상하지 못했던 감리교 서남아시아 본부이면서 인도 감리교회 본부인 감리교센터 3층에 있는 사택 한 곳을 임대해서 집으로 사용하게 되었다. 2층에는 예배실도 있었다. 아무도 새벽에 예배실을 사용하지 않고 있어서 나는 교단 총무님에게 부탁하여 새벽 기도회를 가족 그리고 함께 사역하며 우리 집에 거하는 다니엘 목사, 니타 자매와 함께 그 예배실에서 시작했다. 잠시 예배를 마치고 각자 기도하는 한국 교회의 새벽 기도회 같은 형식이었다.

이 새벽 기도를 마치고 개인 기도를 하는 시간에 이상한 일이 벌어지기 시작했었다. 피쉬 찬양팀을 위해서 기도하다가 보면, 엄청 넓은 장소에서 수를 헤아릴 수 없는 사람들이 함께 찬양하는 환상이 보이기 시작한 것이다. 이 환상은 일주일 이상 계속되어서 나는 곰곰이 생각하기 시작했다.

'이것이 무슨 의미일까? 어디에 이렇게 많은 교인이 모여서 찬양할까?'

그러다 보니까 그 많은 사람이 모여서 집회를 할 수 있는 장소로 초파티 비치(Chowpatty Beach)가 생각났다. 뭄바이 남쪽 바닷가, 저녁에 가로등에 불이 들어오면 그 모습이 꼭 목걸이 같아서 사람들은 그 바닷가를 '엘리자베스 여왕의 목걸이'라고 부르기도 했는데, 공식 명칭은 초파티 비치였다.

하루는 윌슨대학 강당에서 찬양 집회를 하고 있는데, 문득 '이 집회를 저기 초파티 비치에서 하면 어떨까?'라는 생각이 떠올랐다. 그러다가 잠시 후 피식하고 웃음이 나왔다. 300여 명이 모이는 이 정도의 찬양 집회가 어떻게 그 넓은 비치에 사람을 가득 채우는 행사가 될 수 있을까? 아무리 보아도 어림없었다.

그러나 새벽 기도 시간에 무릎을 꿇고 있으면, 보았던 환상에 대한 생각이 또다시 마음속에 떠오르는 것이었다. 이것이 계속되면서 마음에 갈등이 사라지지 않았다. 그러면서 슬그머니 또 다른 생각, '이 축제의 나라에서 기독교인들이 연합해서 성탄절 찬양 축제를 하면 어떨까?' 하는 생각이 떠올랐다.

나는 먼저 이 이야기를 당시 한국중공업 지사장으로 근무하고 있던 김기범, 홍성애 집사님 부부와 상의했다. 홍성애 집사는 이미 우리 찬양팀 싱어로 함께 활동하고 있었고, 그 부부는 물심양면으로 찬양팀을 지원하고 있었다. 김기범 집사님은 "그것 참 좋은 생각이네요. 한번 진행해 보면 어떻겠습니까?"라고 하면서 내 생각에 힘을 불어넣어 주셨다.

계속 기도하는 가운데 나는 뭄바이 시내에 있는 교회 목회자들과 지도자들을 만나기 시작했다. 한결같이 "어림도 없는 이야기"라고 했다. "어떻게 얼마 되지 않는 기독교인들이 학교 강당이 아닌 초파티 비치에서 모일 수 있겠느냐?", "너무 적은 숫자의 모임으로 오히려 타종교에 웃음거리가 될 것이다."라고도 했다. 사실 당시에는 그것이 현실이기도 했지만 말이다.

그들의 말을 들으면 힘이 빠져 버리지만, 아침 새벽 기도 시간에는 마음속에 또다시 그것이 꺼지지 않는 불로 되살아났다. 기도하는 가운데, 하나님이 또 다른 생각을 주셨다. "윌링턴 스포츠클럽"은 물론 나도 들어가 본 적이 없는 곳이었지만, 계급 사회인 인도에서 그곳은 골프장이 있는, 그래서 부자들과 특별한 사람들만 드나들 수 있는 곳이었다. 가난한 사람이 대부분인 인도 기독교인들은 경비원들의 제지로 그곳에 들어가는 것을 감히 엄두도 내지 못했다. 그렇게 상류 사회의 상징처럼 보이는 스포츠클럽이다.

김기범 집사님이 이 스포츠클럽 회원인 것을 아는 나는 "뭄바이 교회 목회자들을 그곳에 한번 모일 수 있도록 초대해 달라."고 부탁했고, 집사님은 흔쾌히 허락하셨다. 그렇게 하여 1996년 6월 4일, 뭄바이 윌링턴 스포츠클럽에 그곳 교회 목회자들이 모였다. 평소에 여기에 들어가는 것은 꿈도 꿀 수 없는 그들인지라 윌링턴 스포츠클럽에서 모인다고 하니, 골프장 입구에 있는 미팅 장소가 꽉 찰만 큰 200여 명의 기독교 목회자와 지도자가 모였었다.

식사를 마치고 나서 나는 그 자리에서 성탄절 교회 연합 집회를 제안했다. 그들의 가장 큰 질문은 "5만 명이 모이는 축제라면 어떻게 그 막대한 예산을 조달할 수 있습니까?"였다. 나는 그들 앞에서 바지 주머니를 뒤집어 보이면서, "보시는 것처럼 저에게는 돈이 없습니다. 그러나 내가 믿는 우주의 주인, 우리 예수님께서 공급해 주실 것입니다."라고 자신 있게 대답했다. 그러자 목회자들은 웅성거리기 시작했고 드디어 "한번 해 보자!"라는 쪽으로 가닥을 잡아가기 시작했다. 물론 내가 빈 주머니를 보이기는 했지만 그곳 최상류층 사람들이 드나드는 "스포츠클럽에 모임을 주선할 수 있는 사람"이라고 하는 것이 저들의 마음을 움직였던 것이다. 일테면, "재정은 염려하지 말라."고 하는 것을 말로 하지는 않았지만, 이 장소를 통해서 몸으로 말한 것이 되었기 때문이다.

성탄절 연합 집회를 위한 대회 조직 위원회는 꾸려졌고, 새벽 기도를 마치고 우리는 초파티 비치로 땅 밟기를 시작했다. 아침을 먹은 다니엘 목사와 나는 교회 주소를 가지고 뭄바이 시내에 있는 모든 교회를 또다시 방문하기 시작했다. 이미 거의 모든 목회자를 윌링턴 스포츠클럽에서 이미 만나서 구면이었기에 자신들이 할 수 있는 대로 "모든 교인을 12월 26일, 초파티 비치에 데리고 오겠다."라고 했고, "교인뿐만 아니라 그들의 친구들도 데리고 오겠다."라고 약속하기 시작했다.

당시 대회 조직 위원 중 데이빗 박사는 유명한 뭄바이 발리우드 영화 세트장에 기술고문이었는데, 당시 우리나라 코미디 왕 이주일에 비길 만한 인도의 코미디 왕 자니 리버를 이야기하면서, 만일 그 사람이 이 행사에 나올 수 있다면 참석할 인원은 걱정할 필요가 없을 것이라고 제안했다. 자니 리버는 북인도연합교단 교회에 출석하는 교인이었다. 그러자 또 다른 조직 위원의 한 사람이었던 가빗 목사님(후에 뭄바이 감독이 되었다.)은 자신이 이 사람을 책임지고 동참시키겠다고 약속했다.

그러는 동안, 나는 찬양팀 연습과 찬양 집회를 계속 진행하면서 첫 번째 집회이니 그 무엇보다 메인 찬양팀이 잘 준비되어야겠다는 생각에 이르렀다. 그런데 현재 우리 팀으로는 부족한 것을 느꼈다. 이 사실을 찬양팀 리더로 있던 김진환 형제가 한국 교회에 알렸는데, 대구 삼덕교회 찬양팀이 이 일을 도와주기로 했다. 그래서 우리 집에는 삼덕교회 찬양팀 멤버들과 우리 찬양팀 멤버들 그리고 다니엘 목사와 니타 자매, 이렇게 모두 13명이 합숙하기 시작했다. 정말 어떻게 지냈는지 알 수 없을 정도로 정신없는 6개월을 보냈다.

동시에 내가 해야 할 또 하나의 일은 90만 루피(한화 약 5천만 원)나 되는 대회 경비를 조달하는 일이었다. 한국 교회에서 받는 나의 후원은 생활비와 현재의 사역으로도 빡빡한 형편이었기 때문에 후원금으로는 어림도 없는 것이었다. 그런데 계속되는 새벽 기도 시간에 하나님께서 또 다른 지혜를 주셨다. 당시는 한국의 대기업들이 인도에 진출하기 시작하여 기업 광고 방법을 찾고 있던 때였다. 나는 이 일 또한 김기범 집사님과 상의했다.

"집사님께서 지사장님들을 한번 만나서 성탄절 축제를 설명하고 기업 광고를 하도록 부탁해 보시면 어떻겠습니까?"

그랬더니 집사님은 이제 막 뭄바이에 세워진 총영사관에 처음으로 부임하신 총영사님이 기독교인이니 한번 만나서 상의해 보자는 것이다. 우리는 총영사님을 만나 축제의 목적과 규모를 설명했다. 총영사님은 기쁘게 "지사장들과 상의해 보겠다."라는 답을 주셨다. 총영사님이 한국 지사장들에게 연락해서 모인 자리에서 5만 명 정도 예상으로 진행하는 성탄 축제에서 케이블 TV 4개 사를 통해 텔레비전 화면 아래 자막 광고로 회사 이미지를 알릴 수 있는 기회에 대해 설명했다. 그리고 참석한 거의 모든 회사에게서 광고 부탁을 받는 성과를 얻었다. 정말 놀라운 일이었다.

　1996년 12월 26일 성탄절 바로 다음 날, 초파티 비치에서 뭄바이 교회 연합 성탄 집회를 했다. 이전에 없던 어마어마한 규모였다. 무대에 올라가서 보면, 무대 규모도 컸지만, 3만 개를 들여놓은 의자는 끝이 잘 보이지 않을 지경이었다. "정말 겁 없이 시작했구나." 하는 생각이 절로 들 정도였다.

　행사가 시작되자 어디서 오는지 꾸역꾸역 사람들이 몰려들었다. 이미 인도의 "코미디 왕 자니 리버가 온다!"라는 광고가 나갔고, 발리우드 영화배우 몇 명 또한 찬조 출연한다는 광고가 나가서인지 그 넓은 초파티 비치는 발 디딜 틈도 없이 사람들로 꽉 차 버렸다. 모두가 놀랐다. 특별히 기독교 지도자들과 목회자들이 크게 놀랐다. 그들은 한결같이 생각했다.

　"어떻게 이런 일이 가능한가?"

　그러나 그 일은 현실로 일어났다. 맨 뒤에 앉아 있던 나는 인사 시간에 무대로 올라가 그 사람들을 보면서 새벽 환상으로 보았던 그 장면을 직접 확인할 수 있었다. 그렇다. 뭄바이 교회 연합 성탄 축제는 그동안 잠잠했던 기독교의 존재를 뭄바이에 알리는 시발점이 되었고, 물론 하나님께서 기획하고 운영하신 집회였던 것이다.

일시 귀국과 투병 생활

　이 모든 집회를 성공 가운데 마치게 되었지만, 지난 8개월을 정신없이 뛰어 다녔던 나의 육체에 한계가 왔다. 입에서 피 냄새가 두 달 이상 계속 되고 있었고, 너무 피곤해서 잠도 잘 오지 않는 그런 시간의 연속이었다. 휴식을 갖기로 하고 가족과 함께 인도 휴양지 해변에 있는 고아(Goa)에 갔다. 한 주간은 아무것도 하지 않고 쉬기로 작정했던 것이다. 즐거운 마음으로 호텔에서 체크인하고 방으로 들어가는데 갑자기 방이 팽그르르 돌더니 그 후에는 어떻게 된 일인지 전혀 기억하지 못했다. 쓰러진 것이다. 호텔 방으로 들어가다가 쓰러진 나를 가족들이 싣고 뭄바이로 돌아왔다.

　그 후, 여기저기 병원에 다니기 시작했지만 어찌 된 일인지 왼편

팔다리에 힘이 없었다. 부축을 받지 않으면 일어설 수도 걸을 수도 없었다.

"내 인생이 여기에서 끝나는가? 어린 아들은 어떻게 하고, 아내는 또 어떻게 되는가?"

한없이 마음이 약해지는 시간이 또다시 흘러갔다. 그런 가운데서도 놀라운 것은 병원에 갈 때마다 성탄 축제의 소문을 들은 그 병원에 근무하는 기독교인 의사들이 내가 기다리지 않고 바로 진료를 받을 수 있도록 도와준 것이다(인도에서는 병원에서 오랜 시간 기다려야 했었다.). 그리고 그렇게 많은 기독교인 의사가 근무하고 있었다는 사실에 또다시 놀랐다.

한 달 동안 계속되는 투약과 치료에도 불구하고 누워 있는데 땅이 빙글빙글 돌기도 하고 뱃멀미하는 것 같은 상태가 계속되었다. 심할 때는 실제로 토하기까지 했다. 한 달이 지나도 차도가 없자 기독교인 의사들이 사우디 왕가에서 진료하던 이비인후과 여의사를 소개해 주었다. 그 의사는 여러 가지 검사를 한 후에 결과를 보러 간 나에게 이렇게 이야기했다.

"이 증세는 우리 몸의 균형을 맞추어 주는 귓속 달팽이관에서 일어나는 것입니다. 그런데 양쪽 달팽이관이 팽팽하게 균형을 유지해야 하지만 환자의 경우는 한쪽 달팽이관 쪽으로 피가 쏠리면서 균형을 잃게 되는 결과로 일어나는 병입니다. 그 원인은 여러 가지가 있겠지만, 제가 생각하기에 환자분이 타국에 있어서 기후와 음식 그리고 풍습 모든 환경이 달라진 것으로 인해 과중한 스트레스가 있었고, 그 상태에서 무리한 일을 장기간 했기 때문에 생긴 것 같습니다. 고국에 돌아가 쉬면서 치료하는 것이 좋을 것 같습니다."

1997년 5월, 아내와 나는 한국으로 돌아오게 되었다. 한국에 오자마자 첫째 어려움은 우리 부부가 머물 장소를 구하는 것이었다. 선교회에서 선교사들이 한국에 들어오면 머무를 수 있는 장소를 전세로 빌려 두긴 했지만, 그곳에는 이미 선교지에서 건강을 해쳐서 철수한 임권동 선교사님 가족이 머물고 있었다. 그래서 같이 머무를 수 없었다. 다른 장소를 구하기는 정말 쉽지 않았다. 임시로 백산유치원 2층에 있는 방 하나에서 머물 수 있도록 원장인 정사라 집사님이 배려해 주셨다. 그러나 화장실도 부엌도 제대로 없는 장소였다.

투병 생활이 일 년여 더 계속 되자 천장을 쳐다보고 누운 나의 입에서는 원망이 나오기 시작했다. 인도에서는 여전히 라마나페트 선교 센터에서 사역이 진행되고 있어서 사역비 지원 요청이 오고 있었지만 내가 할 수 있는 일은 전혀 없었다. 선교사가 한국에 돌아오니 후원자들은 그곳에서 하고 있던 교회 사역을 접고 들어온 것으로 생각하는지 후원금이 하나둘 끊기기 시작했던 것이다. 사역비 지원은 고사하고 우리가 지낼 생활비 걱정을 해야 할 형편이었다. 학기 중인데도 인도에 두고 온 아들의 학비를 보낼 수가 없어서 아들이 한국에 들어와야 했다. 이렇게 세 식구의 생활비 걱정이 점점 더 과중되고 있을 때에 교회 개척 제의가 들어왔다. 생활비 걱정은 덜 수 있겠지만, 치료가 끝나면 당연히 선교지로 복귀하려 했기에 이것을 조건으로 말하지 않을 수 없었다. 그래서 "다 나을 때까지만 목회를 하면 된다."라는 조건으로 수락하고 세계로교회라는 이름으로 목회를 시작했다. 그러면서 내가 선교지 복귀 후에도 선교하는 교회로 쓰임을 받기 바라는 마음으로 사역하게 되었다.

교회를 개척한지 몇 개월 지났지만 건강 때문에 기도하는 것 외에는 다른 일을 할 수 없어 말씀 준비와 기도하는 사역에만 전념하고 있었다. 어느 날, 기도하는 내 마음속에 또렷한 음성이 들려왔다. "아들아, 너의 사역에 큰 변화가 있을 터이니 특별히 기도하도록 하라!"는 음성이었다. 그날로 기도 후원자들에게 특별 기도를 부탁했고, 나 또한 기도에 더 시간을 할애했다. 당시에는 교회에서 받는 사례금으로 생활하고 선교 헌금이 들어오면 그것은 전액 인도 현지에 보내 주고 있었다.

하루는 매월 하는 대로 아내가 선교 헌금 통장을 확인했는데, 그 액수가 자그마치 5억 원이 들어와 있었다. 나는 처음에 아내가 숫자를 잘못 확인해서 그런 줄 알고 거듭 동그라미를 헤아려 보았지만, 그 액수는 분명히 5억 원이었다. 나는 이 5억 원이 얼마나 큰 액수인지 모른다. 그저 내가 쉽게 아는 것은 교회에서 받는 생활비 100만 원으로 살아가는 방법이었다.

너무나 놀라서 교인들에게 이야기하고 특별히 당시에 멘토처럼 여기고 있던 정사라 집사님을 찾았다. 집사님은 남편 김백두 장로님의 암 투병으로 병원에서 생활하고 계셨는데, 나의 모든 과거를 잘 알고 계신 장로님은 "하나님이 김 목사님을 통해서 또 다른 놀라운 일을 하실 모양입니다."라고 말씀하셨다.

그날은 장로님을 위해서 기도하고 집으로 돌아왔는데, 이튿날 전화가 왔다. 병원에 들렀더니 그 사람은 "내가 4억 5천만 원의 빚을 지고 있는데, 그 빚을 갚아주면 내 명의로 되어 있는 200평 땅과 유치원을 인도복음선교회에 봉헌할 생각입니다."라고 하면서 기도하고 대답을 달라고 하셨다.

몇 개월 후, 우리 "인도복음선교회에서 백산유치원을 구입했다."라는 소문이 주위에 퍼졌고 하나님의 놀라운 사건을 이해할 수 없었던 사람들, 기독교인이라고 하는 사람들이 수군거리기 시작했다.

"김 선교사가 그동안 선교 헌금을 엄청나게 감추어 두었던 모양이네. 어떻게 400평이 넘는 유치원을 다 구입할 수 있었을까?"

심지어 함께 교회를 개척했던 교인들까지도 이런 소문에 흔들릴 정도였다. "입 있는 사람들이 무슨 말인들 못하겠는가?" 하고 잠잠히 주를 바라고 있었다. 한 번은 찾아온 형님이 "동네에 이상한 소문이 돌던데. 네가 도둑놈이라고 하네. 네가 왜 그런 말을 들어야 되는가? 차라리 유치원을 돌려주는 것이 낫지 않겠는가?"라는 말을 했을 때는 정말 외로운 생각조차 들었다. 그러나 하나님이 하신 일을 목도한 주위의 많은 특별 기도 후원자들은 자기 일처럼 위로와 격려의 말과 축하의 말을 쏟아부어 주었다.

지난 시간을 돌이켜 보면, 내가 쓰러져서 한국에 돌아온 것조차도 하나님께서는 선교회를 세워가기 위한 사건으로 다시 일으켜 주신 것이었다. 변변한 사무실 하나 없이 운영되고 있던 인도복음선교회는 이제 유치원을 포함하여 선교회 사무실과 선교 본부를 가진 선교회로 체제를 든든히 세우게 된 것이다.

선교지 복귀

　한국에서 목회하는 3년 동안에 IMF를 맞는 등의 여러 어려움이 있었지만 그래도 교회는 꾸준히 발전해서 두 사람의 부교역자를 세웠다. 그러나 새벽 기도 시간에는 목회자로서 당연히 성도들을 위한 기도를 더 많이 해야 할 텐데 그 시간의 반 이상을 인도에서 헤매고 있었다. 선교지에서 온 소식은 바로 나의 기도가 되었고, 그래서 새벽 기도 시간에는 성도들을 위한 기도보다 선교 현장을 위한 기도가 훨씬 더 길었던 것이다. 이것은 나의 신앙 양심에 찔리는 것이었다. 갈등이 시작되었다.

　'나의 정체성이 무엇인가? 세계로교회 목회자인가? 인도복음선교회 선교사인가?'

그리고 또 하나, 어지러움을 유발하는 나의 병은 더 나을 기미가 보이지 않았다. 의사들의 소견에도 이 병은 아직까지 현대 의학으로 완치할 수 있는 것이 아니라 본인 스스로 잘 조절하는 것이 더 중요하다는 것이었다. 그렇다면 답은 간단했다. 어차피 평생 목회를 하고자 시작한 것이 아니었다. 치료하는 동안에만 하기로 한 목회였기에 병이 완치될 수 없다면 차라리 선교지로 돌아가서 건강을 조절하고 있는 것이 맞겠다는 생각이 들기 시작했다.

그래서 2001년 1월에 드디어 교회를 사임했다. 그리고 교인들이 원하는 전진우 목사님을 담임목사로 세우고 인도를 향하여 다시금 출발했다. 이번에는 뭄바이가 아닌 푸네시에 머물기로 했다. 푸네시는 첫째는 지리적으로 사역지인 뭄바이 교구와 안드라프라데시주에 있는 라마나페트 선교 센터 중간에 있어서 양쪽을 다 돌아봐야 하는 처지에서는 유리했기 때문이고, 둘째는 해발 550m에 위치하고 있어서 기후가 그나마 시원하기 때문에 건강을 고려해야 하는 처지에서도 나은 지역이었기 때문이었다.

가빗 감독님은 우리 가족이 뭄바이에 거하면서 동역하는 것이 좋겠다고 여러 번 권했지만, 내가 건강과 사역의 편의를 위해서 내린 결정이라는 설명을 듣고는 더 강권하지 않았다. 대신에 푸네시로 올라오셔서 자기가 이사장으로 있는 C.P.S 아쉬람으로 우리 가족을 이끌었다. 나를 그 아쉬람 원장으로 임명할 테니 그곳을 운영해 달라는 것이었다. 아쉬람이 무엇인지조차 모르는 나는 그 아쉬람에서 15일간 머무르며 아쉬람을 세우게 된 동기와 역할 그리고 운영 과정들을 공부해 보았다.

영국인 윈슬로 선교사가 처음 아쉬람을 세울 당시에는 그 의도
와 아이디어는 좋은 것이었다. 당시에는 힌두교의 중요한 교리였던
인생의 사주기 중에서 60세가 넘으면 누구나 순례의 길에 나서야
했고, 순례 중인 힌두교인들이 누구나 쉬고 머물다 갈 수 있는 곳이
힌두교 아쉬람이었다. 기독교인들이 아쉬람으로 문을 열어 두면 힌
두교인 순례자들이 자연스럽게 들어와 그곳에 머물면서 교회가 아
닌 장소에서 기독교와 예수님을 알게 하는 그런 아이디어였다.

정말 귀한 의도에도 불구하고 현 시대는 그때의 상황과는 너무
달라졌다. 요즘은 순례자들이 거의 없는 시대가 되어서 원래의 아
쉬람 정신과는 동떨어진 게스트하우스와 같은 모습으로 운영되고
있었다. 따라서 내가 운영할 곳이 아니라는 생각에 감독님에게 연
락하여 거절 의사를 밝혔다. 그랬더니 이번에는 자신이 이사장으
로 있는 또 다른 곳인 와디아병원으로 이끌었다. 그 병원 원무과장
과 원목으로 있으면서 실제 병원 운영을 좀 도와 달라는 것이었다.
일테면, 그가 뭄바이 교회 연합 성탄 축제를 통해서 내가 하는 일을
보았고, 나에게 병원 운영을 맡기면 일이 제대로 될 것이라고 확신
하고 있는 것 같았다.

그곳에서 다시금 일주일이 지난 후에 나는 그것 또한 내가 할
일이 아닌 것으로 감독님에게 보고했다. 그 후에 그는 다시 나를
U.T.S.M이라고 하는 신학대학으로 인도했다. 130여 년 전에 영국
선교사에 의해서 세워졌고, 미국 선교사들과 함께 오랫동안 그곳을
운영하며 마하라슈트라주의 영적인 등대로서 사명을 감당하기 원
했던 선교사들의 설립 목적이 나의 마음에 와 닿았다. 비록 지금은

학생 숫자가 10명 미만인 곳으로 교직원 수가 학생보다 더 많았다. 그래서 결국 비정상적인 운영 체제로 유지되고 있었지만, 이 신학교가 설립자의 정신대로만 잘 운영된다고 하면 현지 교회들의 앞날에 힘이 될 것이라는 생각이 들었다. 그래서 이것을 놓고 기도해 보겠다고 했다.

가빗 감독님은 이사장의 이름으로 은퇴한 후에도 후임자가 없어 아직도 학장으로 남아 있는 압테 목사님께 "김 목사가 이제 그곳에 잠시 드나들며 여러 가지 구상을 할 텐데, 필요한 것들을 공급하고 돌보아 주면 좋겠습니다."라는 공문을 보내 주었다. 그리하여 나는 그 다음 주일부터 신학교에 있는 채플실에서 혼자 새벽 기도를 시작했다. 한 달 동안 드리는 새벽 기도는 그 학교의 설립부터 현대까지의 역사를 공부하는 시간이기도 했지만, 그것을 알아갈수록 설립자와 초기 선교사들의 고생과 간절했던 마음이 내 마음에 심어지면서 간절한 기도가 되었다.

거의 새벽마다 참을 수 없어 큰 소리를 내며 울부짖는 그러한 기도 시간이 되었다. 몇 명 되지 않는 학생이지만 기숙사에 머물고 있었고, 교내에 머물던 교직원과 그 가족들도 이제는 울부짖는 새벽 기도 소리를 듣게 되었다. 어떤 이들은 의아한 눈으로 또 다른 이들은 수상하다는 눈치로 쳐다보았다. 결코 환영하는 것은 아닌 것 같은 분위기가 감지되었다.

한 달 후에 나는 감독님에게 학교에 근무하겠다고 전했다. 그리고 은퇴했지만 그래도 학장이 있는 관계로 학장대리보다는 학감의 명칭이 좋겠다는 나의 의견을 긴급 소집 이사회에서 받아들여 학감이라는 새로운 직책으로 근무하게 되었다. 2004년 신학기인 6월부터 나는 학교에 출근했다. 내 사무실은 이사회실로 정해졌고, 오랜 세월 제대로 수리하지 못한 신학교 건물은 낡을 대로 낡아서 이사회실에도 천장 한쪽 끝이 축 늘어져 구멍이 뚫려 있었다. 그 구멍 사이로 들어오는 햇볕은 무슨 공포 영화의 한 장면이나 되는 것처럼 보였다.

첫 출근 감사 기도를 하고 눈을 떴는데, 그 구멍 아래로 무언가가 서서히 내려오고 있었다. 한참을 자세히 봤다. 세상에! 그것은 뱀이었다. 사무실 밖으로 뛰어나가 "뱀이 나왔다."라고 고함을 질렀다. 그런데 결코 그것이 특별한 일이 아니라 이미 반복되는 일상인 것처럼 학생들과 학장님이 막대기를 들고 와서 이 뱀을 쫓고 있었다. 그런데 글쎄 이놈이 다시금 슬금슬금 올라가서 지붕으로 숨어버리는 것이다. 유난히 뱀에 대해서 겁이 많은 나는 그 사무실에 들어가기조차 어려운 상황이 되었다. 압테 학장님은 비록 "뱀이지만 독이 없는 것들이어서 괜찮습니다."라고 하면서 이 건물 지붕 서까래에는 이런 놈들이 많이 있어서 심심치 않게 교실에도 출몰한다는 것이었다. 참 놀라운 첫 출근 환영식이었다. 그것이 뱀을 통하여 이루어진 것이어서 더 특별한 환영식이 되었다.

협력 사역

북인도연합교단과 인도복음선교회

사도 도마에 의해서 복음이 전파된 것으로 믿는 인도 교회는 세계적으로도 긴 역사를 가지고 있다. 기원전 63년에 예수님의 제자였던 도마가 남인도 말라바 지방(지금의 케랄라주)으로 복음을 들고 들어왔고, 그 후에 세워진 교회가 마토마교회라고 하는데 약 2천 년의 역사를 가진 교단이다.

1974년, 당시 인도에 있던 6개 교단이 합하여 하나의 교단이 되는 세계 교회사에 남을 만한 놀라운 일이 있었다. 이름하여 인도교회(Church of India and Pakistan)였다. 이 교회는 너무 광대한 관할 구역을 갖고 있었다. 따라서 교구들 관리가 어려운 것을 해결하기 위해 북인도교회와 남인도교회로 나누었다. 남인도의 케랄라주와 타밀나두주 그리고 안드라프라데시주와 뱅갈로를 중심으로 한 카르나타카주까지 포함하여 남인도 교단(Church of South India)이 세워졌고, 남인도교회는 이미 오랜 교회 역사를 가지고 현지인 목회자들이 잘 세워져 있어서 준비된 체제를 갖춘 교단이 되었다. 그러나 훨씬 더 넓은 지역을 지정학적으로 안고 시작한 북인도교회(Church of North India)는 선교사들이 두고 간 부동산은 많이 있었지만, 선교사들이 철수(1948년)한 이후에 30여 년의 짧은 기간으로 인해 현지인들을 제대로 키우거나 세우지 못한 상태에서 시작되었다. 미처 준비되지 않은 기독교인이 교회 리더가 되었고, 그렇게 리더가 된 사람들이 운영한 북인도교회는 선교사들이 남긴 형식과 제도만 잘 갖추어진 고착화된 교회로 유지되었다. 마치 유럽 교회처럼 몇 대에 걸친 기독교인이 대다수이고, 그나마 지금 예배에 출석하는 교인 중에 젊은이들을 찾아보기가 쉽지 않은 교회가 되어 있다. 그래서 인도 교회에서 부흥하고 있는 오순절 계통 교회 교인들은 북인도교회를 "성령님이 떠난 교회"라고 흔히 부른다. 이 북인도교회의 전도에 대한 생각 또한 오랜 유럽 교회의 전통을 그대로 받아들여 직접 전도하는 것보다 성도들이 세상의 빛과 소금으로 살아가면 그 사람들의 삶을 바라본 사람들이 예수님을 영접하게 될 것이라고 하는 전도 정책을 따르고 있는 것이다.

묨바이 교회 성탄 연합 축제를 치르면서 대회 준비 위원의 한 사람인 가빗 목사는 이 북인도교회에 소속된 목회자였다. 가빗 목사님이 한국의 한일신학교에서 신학석사(M.Th) 과정을 공부한 것을 아는 내가 한국 교회의 전도에 대해서 이야기하면 상당히 공감하고 있었다. 인도 시골 지역 전도의 필요에 대해서 이야기를 했을 때, 본인은 오순절 교회 출신이라고 하며 시골 전도는 꼭 해야 할 교회의 사명이라고 그 속마음을 털어놓곤 했다. 그러나 북인도연합교회가 이 일을 하지 않기에 "전도하는 일을 꼭 했으면 좋겠다."라는 말도 했다. 나는 혹시 하나님께서 당신을 뭄바이 교구 감독으로 세워 주시면 그 일을 할 의향이 있냐고 물었다. 그는 "하나님이 그 자리에 세워 주신다면 뭄바이 교구에 전도하는 분위기를 먼저 만들고, 그 후에 전도하는 교구로 세워가겠다."라고 대답했다.

그 후, 시골 전도에 동행하기도 했고, 성탄 축제를 준비하는 가운데 서로 뜻이 맞는 사람이 되어 교제 시간을 많이 갖게 되었다. 그리고 내가 쓰러진 후에 병원을 순례하며 치료를 받고 있는 동안, 그는 뭄바이 교구에 감독으로 선출되었다. 그가 감독이 되고 난 후에 우리 찬양팀 사역에는 큰 변화가 있었다. 지금까지 감리교회 안에 있는 연습실을 장소 사용료를 지급하며 쓰고 있었는데, 교인들의 잦은 불만으로 인해 앰프 볼륨을 최대한 줄이고 연습을 해야 하는 등의 불편이 늘 있었다. 이 불편을 알고 있던 그가 감독이 되자 바로 우리가 사용할 연습실을 갖추어 주었다. 뭄바이 센트럴 지역에 있는 로벗마니학교 안에 교실 하나를 통째로 우리에게 전용 연습실로 주셨다. 그래서 우리는 많은 악기와 장비를 그곳에 두면서 안정적으로 사무실을 겸해 쓸 수가 있게 되었다.

1999년에 그는 한국으로 철수하여 치료하고 있던 나를 만나려고 한국의 선교회로 방문했다. 그 자리에서 우리는 선교 협약서를 쓰게 되었는데, "북인도 교단 뭄바이 교구에서는 장소를 제공하고

인도복음선교회에서는 사람과 프로그램을 재공해서 협력 선교를
한다."라는 약속을 문서화한 양해 각서(MOU)를 서로 나누었다. 이
렇게 하여 북인도연합교단과 인도복음선교회가 협력하여 선교 사
역을 시작하게 되었다.

구자라트 대학살

2002년 2월 27일, 인도 구자라트주의 고드라역 근처에서 무슬림들이 순례길을 마치고 돌아가던 힌두교도들을 습격하여 아이 15명을 포함한 58명이 죽고, 기차가 전소하는 일이 벌어졌다. 이 참사이후, 힌두교도들의 보복으로 수천 명의 무슬림들(대략 1,500~3,000명)이 죽고, 그 여파로 최대 50만 명의 무슬림이 고향을 등진 사건이 있었다.

이 사건은 1992년 12월에 힌두교 근본주의자들에 의해서 일어난, 아요디아에 있는 바브리 마스짓(이슬람교 사원) 파괴와 그로 인해 살해된 수천 명의 이슬람교도의 피해에 분노한 이슬람 극단주의자들에 의한 것으로 추정되고 있다. 당시 사건에 대해 공식 조사단을 파견한 유럽 연합(EU)은 "무슬림에 대한 힌두의 인종 청소"라는 격한 표현을 사용했다. EU 보고서에 의하면, 구자라트주의 어지간한 도시에서는 힌두교도들이 무슬림 마을을 습격했다. 이 와중에서 무슬림 일가족 6명이 지프를 타고 인도를 탈출하는 도중, 그들에게 잡혀 산 채로 불태워지기도 했다.

그 후로 지금까지 여전히 기차가 왜 그 자리에서 섰는지, 누가 그들을 선동 자극했는지, 불은 어떻게 해서 났는지에 대해서 제대로 밝혀진 바가 없다. 정작 중요한 것은 그 사건 직후 세계힌두회의(V.H.P)를 비롯한 힌두교 세력들이 구자라트 지역의 무슬림을 학살하려고 계획을 세우고 집행했다는 사실이다.

그들은 구자라트주 집권 여당인 인도인민당의 공공연한 지원을 받으면서 서서히 인간 사냥을 개시했다. 그들은 우선 이 사건이 무슬림의 소행일 것이라며 모든 무슬림을 남김없이 처단해야 한다고 했다. 그리고 정부가 운영하는 방송국은 희생자 가족의 울분과 증오 그리고 애도로 가득 찬 방송을 한 순간도 쉬지 않고 내보냈다.

그리고 하루가 지난 뒤 무슬림에 대한 원한은 고드라를 출발하여 구자라트 전역으로 퍼졌는데, 특히 구자라트주 수도인 아흐메다바드에서는 한 달 동안 학살 난동이 벌어졌다. 아침부터 힌두 세력의 색깔인 황토색 옷을 입고 힌두 전통 칼과 도끼 그리고 활, 몽둥이 등으로 무장한 폭도들이 조직적으로 각 시내 전역에 투입되었다. 수백 명이 한 집단으로 구성되었는데, 그 집단은 상부 지령에 따라 체계적으로 움직였다. 그들은 먼저 집에 돌을 던지고, 석유를 뿌린 후 불화살을 날려 불을 질렀다.

그 결과, 셀 수 없이 많은 무슬림들이 힌두교 세력의 난동에 쓰러졌다. 그 쓰러진 사망자 수가 적게는 천여 명에서 많게는 3천 명이 넘었다.

칼에 찔려 죽거나 불에 타 죽는 사람은 대부분 현장에서 알라를 욕하라거나 힌두 신을 찬양하라는 요구를 받았고, 그런 경우 칼로 목을 베거나 휘발유를 뿌리고 불을 붙였다. 여성의 경우 강간을 당하거나 젖가슴이나 생식기를 도려내는 일을 당한 경우는 셀 수 없이 많았고, 사지가 절단된 어린이 수 또한 집계가 제대로 되지 않을 정도였다. 당시 기도 편지에 보낸 글을 실어 본다.

> "죽은 사람은 자신이 힌두교인인지 이슬람교인인지 말하지 않는다."
>
> 한참 힌두 무슬림 간의 종교 분쟁으로 살생이 벌어지던 지난 3월 6일, 인도의 가장 많은 구독자를 가진 중앙 일간지 「The Times of India」에 불에 타 죽은 수십 구의 시체를 찍은 사진과 함께 크게 써 놓은 제목입니다.
>
> 죽은 자는 말이 없지요. 살아 있기에 혈기로 불타고 있었기에, 다른 종교의 사람을 도끼로 찍어 죽이고 불에 태워 죽이면서 그것이 자신이 섬기는 신에 대한 열심이라고 생각하겠지요. 마치 청년 사울이 기독교인을 체포하고 죽이면서 하나님께 대한 열심이 특심한 것으로 착각했던 것처럼….
>
> 지난 3개월간 이곳에서 일어난 가장 큰 사건은 역시 힌두 이슬람 종교들이 일으킨 폭동이었을 것입니다. 비록 구자라트주는

멀리 떨어져 있고, 이슬람교도들이 적은 이곳 푸나인지라 저희는 별 지장 없이 잘 지내고 있습니다. 그러나 연일 쏟아져 나오는 뉴스를 보면서, 두 번씩이나 난리의 한가운데서 사건을 겪어 본 저희들로서는 사랑니 앓듯이 터져 나오는 종교 분쟁이 언제나 해결될지…. 마치 끝이 보이지 않는 터널을 통과하고 있는 것 같은 이 땅을 보면서 그리스도의 푸른 계절이 속히 와서 평화의 왕이신 우리 주 예수님의 치료하시는 손길이 임하기를 간절히 기다립니다.

한 이슬람교도 한센병 환자촌에서는 네 번씩이나 힌두교도들의 공격을 받아서 불타고 다쳤습니다. "우리는 사회에서 완전히 잊힌 존재인 줄 알았는데…." 폐허가 된 건물 기둥에 망연자실 앉아 있는 환자의 표정이 TV 화면에 비춰지는 순간 악령의 역사가 아니고서는, 사람의 본심으로서는 도저히 일어날 수 없는 일을 다시 한번 보게 됩니다.

"구자라트 과연 킬링필드인가?"

「India Today」라는 이곳에서 가장 발행 부수가 많은 주간지에서 3월 10일 표지에 나온 글입니다. 1993년도 흑사병으로 수천 명이 죽고, 2001년도 지진으로 만 명 이상의 사람이 죽었습니다. 그리고 지금 2002년도 종교 폭동, 너무나 많은 사람이 죽어 나갔고 천문학적인 재산 피해를 입었으며, 이것이 채 회복되지 않는 상태에서 종교 폭동이라는 또 다른 폭풍우를 만났기 때문입니다.

인간 세상에는 온갖 난폭과 요란으로 뒤섞이며 의인이라 자칭하는 자들의 잔치로 온통 시끄러움 속에 있어도 자연은 단 한번의 자찬의 소리 없이도 창조주가 맡긴 소임들을 어김없이 감당하고 있습니다. 묵은 잎들을 훌훌 벗어버리고 너무나 싱그러워 눈부신 연초록의 새 옷을 갈아입는 나무들을 보면서, "내가 너희와 함께 하느니라!" 말씀하시는 그분의 인자하심과 신실하심에 감격하여 새록새록 영혼이 새 힘을 얻은 날들입니다.

구자라트 대학살은 또 다른 분노와 복수를 낳게 되었다. 2003년 8월 26일 평시와 다름없이 뭄바이에 있는 뭄바데비 사원에는 여신의 축복을 받으려는 많은 사람이 기도를 하고 있었다. 뭄바이에는 이 여신이 "자기에게 기도하면 복을 잘 주되 풍성하게 준다."라는 소문이 나 있어서 특별히 가족의 축복을 바라는 여인네들이 많이 매일같이 사원을 찾아오고 있었다.

그곳에 폭탄이 터진 것이다. 평화로웠던 사원은 순식간에 아수라장이 되고 수많은 사람이 죽고, 다친 사람들이 안마당 여기저기에 널브러져 누워 있었다. 도움을 청하는 고함과 신음 소리로 가득 찼다. 1시간 후에 인디아게이트에서 또 다른 폭탄이 터졌다.

영국이 통치할 당시에 인도에 입국하는 영국인들을 환영하기 위하여 세워진 이 장소는 인도 뭄바이의 대표적인 관광지로서 그날도 수많은 사람이 삼삼오오 모여서 가족과 연인끼리 사진을 찍고 있었다. 또 다른 사람들은 아이들과 함께 엄청난 수의 비둘기에게 먹이를 주고 있었다. 평화롭기는 세계적인 곳이라고 해도 과언이 아닐

장소였다. 그곳에 또한 폭탄이 터진 것이었다. 이로 인해서 46명이 사망했고, 150여명이 상처를 입었다. 그러나 이 사건은 정부에서 지금까지와는 달리 즉시 테러의 배후를 발표하지 않았고, 주체가 누구인지 어떻게 일어났는지 전혀 언급하지 않고 지나갔었다. 물론 종교 분쟁이었기 때문에 그랬지만, 특별히 구자라트 대학살을 당했던 무슬림들에 의해서 일어난 사건이 명백했기 때문에 또 다른 종교 갈등을 일으키지 않기 위해서 내려진 조치 같았었다.

다하누 선교 병원

인도는 사회주의 국가다. 그래서 1990년대 초까지만 해도 남한보다는 북한에 더 가까운 나라였다. 그러나 1993년, 인도국민회의당이 집권하고 있을 당시 신 경제 정책을 시작하면서 자유 경제 체제를 수용했다. 그 후에 수많은 외국 회사가 밀려들어 오기 시작했고, 인도 경제는 급격하게 발전하게 되었다.

마하라슈트라주 뭄바이로 사역지를 옮긴 후에 찬양을 통한 전도를 중점으로 사역했지만, 시골 전도는 인도복음선교회의 피 안에 맥맥이 흐르고 있었다. 가빗 감독의 취임 후에 시골 전도는 팔걸 선교 센터를 중심으로 하여 그 주위의 타네군과 그곳에 속한 종족들에게 중점적으로 복음을 전하고 있었다. 그런데 영국 선교사들이 세우고 떠난 팔걸 선교 센터는 그 재산권을 두고 교인들끼리 또는 교구와의 관계에서 항상 소란스럽고 법적인 다툼까지 진행되고 있었다. 어딘가 베이스가 있으면 좋겠고, 그곳에서 전도인들을 양성하고 사람을 키우는 장소가 될 터인데 팔걸 선교 센터는 심지어 감독의 영향도 크게 미치지 못하는 그런 장소였다. 타네군에서 조금만 더 나가면 구자라트주까지 이어지는 원주민 거주 지역(Tribal Belt)에는 사탕수수 추수 때에 일당으로 돈을 벌어서 일 년을 먹고 사는, 그래서 해마다 아이를 팔아서 생존하는 그 삶이 영국의 BBC 방송에 다큐멘터리에도 나오는 그런 곳이었다. 정말 복음이 필요한 곳이었고 이 일을 위한 선교의 베이스는 그래서 더욱 필요했다.

그러던 어느 날 감독님께서 다하누라고 하는 지역에 선교사가 세운 병원이 있는데, 그 병원이 잘 운영되지 않아 늘 어려움을 겪고 있다고 하셨다. 그래서 내게 한번 가볼 의향이 있느냐고 물었다. 병원 위치가 우리가 사역하고 있는 그 원주민 거주 지역에서 가까운 지역이라 그곳에 들러서 한번 보기로 하고 교구의 임원들과 함께 다하누 선교 병원으로 갔다. 그 병원에서 미팅하는 동안 이 소식을 들은 찍구라는 과일 농장을 하는 농장주가 점심 초대를 했다.

우리가 함께 그 집에 도착했을 때에 모두 주눅이 들 만한 굉장한 규모의 집이었다. 말이 집이었지 규모가 조금 작은 궁궐이었다. 그렇게 아름답고 궁궐처럼 지어진 집을 왜 주위 나무로 인해 보이지 않게 하고 살아가는지 의아할 지경이었다. 식사 후에 농장을 구경시켜 주었는데, 나지막한 야산 하나가 모두 찍구 농장이었고 그 언덕 꼭대기에 호수가 하나 있었다. 그리고 그 곁에는 별장처럼 또 다른 집을 지어 두고 호수 안에는 사람 팔뚝보다 더 큰 금잉어 수백 마리가 있었다. 그 별장에서 차를 마시면서 이 사람은 자기가 다하누 병원에서 태어났다고 했다. 그리고 지금도 그 지역에 살고 있는 어른들의 80% 이상은 그 병원에서 태어났다고 했다. 그래서 그들은 다하누 병원이 잘되어서 계속해서 어려운 사람들의 출산을 돕는 병원이기를 바라고 있었다. 이 병원이 뭄바이 교구에 의해서 정상 운영되기를 바라는 마음에서 자기가 신형 초음파 기기를 봉헌하겠다고 했다.

너무 감사한 일이었지만, 그들 나름대로 또 다른 이유도 있었다. 그는 인도에서 부자들로 유명한 종교, (우리나라에서 배화교라고 부르는) 파르시를 믿는 사람이었다. 그들의 믿음에 의하면, 연옥 같은 중간층이 있어서 세상을 떠난 사람이 그 연옥에 머물고 있는 동안 그 후손들이 선행하며 사람들을 많이 도우면 그들의 영혼이 천국에 갈 수 있다고 믿고 있는 것이었다.

어쨌든 그의 말은 우리 모두의 마음을 고무시켰다. 그래서 우리는 가능하면 선교 병원을 동역하여 운영하기로 결정했다.

다하누 선교 병원은 호주에 있던 침례교 계통 형제교회의 교단에 의해서 파송 받은 선교사가 시작한 조산원이었다. 마하라슈트라주의 타네군에서부터 구자라트주까지 계속되는 산지에는 수많은 원주민이 살고 있었고, 아무런 병원 혜택이 없는 것을 본 선교사가 그 병원을 세웠는데, 후에 넓은 지역의 산모들에게 출생을 도와주는 병원으로 점점 더 커져서 선교 병원이 된 것이었다. 그러나 후임 없이 그 선교사가 세상을 떠난 후에 형제 교단이 북인도연합교

단에 가입함으로 인해서 교단 산하 선교 병원이 되었지만 의료법인
을 설립한 법인 이사들이 운영하는 이 병원은 이사들의 이해관계에
의해서 병원이 좌지우지되면서 어려움을 맞게 되었다. 특별히 헌신
된 책임자인 병원장이 없는 가운데 주위에 개업 중인 의사들을 필
요할 때마다 불러서 진료하는 운영 상태라 어려움은 당연한 것이었
다. 병원 운영의 어려움으로 인하여 수십 년 동안 건물 수리조차 하
지 못하여 그 넓은 병원이 마치 폐허처럼 되어 있는 상태로 유지되
고 있었다.

다하누 선교 병원 법인 이사들과 뭄바이 교구의 임원들 그리고
인도복음선교회를 대표해서 내가 동역을 위한 양해 각서에 각각 서
명했다. 그 내용의 골자는 이러했다.

> 1. 뭄바이 교구가 다하누 병원에 필요한 수리와 장비들을 제공
>   하고 추후 30년간 그 병원을 운영한다.
> 2. 다하누 선교 병원 법인은 뭄바이 교구에 그 운영권을 지금부
>   터 30년간 넘겨준다.
> 3. 병원 안에 있는 3층 게스트하우스는 인도복음선교회에서 수
>   리하여 선교 센터로 사용한다.

한국 선교부에 이 사실을 알리고 이사회에서 이 일을 위해 필요
한 재정 약 6천만 원을 지원하기로 결정했다. 먼저 의사와 간호사
들의 숙소를 수리하고, 외래 병동과 입원실 건물은 약간의 누수가
있는 지역을 수리한 후에 모든 건물에 페인트칠을 새로 했다. 병원

입구 정원에는 잔디를 심고, 병원 안에 예배실을 새로 설치하여 환자들이 필요할 때 기도할 수 있도록 항상 개방하도록 했다. 한 사람의 사역자가 원목으로 근무하여 환자들을 위한 예배와 병실 심방을 시작하도록 결정했다. 그러는 동안에 앞서 작정한 찍구 농장의 주인이 신형 초음파 기기를 봉헌했고, 새 엑스레이 기기를 구입하여 설치했다. 한편 3층으로 이루어진 게스트하우스는 인도복음선교회 선교 센터로 사용하려고 새롭게 단장하여 문을 열었다.

그 사이에 감독님은 인도의 코미디 왕 자니 리버를 권고해서 병원 재개원 축하 쇼를 열기로 했다. 일은 일사천리로 진행되었다. 뭄바이 시내에서 유명한 힌두자 병원에서 근무하던 여의사 제니퍼가 병원장으로 근무하기로 하고 어머니와 함께 병원 안의 병원장 사택에 입주했다. 다하누 병원 재개원 축하 쇼는 비싼 입장료에도 불구하고 앉을 자리가 없을 만큼 성황이었다. 그리고 자니 리버는 차량 두 대로 동원된 모든 출연자의 출연료와 그 경비를 자신이 부담하고 여기에서 나온 수익금을 몽땅 병원에 헌금했다.

병원이 운영되기 시작하고 2개월이 지나자 환자가 줄을 이어서 들어오고 입원실도 가득 차게 되었다. 6개월이 지나면서 병원 운영은 흑자로 전환되었고 간호사들과 의사들도 정상으로 사택에 거주하면서 근무하게 되었다. 꿈만 같았다. 다음 해부터는 흑자로 돌아서는 금액을 적립해서 대충 고쳤던 건물들을 제대로 수리해서 운영해 나가면 되겠다는 계산도 세웠다.

그때 나는 가족과 함께 푸네시에 머물며, 8시간이 걸려서 도착하는 다하누를 오르내리면서 사역하고 있었다. 그래서 병원에 머물며 사역할 수 있는 전임 사역자가 필요하게 되었는데, 교구에서 추천을 받아서 심리학 박사학위를 받고 신학을 마친 조지 목사를 원무과장 겸 원목으로 세워 병원 운영을 맡겼다.

그 후에 가끔씩 그가 하는 보고를 보면, 대사이 병원장이 그곳 정치인들인 시브세나당의 국회의원들과 자주 술자리를 갖는다는 것이었다. 그러나 나는 병원장으로서 병원 운영을 위해 가끔씩 교제하는 정도로만 생각하고 있었다.

병원이 정상 운영되면서 미래에 대한 청사진이 무르익어갈 즈음 병원 직원들이 파업했다. 지난 10년 동안 한 번도 월급을 인상 받지 못하고 있는데, 병원이 정상으로 돌아가니 당장 월급을 올려달라는 요구였다. 감독님과 함께 그들을 만나서 1년만 더 기다려 달라고 부탁했다. 그러면 당장 급한 건물들도 수리하고 장비들도 더 설치할 수가 있으니 그 후에 월급을 올려 주겠다고 약속했다. 그러나 소위 기독교인이라고 하는 사람들이 중심이 되어 있는 병원 직원들은 요지부동이었다.

파업이 진행되고 있는 동안에 시브세나 정당의 국회의원들이 그들을 만나면서 자기 정당에서 이 병원을 운영하게 해 주면 직원들의 봉급을 바로 인상해 주겠다고 약속한 것이었다. 이 말에 혹한 직원들은 이제 뭄바이 교구 임원들이 드나드는 것을 입구에서부터 봉쇄하고 허락하지 않았다. 얼마 후에는 정치 깡패들이 동원되었다. 그들은 온갖 험악한 말을 쏟아부으면서 뭄바이 교구의 임원들을 협박하게 되었다.

"다시 여기에 나타나면 다리몽둥이를 부러뜨려 버리겠다."

내가 파송했던 원무과장 겸 원목 조지 목사의 가족 역시 그들의 무서운 협박을 받게 되었다. "여기에 더 머무르면, 아이들을 납치하겠다."라는 식이었다. 두려워서 더는 머물 수 없다면서 가족과 함께 그는 철수하고 뭄바이 교구로 돌아가 버렸다. 답답한 마음으로 내가 병원에 들러서 "수리하고 오겠다."라는 핑계로 구급차를 타고 나온 것이 우리가 건진 전부였다.

병원이라고는 전혀 모르는 내가 단지 병원 안에 선교 센터를 세우면 "선교 센터로서는 가장 안전하게 쓸 수 있겠다."라는 생각으로 시작한 병원이었다. 그 센터를 위해서 땅을 사서 건축하는 것보다는 병원을 지원하는 것이 한결 경제적으로도 유리하다는 것 또한 나의 단순한 생각이었다. 병원이 잘 운영되는 것 때문에 병원을 빼앗겨 버린다고는 상상하지 못했다. 그러나 그 배후에는 갈라진 혀를 사용하고 이런 방법으로 기독교 선교를 방해하고 있던 힌두 골수 정당 시브세나의 장난이 있었던 것이다.

눈물을 머금고 철수한 다하누 선교 병원은 그 후 2년을 더 운영한 후에 다시금 원점으로 돌아가 문을 닫게 되었다. 기독교인이라 이름하는 그 병원 직원들과 법인 이사들은 다시금 뭄바이 교구로 찾아와서 자기들의 실수라고 용서를 구하며 병원 운영을 부탁했다. 감독님이 이 사실을 나와 함께 상의했지만 나는 이미 병원 실패로 인한 물질적인 큰 손상을 선교부에 입힌 상황이어서 도저히 더는 부탁할 수 없는 처지에 있었다. 오히려 제명을 당하지 않고 계속 사역하도록 허락한 선교회 이사회에 감사해야 하는 상황이었다.

북동부 지부 시작

인도의 기독교 인구를 어떤 단체에서는 4%까지 보기도 한다지만, 약 2.4%로 보는 것이 무난한 것 같다. 그중에 남인도인 케랄라주와 타밀나두주 등에는 기독교 인구가 제법 많은 편이다. 특별히 북동부 지역으로 가면 나갈랜드와 메갈라야주는 기독교 인구가 95%가 넘고, 마니푸르주도 30%가 넘는다. 오히려 다른 종교의 신도들이 살기가 낯설고 어색한 곳이다. 그런데 같은 북동부 지역에 있으면서도 아루나찰 프라데시주와 아삼주는 인도 전체 기독교 평균 인구보다도 낮아서 기독교인이 또 거의 없는 상태였다.

우리 피쉬 찬양팀에 총무로 근무하고 있던 아벤라 자매가 어느 날 "남자 친구가 비숍칼리지에서 신학사(B.D) 과정에 입학했다."라고 했다. 그리고 그 친구가 뭄바이에 내려왔을 때에 만나서 오랜 시간 대화했었다. 전도에 대한 뚜렷한 의지가 있었고, 특별히 제자훈련에 대한 의지가 남달랐다. 사람을 가르치면 그 사람이 또 다른 사람을 예수님의 제자로 키울 수 있다는 원리에 대해서 이야기하면서 그는 신학을 마친 후에 이 제자훈련을 하는 사역을 하고 싶다고 했다. 일찍이 선교사로 나오기 전, 내가 목회한 5년 동안은 제자훈련을 중점으로 한 목회였기에 우리 둘은 마음이 잘 통했다. 그래서 나는 인도에서 기독교 분포가 가장 낮은 북동부지역 아삼과 아루나찰프라데시주를 위해서 기도하고 있음을 이야기하면서 이 지역에서 사역하겠다면 우리 인도복음선교회의 사역자 후보생으로 받아들일 수 있다고 했다. 그렇게 하겠다는 토시의 대답을 듣고 사역자 후보생으로 사람을 키우기로 하고 그때부터 장학금을 지급하기 시작했다. 사실 토시와 아벤라의 고향은 나갈랜드주로 아삼주는 바로 옆에 인접한 곳이기도 했다.

내가 선교지로 복귀하던 2001년 4월에 토시는 신학교 신학석사 (M.Th) 과정까지 마치고 아벤라와 결혼했다. 그 신혼부부를 우리가 거하던 푸네로 불러서 2년간 같이 있으면서 사역을 통해서 가르치며 함께 지내 왔다. 그리고 나서 부산에 있는 주영교회 강민수 목사님에게 부탁해서 한국 교회의 새벽 기도부터 목회하는 모든 과정을 훈련받게 했다. 토시의 가족은 교회에서 제공한 사택에서 머물면서 목사님의 모든 목회 현장에 동행했고, 한국 교회의 목회를 배우게 되었다. 2년간 훈련을 마친 그들을 감사하게도 주영교회에서는 자기 교회 선교사로 인도로 파송해 주었다. 한 사람의 선교사를 키우는데 10년의 세월이 걸린 것이다. 돌아온 그들을 주저 없이 그 동안 기도해 오고 있던 아삼주의 구와하티로 파송했다. "고향 나갈랜드 교회들을 아루나찰 프라데시주의 복음화에 최대한 동참시키라."는 특명과 함께….

전 인도 교단 선교 세미나 개최

2006년 7월, 나그풀에서 북인도연합교단 주최로 인도 교단들과 선교 단체들이 참여한 선교 대회가 열렸다. 나그풀은 영국 통치 당시 인도의 수도였고, 지리적으로 인도의 정중앙에 있는 도시이며 북인도연합교단에서도 훌륭한 훈련원 건물을 갖고 있었기 때문이었다. 이 선교 대회는 북인도연합교단 스카리야 선교부장이 추진한 것이었다.

스카리야 선교부장은 인도 행정고시를 합격하고 뭄바이 부 세관장으로 근무하다가 은퇴한 사람이었다. 뭄바이 교구의 가빗 감독님은 은퇴한 그를 교구 선교부장으로 세워서 시골 지역 전도에 힘쓰게 했는데, 얼마나 열심인지 선교사인 우리보다 더 선교사 같은 사람이었다. 즈카리야 선교부장은 이미 우리가 뭄바이 교구와 시행하고 있던 시골 전도를 총회가 시행해야 한다고 믿고 총회의 선교부장으로 임명되고 나자 백방으로 이 일을 추진했다.

2000년부터 뭄바이 교구와 인도복음선교회가 협력하여 진행하고 있던 시골 전도가 성공적인 것으로 북인도연합교단의 인정을 받고 총회의 지원을 받아서 개최한 세미나였다. 그는 인도복음선교회를 파트너 단체로 공식적으로 초대했고, 세미나에서 4시간짜리 강의를 통해 한국 교회를 소개해 달라고 부탁했다. "한국 교회의 전도 실제"라는 제목으로 내가 파워포인트를 동원하여 90분간 한국 교회의 전도에 대해 강의했고, 우리 선교회 선교사로 U.B.S 신학교 교수로 섬기고 있던 조범연 목사가 "한국 교회의 성장 비밀"이라는 제목으로 90분간 기도에 중점을 둔 강의를 했다. 남인도연합교단 선교부장과 세계적으로 유명한 인도 선교 단체 I.E.M, E.F.I, F.M.P.B 등의 대표가 간증했는데, 참석한 나도 큰 은혜에 가슴이 벅찼다. 선교의 눈이 더 넓게 뜨인 세미나였다.

이 세미나를 마치고 전혀 예상하지 않은 일이 벌어졌다. 총회장님을 대신해 세미나에 참석하고 있던 총회 총무님이 인도 모든 교단과 선교 단체 대표들 앞에서 공식적으로 회개한 것이었다.

"우리 북인도연합교단은 교회 설립 당시 교회의 제일 사명으로 명시된 '교회 사역의 최우선은 전도로 한다.'라는 교단 설립 정신을 어기고 지난 13년간 직접 전도하지 않았던 것을 부끄럽게 여기고 회개합니다."

이 자리에는 북인도연합교단 마하라슈트라주에 있는 뭄바이 교구의 가빗 감독님, 나그풀 교구의 두파레 감독님, 마라타와다 교구의 카삽 감독님, 나식 교구의 캄블레 감독님, 푸네 교구의 사태 감독님, 콜라풀 교구의 티와데 감독님 등 6명도 전원 참석하셨다. 세미나를 마친 직후에 총회 총무님이 이제 교구 차원이 아닌 북인도연합교단 총회 차원에서 동역하기를 제안해 왔다. 북인도연합교단에는 26개의 교구가 있는데, 이 교구와 당장 시작하는 것은 인도복음선교회의 규모로서는 감당할 수 없음을 설명하고 양해를 구했다.

그러자 이번에는 마하라슈트라주의 감독님들이 뭄바이 교구만 아니라 나머지 다섯 교구와도 동역하여 시골 전도를 하자고 제의하여 따로 모임을 갖게 되었다. 그 자리에서 전도인 양성 과정 설립과 운영 등을 결정하게 되었는데, 이것을 근거로 총회 선교부장님이 협력 선교를 위한 양해 각서를 준비해 오고, 같은 내용으로 6개 교구와 인도복음선교회가 따로따로 양해 각서에 서명했다. "장소는 교단 산하인 푸네의 C.P.S 아쉬람으로 하고 교구에서 보내는 전도인 후보생들을 3개월 합숙으로 훈련하되 훈련은 인도복음선교회에서 한다."라는 것이 골자였다.

이 모든 일은 일사천리로 진행되어 불과 반나절 만에 마무리되었다. 가빗 감독님의 표현을 빌리면, "인도에서 이렇게 짧은 시간 안에 사역을 결정하는 것은 기적이다. 그래서 나는 이 결정이 하나님이 인도하시는 것으로 믿는다."라고 했다.

이렇게 해서 그해 12월에 인도복음선교회 마하라슈트라 지부에서 하고 있는 전도인 양성 학교가 시작된 것이다.

뭄바이 교구 파톨레 감독 취임

봄베이가 뭄바이로 도시 이름을 바꾼 지 얼마 후에 뭄바이 감독
이시던 가빗 감독님이 은퇴하고, 파톨레 목사가 감독으로 선출되
었다. 가빗 감독님이 워낙 시골 전도에 관심을 갖고 잘 인도해 주
셔서 파톨레 감독님이 선출되었을 때 약간의 염려가 있었다. "혹시
라도 다른 사역들 때문에 시골 전도 사역을 등한시하면 어떻게 하
나?" 하는 조바심이 일어난 것이다. 그러나 이 기우는 기분 좋게 빗
나갔다. 파톨레 감독님은 취임 후에 시골 전도에 관심을 크게 가지
고 진행시켜서 사역의 범위가 오히려 더 넓어지고 뭄바이 교구 선
교부 산하 전도인의 숫자도 늘어나면서 사역이 더 왕성해졌다. 그
는 또한 교구 선교부에서 근무하던 즈카리야 선교부장을 총회 선교

부장으로 추천했다. 이것이 총회에서 받아들여지고, 이제 스카리야 부장님은 총회 선교부에서 사역을 시작하게 되었다. 이것은 북인도 연합교단 총회의 선교 정책에 지대한 변화를 가져오는 아름다운 결정이었다.

뭄바이 교구에서는 도시 교회에서 시골 전도인 한 사람 이상을 후원하고 있고, 도시 교회들이 시골 교회 건축이 필요할 때마다 지원하여 교회들을 건축하게 되었다. 그래서 1년에 세 개 이상 시골 교회 건축이 뭄바이 교구 교회들의 후원에 의해서 순수하게 이루어질 수 있었다. 이것은 나의 오랜 기도 제목이 현실로 나타난 것이었다. 감독님은 1년에 한 달을 선교의 달로 정하고 시골 지역 사역자들이 도시 교회를 돌면서 간증하고 모금도 하는 시간을 갖게 하신다. 그래서 간증하는 사역자들에게 새로운 용기와 꿈을 갖게 하고, 도시 교회들은 선교 현장에서 일어나는 놀라운 사실들에 감격해 하며 선교 헌금에 동참하게 되는 것이다. 그것으로 뭄바이 교구 선교부는 자체 예산을 관리하고 있고, 그것도 매년 천만 원 이상 흑자가 되는 놀라운 은혜를 입게 된 것이다.

선교의 달에 안데리교회라는 곳에서 설교한 적이 있었다. 안데리교회는 자체 건물이 없었고, YMCA 건물을 빌려서 예배를 드리고 있었다. 그날 예배에 참석한 성도는 약 50여 명이었는데 한화로 200만 원의 큰 액수가 선교 헌금으로 드려졌다. 인도 교회에서 이렇게 큰 액수의 선교 헌금을 드리다니 놀라운 일이었다. 하나님께서는 뭄바이 교구의 선교부 활동을 통한 시골 전도를 통해서 우리에게 여전히 희망과 꿈을 주신다.

우리 인도복음선교회는 선교의 방법을 자주, 자전, 자립으로 삼았다. 그 꿈이 이루어져 가는 것이 눈으로 보이기 때문이다. 물론 쉬운 일은 아니지만, 여전히 우리는 기도하고 있다. 하나님께서 북인도연합교단의 모든 교구가 뭄바이 교구의 선교 정책을 따라서 현지 교회에 의한 인도 선교를 실행해 주기를 바라는 것이다.

카르잣 선교 센터

2010년 10월, 몬순이 시작되어서 온 천지가 파릇파릇 살아난 때에 파톨레 감독님이 "보여 줄 곳이 있다."라고 하면서 카르잣에서 30여 분 떨어진 외곽에 있는 제법 넓은 공터로 인도해 주셨다.

"여기에 영성 센터를 세우고 싶은데 어떻게 생각하십니까?"

당연히 그것은 "어떻게 생각하는가?"가 아닌 "한번 추진해 보라!"는 인도식 표현인 것을 나는 익히 알고 있었다.

"감독님의 교구에 영성 센터가 필요할 것 같은데, 하나님의 뜻이면 허락하지 않겠습니까?"라고 나는 말끝을 흐리면서 분명한 의사표현을 하지 않았었다. 현재 진행되고 있는 사역들만으로도 벅찬 상태였기에 또 다른 부담을 피하기 위해서 말끝을 흐리면서 빠져 나왔던 것이었다.

그 후 1년 가까운 시간을 보내면서, 이 일은 내 마음속에 사라지지 않는 작은 고민이었다. 하나님께서 뭄바이 교구에 영성 센터가 필요하다고 인정하실 것을 믿으면서도 재정으로 인한 부담을 피하기 위해서 자꾸만 변명하는 나 자신이 싫었기 때문이다. 고민 끝에 드디어 매주 모이는 선교사 기도회에서 이 사실을 공표했다.

"내가 지금 하고 있는 이 행위는 하나님 앞에서 불신이고 정당하지 않습니다. 믿음으로 카르잣 영성 센터를 한번 시작해 봅시다."

그 다음 주간에 중동에 있던 박춘봉 장로님께서 부인 조은희 권사님과 함께 인도에 방문했다. 뭄바이 교구의 시골 사역지들을 돌아보는 동안 부부가 크게 도전을 받는 것 같았다. 그분들이 돌아가면서 만 달러의 헌금을 했는데, 사용한 경비 100만 원을 제외한 천만 원 정도를 카르잣 영성 센터 기초 공사에 쓰기로 결정했다. 기초 공사를 하는 그날 뭄바이 교구를 담당하는 김진곤 선교사님의 파송 교회인 대구성서중부교회에서 담임목사님과 성도 몇 분이 인도에 방문하여 여기에 참석하게 되었다. 놀라운 것은 그 자리에 참석한 한 장로님께서 카르잣 영성 센터에 필요한 건축비 일체를 본인이 드리겠다고 작정한 것이었다.

하나님의 일하심은 항상 놀랍지만 또 다시 그분의 하신 일을 보면서 부끄러운 나 자신을 보게 되었다. "진행되고 있는 사역들이 이미 힘에 부치다."라는 핑계로 1년 가까운 시간을 헛되이 보낸 것이다. 하나님이 하셔야 할 일은 반드시 그분이 하신다. 문제는 항상 믿음으로 하지 못하는 우리 자신에게 있는 것이다.

공사하기 전에 뭄바이 교구와 인도복음선교회 사이에는 협력 사역을 위한 양해 각서를 주고받았는데, 그 내용을 요약하면 이렇다.

> 카르잣 영성 센터는 3차에 걸친 공사를 통하여 모든 시설을 갖추게 될 것이다. 1차 공사는 꿈나무 집과 꿈나무 대안 학교를 위한 공사다. 그리고 2차 공사는 지하수를 개발해서 거기서 나오는 물의 양을 보고 결정한다. 물의 양이 충분하다면 2차 영성 센터 공사를 진행한다.

그런데 1차 공사를 마치고 지하수를 계발해 보니 그 수량이 마땅치 않았다. 그래서 공사 계획을 바꾸게 되었다. 2, 3차로 영성 센터를 하는 것 대신에 신학교를 건축하고 운영하기로 했다.

"사람이 마음으로 자기의 길을 계획할지라도 그의 걸음을 인도하시는 이는 여호와(잠 16:9)"라고 하셨는데, 이번에도 우리의 계획과는 달리 신학교를 시작하는 하나님의 계획대로 진행하게 된 것이다. 아직은 신학교 건축을 시작하지 않았지만, 나는 하나님께서 그분의 때에 그분의 방법으로 카르잣에 신학교를 세우고 사역하게 될 것이라 믿어 의심하지 않는다.

구와하티 선교 센터

2004년에 토시와 아벤라 부부를 파송하면서 시작하게 된 인도 복음선교회 북동부 지부는 250여 평의 조그만 땅을 구입하기까지 무려 10년이란 세월을 보냈다. 그동안 해마다 하는 제자훈련을 위해서 장소를 구하는 일은 제자훈련을 시키는 것보다 더 힘들었다.

구와하티(Guwahati)시는 북동부 지역 일곱 개 주에 하나밖에 없는 큰 규모의 도시로 땅값이 엄청 비쌌다. 부산 주영교회 성도들의 오랜 기도와 헌금으로 땅을 구입했다. 그리고 공사를 바로 시작하게 되었다. 이 구와하티 선교 센터 건축은 이제까지 선교하면서 네 번의 선교 센터 건축을 했지만, 이 모든 공사는 여기에 비교하면 너무나 수월한 것이었다. 건축 기간이 무려 4년이나 걸렸다. 1층 공사를 마친 후, 2013년에 입당했고, 2층 공사를 마칠 즈음인 2015년에는 주영교회의 인도 방문팀이 함께 입당하기로 하여 그 기간을 맞추기 위해서 밤낮 없이 공사를 진행했다.

2015년 그해에는 우리 가정에 큰 어려움이 있었다. 선교사로 파송 받아 나와 있던 아들 이레 선교사와 자부 지은 선교사가 동시에 뎅기열병에 걸린 것이다. 뎅기열병은 별명이 망치라고 불리는 참기 어려운 고통과 함께 치사율이 50% 가까이 되는 열병 중에는 가장 무서운 병이다. 그런 가운데서도 나는 입당 날짜를 맞추기 위해서 아내에게 가족을 맡기고, 구와하티로 출장을 가야했다.

그날 밤 주영교회 인도 방문팀과 함께 숙소에 머물고 있는데 전화가 왔다. 임지은 선교사가 위독하다는 것이었다. 뎅기열병의 위험은 혈색소 수치가 2만 미만으로 떨어지면서 생명이 위험해지는 것이다. 응급실로 옮겨서 치료하고 있다는 소식을 듣고 강민수 목사님과 김매구 장로님 등 팀들에게 기도 요청을 한 다음 내 방에서 기도하는데 눈물이 쉴 새 없이 쏟아졌다.

"하나님, 임지은 선교사를 살려 주셔야만 합니다. 만일 엄마가 잘못되기라도 하면 저 두 살짜리 아들은 어떻게 합니까?"

절규에 가까운 정말 마음 아픈 기도였다. 그런데 얼마 후에 마음에 놀라운 평안이 밀려오는 것이었다. 경험으로 이런 경우에 기도응답이 이미 이루어진 것임을 알고 있었기에 이튿날 입당 예배는 흔들림 없이 참석할 수 있었다.

그나마 괜찮았던 손자 영광이는 부모와 병원에 머무를 수 없어서 할머니가 엄마아빠를 병원에서 간호하는 며칠간 김미경 선교사가 데리고 있었다. 그런데 출장에서 돌아온 나를 보면서도 한참 동안 바라보기만 하고 아무 반응이 없었다. 한참을 그렇게 바라보더니 내가 안자마자 통곡했다. 아이를 안고 나도 줄줄 흐르는 눈물을 멈출 수 없었다. 이 어린 것이 얼마나 무섭고 힘들었을까? 가슴이 도려지듯이 아팠다.

그런데 며칠 후에 영광이마저도 뎅기열병에 걸렸다. 지은 선교사는 다시 한번 위독해지고, 한국의 사돈 장로님과 권사님도 인도에 달려오시고…. 정말 힘든 시간을 보냈다.

이런 과정을 거치면서도 구와하티 선교 센터는 2년을 더 소비한 후인 2018년에야 3층까지 공사를 마무리하여 헌당할 수 있었다.

3부

선교 현장 이야기

뱀 이야기

라마나페트 선교 센터를 건축하고 나서 아이들이 입주한지 얼마 되지 않은 어느 날, 운동장에서 아이들이 둥그렇게 원을 만들고 서서 어떤 아이들은 막대기로 어떤 아이들은 조그만 돌을 던지면서 놀고 있었다. 그러다가 한 번씩 급하게 도망가기도 하고 또 몰려들기도 하고…. 아이들이 무슨 놀이를 하고 있는지 궁금했다.

그곳에 가 보니 글쎄 아이들이 뱀을 가운데 두고 장난을 치고 있는 것이 아닌가? 그것도 코브라였다. 뱀이 아이들에게 둘러싸여서 어쩔 줄 몰라 하다가 물려고 고개를 들고 달려들면 아이들이 도망을 갔다가 또 몰려들고 했던 것이다. 우리 아이들이 시골에서 자라며 어디서나 많이 보았던 것이 뱀이다. 그래서 아이들은 뱀을 무서 위하지 않았다. 오히려 장난감으로 가지고 놀고 있었던 것이다.

그러나 나는 뱀을 유별나게 무서워한다. 그날 다 같이 앉아서 뱀에 대한 이야기를 하고 있는데, 여기저기 뱀을 만난 아이들과 뱀을 죽인 아이들이 무용담을 늘어놓았다. 나는 적잖이 놀랐다. 심지어 미살 형제는 뱀 중에서도 까만색에 노란 띠가 있는 아주 무서운 독사가 자신의 방에 들어와서 다리를 타고 건너가는데 눈을 뜨고 꼼짝도 하지 못하고 그저 바라만 보고 있은 적도 있다고 했다. 센터에 그렇게 많은 뱀이 있다니….

그날 방에서 자려고 누워 있는데 낮에 들은 뱀 생각이 나고 잠도 오지 않는 것이었다. 그런데 잠시 후에 깜짝 놀랄 일이 벌어졌다. 누워 있는 간이침대 밑에서 무언가 자꾸 찌르고 있는 것이다. 찔렀다가 내려가고 잠시 후에 또 찔렀다가 내려가고…. 틀림없이 코브라가 고개를 들었다가 내렸다가 하는 동작을 반복하는 것이었다. 너무 놀라서 소리도 지르지 못하고 기다리고 있는데, 누군가 지나가는 소리가 났다. 내가 고함을 질렀더니, 뱀이 있다는 소리에 아이들이 들어왔다. 작대기를 들고 온 아이들과 돌을 들고 온 아이들이 이쪽저쪽 구석구석을 뒤지기 시작했는데, 뱀은 없다는 것이다. 분명히 침대 밑에서 위로 고개를 들었다 놓았다 했는데 말이다. 무서웠지만 겨우 용기를 차리고 침대 밑을 들여다보았다. 세상에! 거기에 개가 앉아 있는 것이 아닌가. 침대 밑에서 자고 있던 개가 고개를 들면 그 주둥이가 침대를 치고, 이것을 반복했던 것이다. 소동은 그렇게 끝났지만 센터에서 잠을 잘 때마다 뱀이 무서워서 숙면을 취하기가 쉽지 않았다.

그러던 어느 날 한밤중에 화장실이 급해졌다. 혼자서 가려고 하니 며칠 전에 또 코브라 한 마리를 화장실에서 잡았다는 말을 들은 것이 기억나 머리끝이 쭈뼛해졌다. 겨우겨우 진정하고 변기에 앉았는데, 잠시 후 변기 밑에서 무엇이 튀어 올라서 엉덩이를 치는 것이 아닌가? 코브라가 고개를 든 줄로 생각하고 너무나 놀라서 바지를 미처 올리지도 못하고 비명을 지르며 화장실을 뛰쳐나왔다.

밤중에 들린 비명 소리에 아이들이 뛰쳐나오는 사이에 바지를 겨우 올리고 아이들과 함께 수색을 시작했다. 뱀은 없었다. 결국 뜨뜻한 열기에 놀란 개구리가 튀어 올라왔던 것으로 결론짓고 한밤의 수색 작전은 그렇게 끝이 났다.

그 후 한국으로 돌아갔을 때, 다른 짐을 포기하고 백반 40kg를 가지고 와서 건물 가장자리를 삥 둘러서 쳐두었다. 그러고도 뱀 이야기가 잠잠해지기까지는 수년이 걸렸다.

텐트 이야기

시골 지역에서 전도할 때에 가장 어려운 것이 물과 음식을 제공받는 것과 밤에 머물 장소를 찾는 것이다. 물을 얻어먹을 때도 조금 계급이 높은 사람들은 자신들의 그릇으로 물을 주려고 하지 않았다. 물을 잘 주지도 않았지만, 설사 물을 준다고 해도 컵이 아닌 우리 손으로 받아 마시게 했다. 전도하러 왔던 기독교인들이 하층민 출신인 것을 단번에 알아보았고, 그들이 천민들과는 접촉을 꺼렸기 때문이었다.

밤에 시골에 머물러야 할 때는 주로 헛간을 이용했는데, 빈대처럼 피를 빨아 먹는 벌레나 모처럼 들어온 특별 메뉴(?)에 눈이 뒤집힌 모기들은 정말 견디기 힘들었다.

시골에서는 어디서나 쉽게 나타나고 집 안으로 들어오는 뱀들을 막는 방법 중 하나가 개를 키우는 것이었다. 개들은 뱀이 나타나면 재빨리 알아차리고, 뱀의 주위에서 큰소리로 짖거나 집 안으로 들어가지 못하도록 앞을 막아서는, 참 소중한 시골 사람들의 동반자이다.

우리가 시골집에서 잘 때는 어김없이 개들과 합숙하게 되었다. 물론 우리는 개가 함께 자는 것을 허락하지 않지만, 방 안에서 뱀을 막기 위해서 방 안에 들이는 것에 익숙해진 개들은 우리가 자고 있는 곳에도 어김없이 들어와 함께 누워 자고 있었다.

이런 일들을 한 방에 해결할 수 있는 방법은 텐트와 음식을 만들 수 있는 코펠 세트를 준비하는 것이다. 그래서 나는 1991년 4월, 한국에서 7-8인용 텐트를 구입하고 코펠 또한 2세트를 준비했었다. 이제 시골로 나가는 것이 문제없다고 생각했다. 그 첫날 우리는 텐트의 편리함과 코펠의 우수한 성능에 감탄했다. 빈대는 고사하고 모기도 어림없는 이야기였고, 더군다나 개들은 들어올 틈이 없었다. 완벽한 자유, 텐트 안에서 자유를 누리게 되었다.

우리가 시골에서 전도하면서 텐트를 치면, 이 모습을 처음 본 것이 틀림없는 시골 사람들이 전부 몰려들었다. 이미 우리가 예수를 전하러 온 것을 알고 있는 그들은 대번에 텐트를 "예수 부라부(주 예수님)"로 만들어 버렸다. 그것이 예수이고, 예수의 템플 안에 우리가 머물고 있다고 생각하는 것이다. 그러면 전도하러 집집을 돌아다닐 필요도 없었다. 사람들이 다 그곳에 모였고, 텐트를 예수라고 우기는 그들에게 텐트에 대해 설명하는 동안 자연스럽게 예수님이 소개

되었다. 저것은 예수가 아니라 "사람들이 집처럼 이동하면서 쓰는 것이구나!"라는 사실을 알게 될 즈음에 그들은 예수에 대해서도 거의 알게 되었다.

　텐트 덕분에 그 후로는 힘들이지 않고 전도할 수 있었다. 텐트는 좋은 전도 도구가 되었다.

화장실 이야기

바랏 쿠마르 전도자가 술탄풀이라는 마을에 전도하러 갔을 때의 일이다. 마을 입구에 있던 한 청년이 바랏 전도자가 열심히 예수에 대해서 말하는 것을 듣다가 이런 제안을 했다.

"우리 소가 병들어서 열흘 이상 잘 먹지도 못하고 있는데, 만일 그 예수가 진짜 하나님이라면 당신의 그 하나님께 기도해서 우리 소가 나으면 내가 예수를 믿겠소!"

바랏 전도자는 그 말이 떨어지기 무섭게 소의 머리를 잡고 온몸을 흔들며 큰소리로 기도했다. 그런데 기도를 마치고 한참을 기다려도 소가 나은 기색이 전혀 없었다.

실망하고 돌아간 며칠 후, 그곳을 지나가는 길에 요안이라는 청년이 큰소리로 불렀다.

"우리 소가 나아서 나도 예수 믿기로 했으니 우리 동네에 다시 와서 예수에 대해서 가르쳐 주시오."

그래서 바랏만 아니라 우리 전도팀이 술탄풀에 계속 드나들었고, 5년 후에는 그곳에 교회 건물이 세워졌다.

교회 건물에 입당하는 날, 교인들은 염소도 잡고 동네잔치를 벌였다. 교회에 대한 좋은 이미지를 가졌던 동네 사람들은 입당 예배 때에 많이 참석했다. 예배를 마치고 음식을 나눠 먹는 시간에 먹고 난 나에게 "맛이 어떠하냐?"라고 물었다. 매워서 얼굴이 벌겋게 될 지경이었지만 맛있다고 했더니 그 성도들이 자꾸만 반복해서 접시에 음식을 담아 주었다. 이미 두 번을 먹었고, 얼마나 매운지 먹으면서 콧물을 줄줄 흘리고 있었던 나는 음식을 먹는 동안에 뱃속에서 이미 전쟁이 났다. 음식을 다 먹고 났는데, 화장실로 급하게 가야 할 것 같았다. 물론 시골에는 화장실이 없다.

힌두교의 전승에 의하면, 볼일을 보는 것도 신과 합일을 할 수 있는 기회였다. 자연 안에서 일월성신을 쳐다보지 않고 자연을 바라보고 있는 가운데 배설이 되는 그 순간, 그 시원한 순간에 신과의 합일도 가능하다고 믿고 있었다. 그러니 화장실이 없는 것은 당연한 일인 것이다.

나는 평소에 하는 대로 지프차를 타고 근처 광야로 갔다. 그리고 볼일을 보려고 하는데, 어디서 보이지 않던 사람이 다가와서 반갑게 말을 건다. 급해서 곧 죽을 지경인데 남의 속을 모르는 이 사람은 자꾸 말을 시키는 것이다. 얼른 그 자리를 피하고 다른 곳으로 옮겨 갔다. 허리끈을 풀고 있는데, 정말 놀랍게도 근처 어디에서 사람이 다가와서 또 말을 건넨다. 재빨리 말을 끝내고 다른 자리로 옮겨서 차에서 내리는데…. 아뿔싸! 그만 나와 버린 것이다. 더는 참을 수 없이 바지 위에 그냥 실례를 해 버린 것이다.

그 난감한 처지를 이렇게 저렇게 정리하고, 광야에 팬티를 던져 버리고 잔치 자리로 돌아왔다. 그리고 아내의 귀에 대고 살짝 그 이야기를 하니 죽을 듯이 소리도 못 내고 웃었다.

잠시 후에 교인 대표인 라자르스가 다가와서 내게 물었다.

"바군다?(음식맛이 어떤가?)"

나는 씽긋 웃으며 대답했다.

"자알라 바군디(정말 맛있다.)"

라자르스가 행복한 표정으로 나의 접시에 다시 음식을 가득 담았다.

신상 이야기

다른 나라 사람들이 인도에 들어오면 놀라는 여러 가지 일 중에
하나가 곳곳에 붙어 있는 신들의 그림과 신상이다. 신들의 그림은
전국적인 신들도 있지만, 지방 신들도 있고 또는 종족들의 신이 있
다. 그래서 힌두교 신의 수가 3억 3천이라고 말하지만, 실제로 신의
이름 100개 이상을 나열할 수 있는 사람은 흔치 않다.

불교의 성지 중 하나인 아잔타 석굴이나 힌두교의 성지인 엘로
라 석굴에 가보면, 그곳에 있는 신들의 그림과 신상이 서로 뒤섞여
서 어느 신이 불교에서 말하는 신이며 어느 신이 힌두교의 신인지
구별이 모호해진다. 힌두인들에게 "왜 신상에게 예배를 하느냐? 그
신상이 신인가?" 하고 물어보면, 교육을 많이 받은 사람들 대다수

가 그렇지 않다고 대답한다.

"그 신상은 신을 연상할 수 있는 한 도구일 뿐 신은 아니다."

그런데 신상에 대한 개념은 교육을 거의 받지 않은 시골 지역으로 들어가면 확연히 달라진다. 그 신상을 신처럼 소중하게 대하고 모시는 것이다. 그래서 신상을 소홀히 하는 것은 신에 대한 죄악이라고 생각한다. 일테면, 그 신상이 곧 신처럼 되어 버린 것이다.

힌두교는 종교 다원주의의 대표적인 고등 종교로서 시간이 흘러가면서 점점 더 발전한 종교이다. 힌두교를 한마디로 말하기는 어렵지만, 크게 두 가지로 나누어 볼 수 있다. 하나는 철학적인 힌두교이고, 또 하나는 대중 힌두교이다. 철학적인 힌두교는 초기 힌두 경전인 『베다』에서 발전해 오며, 『베다』와 『베란타』의 경전에 쓰인 내용들이 중요한 교리가 된다. 일테면, 해탈을 위한 신과의 만남은 이 경전에 있는 내용을 따라야만 가능한 것이다.

그러나 중세를 거치며 교육을 잘 받지 못한 일반 대중은 이것이 어려웠다. 그래서 자연스럽게 흘러들어 온 것이 신상과 같은 신상 예배의 모양이다.

기원전 1500년경, 유럽 아리아인들이 인도에 들어왔을 때에 인도에는 이미 잘 정리된 종교의 형태가 있었다. 그 종교는 자신들의 신상을 만들어 두고 그 신상을 섬기는 그러한 형태의 것이었다. 이 형태의 종교가 중세 인도의 대중 힌두교와 접합하게 된 것이다. 그래서 사람들은 경전에 있는 내용대로 신을 섬기는 것보다는 눈에 보이는 템플에 가서 각자가 좋아하는 신들을 골라 그 신상에 절하고 예배하는 형태로 바뀌었던 것이다.

우리 라마나페트 선교 센터 뒤쪽에는 정부에 소속된 야트막한 언덕이 있다. 한 번은 그 언덕 위에 올라갔는데 주먹 크기의 조그마한 신상에서부터 제법 사람 크기 반쯤 되는 신상까지 여러 개의 신상이 놓여 있었다.

여기 기독교 선교 센터가 운영되고 있는 것을 알고 있는 힌두교 근본주의자들이 여러 번 우리 선교 센터를 건드려 보았지만 이미 자리를 잘 잡은 선교 센터이기에 어떻게 할 수 없었다. 무엇보다도 주민들과 경찰서에서 우리 라마나페트 선교 센터를 좋게 여기고 지원해 주고 있었다. 그래서 이 근본주의자들은 선교 센터 뒤편에 있는 언덕 제일 꼭대기를 편편하게 고른 후에 거기에 신상들을 놓아두고 그 신들이 라마나페트 선교 센터를 저주해 주기를 바라며 1년에 몇 번씩 그곳에서 기도회를 하고 있었다.

2018년 3월 19일, 이들이 라마부미 축제 기간에 맞추어 언덕에 올라가 보니 그 작은 신상의 다리가 부러져 있었다. 사실 이것은 우리가 본 것이 아니고 그들이 하는 주장이기는 하다. 하지만 그들은 이것을 근거로 그 주위의 힌두 근본주의자들을 충동질했었다. 곧 그들이 그 언덕 위에 모였고, 신상이 다친 것을 보고 이것은 틀림없이 여기 선교 센터 예수쟁이들이 한 짓일 것이라는 결론을 내렸다. 그리고 그들은 우리 선교 센터에 쳐들어 왔었다. 그러나 우리 센터에도 이미 상주 인원이 150명이 넘었다. 함부로 할 수 있는 상대가 아닌 것이다.

이렇게 해서 실랑이가 시작되었지만, 숫자적으로 열세에 있었던 이들은 더 많은 사람을 동원하기 위해서 각종 대중매체에 자신들의 주장을 띄웠다. 여기에 흥분한 근본주의자들이 우리 센터로 몰려왔고, 우리의 신고를 받은 경찰이 동원되었다. 이러는 가운데 이 문제는 쉽게 해결의 기미가 보이지 않았다. 그들은 경찰서에 이 사건을 정식으로 접수했고, 경찰이 나와서 몇 번의 현장 조사를 벌였지만 이미 선교 센터의 모든 일을 잘 알고 있는 경찰서장과 경찰들은 결코 힌두교 근본주의자들의 주장을 곧이듣지 않았다.

아직도 이 일은 결론이 나지 않았다. 조사가 11개월째 진행 중인데 언제 또 어떤 형태로 결론이 날지 전혀 알 수 없다. 그러나 한 가지 분명한 것은 물리적으로도 민족의용단 행동대원들이 동원되기 전에는 지역의 힌두교 근본주의자들만으로는 쉽게 폭력을 행사하지 못한다는 사실이다. 우리 센터의 거주 인원들이 녹록하지 않기 때문이고, 무엇보다 지키시는 여호와의 눈길을 낮의 해와 밤의 달이 가리지 못하기 때문이다. 그리고 우리는 우리에게 필요한 것이 인원수나 뭉쳐진 힘이 아니라 기도인 것을 믿고 계속해서 기도하고 있다.

아름다운 동역과 비자 이야기

선교사로 부르심을 받을 때에 나는 오엠선교회에 조인해서 선교지로 나갈 생각을 했었다. 그렇게 파송 과정을 준비하고 있는 중에 하나님께서 나를 통하여 선교 단체를 일으키리라고 하시는 분명한 음성을 주셨다. 그렇게 순종하는 마음으로 파송 단체 없이 혼자 선교지에 나오게 되었다. 하이데라바드에서 뭄바이로 사역지를 옮긴 후, 오랫동안 다른 선교사들이 조인하지 않은 채 계속 혼자 사역해 오고 있었다.

그러던 중 친구 목사의 소개로 이영철 목사님께서 인도에 나가고 싶어 한다는 소식을 들었다. 가족을 만난 후에 부부가 같이 인도 현지에서 3개월간 현지 적응 겸 선교 훈련을 마치면 인도복음선교회 선교사로 영입하기로 했다. 이 과정을 마치고 나서 이영철 목사님 가족이 선교사로 파송되어 동역하게 되었다. 그리고 이미 인도에 나와 있었지만 여러 가지 선교 여건이 여의치 않은 상황 속에 있던 김진곤 선교사님께서 인도 방문 시에 우리 사역을 알게 된 파송 교회 이동원 담임목사님의 권고로 인도복음선교회의 선교사로 조인했다.

한편 교단의 선교 정책에 의해서 인도의 교단장 또는 사역하기를 원하는 신학대학 학장의 초청장을 받아야만 선교지에 나올 수 있기에 그 길을 찾고 있던 조범연 목사가 그 조건을 채워 주는 우리 선교회에 조인하여 장로교 통합 총회 선교사이면서 두얼 멤버로 선교회에 조인했다. 얼마 후 감리교 선교사로 인도에 파송되어 나와 있던 이경환 선교사 가정이 합류하였다. 몇 년 후에 북인도 알라하바드 지역에서 사역하던 장창희 목사님 가정이 우리 사역을 알게 되고 동역하기 시작했다.

혼자서 하던 사역을 여러 명이 같이 하게 되니 사역의 즐거움이 더해졌다. 전도자 훈련을 분야별로 나누어서 하게 되었고, 훈련 후에 각 교구에서 사역하는 전도자들을 관리하기 위해서 교구 코디네이터로 각각 임명하였다. 교구에서 임명한 코디네이터와 함께 현지인 사역자들을 돌아보는, 한결 체계적으로 업무 분담이 되어 더 효과적인 사역으로 진행할 수 있었다. 이런 과정을 통해서 형제가 연합하여 동거함이 그리고 동역하는 즐거움이 얼마나 큰 것인지 함께 누리게 되었던 것이다.

다른 나라 사람들에게 자기 나라에 들어와도 좋다고 허가해 주는 것이 비자이다. 비자는 용도에 따라서 여러 종류가 있는데, 선교하는 사람들이 가장 크게 겪는 어려움 중 하나가 바로 이 비자이다. 앞에서 썼듯이 우리 가족은 인도로 들어올 때 비자를 받지 못했다. 우리뿐만 아니라 1989년 초에는 상사 주재원들조차 인도 비자를 받기가 어려웠다.

태국의 인도 대사관에서 받은 3개월짜리 비자로 들어온 후에 나는 정말 귀한 사람을 뭄바이에서 만났다. 당시에 한국중공업 지사장으로 근무하고 있던 김기범, 홍성애 집사님 부부다. 집사님은 우리가 비자 문제로 어려움을 겪고 있다는 사실을 알고 자신의 회사가 거래하는 비자 대행업체에 우리 가족의 비자를 맡겼다. 그리고 비록 몇 개월씩이었지만 계속 연장이 되도록 조치해 주었다. 그러나 1990년 초에 누군가 내가 "선교 사역을 하고 있다."라는 것을 고발한 모양이었다. 그래서 추방을 당하고 난 후에 앞에서 썼던 대로 태국에서 이종혁 집사님의 도움을 받아 사업자 비자로 다시금 인도에 들어오게 되었다. 이 사업자 비자는 그 후에도 계속해서 연장해서 사용할 수 있었다.

3년이 지났을 때, 나는 다시 대주상사라고 하는 무역 회사 이름을 빌려 비자를 연장할 수 있었다. 그 후에는 뭄바이대학교 대학원 사회학과에 학생으로 등록해서 3년 동안 학생 비자를 사용했고, 졸업 후에 다시금 사업자 비자를 빌려서 사용하다가 2002년에 푸네대학교에 사회복지학 박사를 신청했다. 그리고 그것이 통과가 되어서 그 비자로 사용할 수 있는 기한을 최대한 활용하여 7년을 더 사용했다. 그러나 더는 연장할 수 없는 상황에서 박사학위를 받게 되었고 또다시 비자로 인해 어려움을 당했다.

이번에는 플러스 어학원을 설립했다. 그래서 인도복음선교회의 모든 선교사가 3년간 이 회사 이름으로 사업자 비자를 쓸 수 있었다. 그러나 인도 정부가 외국인 회사는 연 매출이 최소한 2억 원 이상 되어야 비자 연장이 가능하다는 또 다른 법안을 만들면서 이제 어학원 이름으로 비자 연장은 불가능하게 되었다.

할 수 없이 회사의 출장 비자를 사용하게 되었는데, 매년 한차례씩 한국의 인도 대사관에서 재발급을 받는 조건이었다. 이 비자 또한 3년 이상을 받을 수 없어서 이번에는 관광 비자를 사용했다. 일 년짜리 비자를 받고 6개월 후에는 주변 나라로 잠시 출국했다가 인도로 재입국해야 하는 어려움이 있었다. 그렇지만 그렇게 해서 또 몇 년을 더 지낼 수 있었다. 이 규정 또한 개정되면서 관광 비자는 최장 6개월만 사용할 수 있었다. 그리고 3개월 지나면, 주변국으로 나갔다가 와야 하는 것이 전제되어 있었다. 하지만 최근까지 관광 비자로 선교지에 머무를 수 있었던 것이다.

인도 현지의 인도복음선교회 선교사들은 매주 수요일에 같이 모여 기도회를 하는데, 당연히 비자 문제가 단골 기도 제목으로 최우선 순위였다. 지난 30년은 비자에 목말라 하면서 보낸 시간들이다. 비자 발급과 연장은 우리를 너무 힘들고 지치게 했지만 다른 한편으로는 끝없이 주님만 바라보고 기도하게 하는 신앙의 중요한 촉진제였다. 비자 연장으로 인도에 머무를 수 있는 한 해 한 해는 너무나 귀중한 것이어서 그 금쪽같은 시간들을 소중히 여기며 사역에 전력할 수밖에 없었기 때문이었다.

보고용 선교

"예수를 믿는 OOO에게 내가 성부와 성자와 성령의 이름으로 세례를 주노라!"

오디샤(Odisha)주, 이름 없는 한 산골 마을에 이변이 생겼다. 조상 대대로 산에서 나무를 베다 팔아서 살아가는, 그래서 가끔씩 하산하여 둘러보는 읍네 시장이 세상에서 가장 크고 좋은 신기한 구경거리였다. 산 아래 사람들은 그들을 원주민(Tribal) 혹은 야만인이라고 불렀다. 그들을 문명과는 전혀 무관한 원숭이에 가까운 존재처럼 보면서….

그런데 이 마을에 기상천외의 사건이 벌어진 것이다. 어느 날, 산 아래에 사는 한 혈색 좋은 사람이 그들을 찾아와서는 세례인가 무엇인가 받고 마을잔치에 그들을 초대하면 더불어 얼마의 돈을 준다는 것이었다. 즉시 썰펀치를 중심으로 회의가 열렸다. 그중 약삭빠른 한 사람은 계산 끝에 그 정도의 돈이면 적어도 일주일은 지긋지긋한 일을 하지 않아도 목구멍에 거미줄을 치지는 않을 것이라고 했다. 그래서 갑작스럽게 온 이 좋은 기회를 놓치지 않으려는 원주민들은 너도나도 앞다투어 세례를 받기로 했는데, 순식간에 53명의 지원자가 나왔다.

그들은 오늘 약속한 사람을 곁눈질로 검토하듯 살펴보았다. 알맞게 살이 찐 둥근 얼굴, 잘 다려진 와이셔츠, 반질반질한 구두, 무엇보다 확실하게 튀어나온 부의 상징인 배, 분명히 자기들과는 다른, 약속을 지켜줄 수 있는 종류의 사람이었다.

그로부터 한 달 후, 원주민들은 평생 잊을 수 없는 굉장한 일들을 겪게 되었다. 한 번도 본 적, 아니 들어본 적도 없는 자기들과는 달라도 너무 다른 외계에서 온 듯한 새하얀 얼굴과 팔다리를 가진 파란 눈의 사람이 15명이나 그 산골 마을에 찾아온 것이다. 그중에 짓궂은 아이들은 하얀 사람들 사이에 따라온 아이를 둘러싸고 바지 속에는 무엇이 있는지 확인하려 재빨리 바지를 벗겨 보았다. "아래!" 모양은 자기하고 같은데 색깔이 다른 것이 있었던 것이다. 놀라서 벌어진 입을 다물지 못하는데 또 한 번 놀랍게도 그 하얀 것이 소리 내어 우는데 자기들과 같은 소리를 내는 것이었다.

그 법석 속에서도 세례식은 혈색 좋은 사람의 사전 연습과 지시대로 엄숙하게 진행되었다. 그 세례식에 자신들이 지원하는 현지 전도사의 간곡한 부탁으로 동참했던 15명의 독일인은 평생 잊을 수 없는 가슴 벅찬 감격에 하나님을 찬양하고 있었다. 손바닥만 한 손수건은 감격의 눈물을 받아내는 데 태부족이었고, 콧물을 훌쩍이는 소리가 점점 더 자주 들렸다.

"어쩜, 세례를 집행하는 전도사의 의젓한 모습이라니."

유학 당시, 그 촌티 나는 사람이 전혀 아닌 마치 예수님이 다시 오셔서 집례하는 듯한 착각이 다 들 지경이었다. 참으로 많은 이가 선교에 동참하면서 실패한다는데 자신들이야말로 선택되어 바로 쓰이는 것 같아서….

점머까이(구아바) 이야기

30세 미만 인구가 전체 인구의 50%를 넘는 나라인 인도는 세계에서 가장 젊은 나라 중 하나다. 1년에 2,200만 명 인구를 출산하여 해마다 지구상에 호주 하나씩을 만들어 내는 나라다. 그러나 전체 인구 13억 명의 약 20%가 빈곤층에 속하는데, 소위 상대적 빈곤이 아닌 절대적 빈곤이다. 이중에 상당수는 길에서 태어나서 길에서 살다가 길에서 죽는다.

선교사로 나온 지 몇 년 되지 않았지만, 네 번째로 이사한 지역은 인도에서 이렇게 어려운 사람들이 사는 곳이었다. 동네 이름이 하누만 페트라고 해서 인도의 신들 중 하나인 라마야나의 원숭이(우리나라의 손오공 이야기, 동남아의 회색원숭이 이야기의 소재_저자 주) 신을 섬기는 지역이다. 그런데 그 주위에 여러 개의 가정 교회와 이미 건축된 교회도 있다는 사실이 감사했다. 이 교회 교인들은 선교사가 그 지역에 머무르는 것을 보고 하나둘씩 자신들의 어려운 사정을 이야기하면서 아이들을 도와줄 것을 요청했다. 기독교인들은 하층민 출신으로 생활이 여의치 않은 것을 잘 알고 있었기에 저들의 부탁을 귓가로 그냥 흘려버릴 수 없었다.

그러나 아이들을 시설을 통해 키워 본 적이 없는 나는 아이들을 많이 받아서 호스텔을 운영하기 전에 몇 명의 아이들과 함께 생활하면서 그 운영 방법을 배워가는 것이 필요할 것이라고 여겼다. 그래서 일단 세 명의 아이들을 받아서 함께 생활하기 시작했다. 제임스와 피터, 프라카시 그리고 얼마 후에 부선이 합세했다. 아이들 네 명이 거하게 되자 미살 형제의 자녀 아론과 샤론, 리나 그리고 이레까지 합세해서 여덟 명이 함께 생활하게 되었다.

새벽 기도를 마치고 나면, 아이들에게 각자 구역을 맡겨서 청소하게 했다. "일하기 싫어 하거든 먹지도 말게 하라(살후 3:10)!"는 성경구절을 암기시키고 삶의 변화를 갖게 하려고 애를 썼다. 주일에는 근처에 있는 교회의 주일학교에 함께 출석하게 했다.

하루는 아이들이 무엇인가 숨기는 것 같은 이상한 분위기를 느껴서 아이들을 한 명씩 불러 대화를 해 보았다. 그런데 아무도 특별한 일이 없다고 한다.

그날 밤, 한 아이가 눈물을 뚝뚝 떨어뜨리더니 "앙클, 잘못했어요. 저희가 헌금으로 점머까이(구아바) 과일을 사 먹었어요!"라고 하는 것이 아닌가? 누가 주도해서 이런 일이 일어난 것인가 하고 물었다. 그랬더니 머뭇머뭇하다가 "이레가 사 먹자고 했어요."라고 한다. 아이들을 무척 혼냈지만 이 일로 인해서 생각을 다시 하기 시작했다. 결코 아이들은 아이들인 것을…. 결국 그 아이들이 신앙 이야기를 하고 신앙생활을 하면 상당히 신앙인 같은 삶을 살게 되리라고 기대했던 나의 잘못이었던 것이다.

그 후에 이 사건은 가끔씩 이야깃거리가 되어 모두의 웃음보를 터뜨리는 소재가 되었다. 이 이야기는 그 주변에도 퍼져 나갔고, 점머까이 자매도 듣게 되었다. 그러니까 자매의 이름 점머까이 안티도 자매의 마당에 점머까이 열매가 주렁주렁 맺히는 나무가 있었기에 우리 아이들이 부르는 이름이었다. 점머까이 안티는 열린 구아바 열매가 굵어지면 자주 따와서 우리 아이들에게 나누어 주었다.

25년이라는 세월이 흐른 지금, 제임스와 피트, 프라카시 그리고 부선 모두 신학을 공부하고 사역자가 되었다. 제임스는 리나와 결혼하여 라마나페트 선교 센터 책임자로서 자라고 있는 아이들을 돌보고 있고, 지금은 한국의 횃불트리니티 신학교에서 신학석사 (M.Th)과정을 공부하고 있다. 피트는 세와바랏이라고 하는 선교 단체에서 근무하고 있고, 프라카시는 교회를 개척하여 사역하고 있다. 그중 연장자인 부선은 한국에서 신학을 마쳤지만, 한국말을 너무 잘해서 KBS 방송에도 여러 번 출연했고, 현대건설의 프리랜서로 근무하다가 포스코가 인도에 공장을 세우자 협력 업체의 현지 법인장으로 발탁되어 근무하고는 지금 자기 사업을 하고 있다. 함께 자랐던 아들 이레 또한 신학을 마치고, 인도 선교사로 나와서 저들과 가끔 교제하며 각자의 사역지에서 사역하고 있다.

지금도 계속되는 그 호스텔 이름은 꿈나무 집이다. 이 아이들이 자란 곳이 라마나페트 꿈나무 집이 되었고, 오디샤 센터의 꿈나무 집 그리고 오지의 학교가 없는 지역에 사역하는 우리 전도자들의 자녀들을 키우는 카르잣 꿈나무 집, 이렇게 운영되고 있는 세 곳에서 250여 명의 아이들이 미래 인도 교회의 거목으로 자라고 있다.

　가끔씩 점머까이를 가득 따서 아이들에게 나누어 주던 점머까이 안티가 보고 싶기도 하지만, 그녀는 이미 하늘나라로 떠났다.

　세월은 흐르면서 어떤 일들은 힘들게도 하지만, 그 흐름 속에서 수많은 꿈이 현실로 바뀌도록 그 환경을 조성하고 이끌어 준다. 그래서 선교사의 은퇴는 젊은이들의 진출과 활동이 진행되고 있음을 말하는 것이고 끝이 아닌 시작인 것 같다.

꿈나무 집 이야기

1993년 10월 4일은 근 1년간에 걸쳐서 건축 중이던 라마나페트 선교 센터 내 벧엘교회에 입당하던 날이다. 순서에 따라 교회를 세 바퀴 돌며 찬송을 부른 다음, 후원 교회였던 인천 연안교회 김유찬 목사님과 테이프를 끊고 교회 안으로 첫 발을 디뎠다. 그 순간 너무 나 감격하여 벅찬 가슴을 누를 길이 없었다. 새롭게 지어진 아름다 운 교회 때문이 아니었다. 성경학교 학생 네 명과 꿈나무 집 아이들 여섯 명이 함께 강대상에 올라 찬양과 경배의 율동으로 시편 84편 의 "만군의 여호와여 주의 장막이 어찌 그리 사랑스러운지요!"를 드 리는 모습 때문이었다. 하얀 옷을 입은 아이들의 율동과 찬양은 모 두가 남자아이들임에도 그렇게 아름답고 성스러워 보일 수 없었다.

"아니! 저 아이들이 벌써 저렇게 컸어?"

솟아나는 감격은 꽉 막힌 목을 통해 뜨거운 눈물을 쏟아 내도록 했다.

"선교사님, 저 찬양의 의미가 무엇이에요?"라고 질문해 오셨던 일행의 궁금증에 목구멍이 막혀서 대답할 수 없었다.

입당 내내 나의 생각은 다른 곳을 더듬고 있었다. 4년 전에 시골 지역 전도를 현지인들과 같이 다니면서 문전박대를 당하고 또 당하던 시절, 어떤 곳에서는 물조차 주지 않았다. 갈증을 참으면서 그 목마름만큼 간절하게 기도했다.

"주님, 종의 참 목마름을 아십니다. 지혜를 주십시오. 이 환경에서 과연 어떤 방법으로 선교할 수 있습니까?"

그때 떠오른 아이디어가 바로 "꿈나무 집"이다. 목구멍의 풀칠을 위한 부모들의 수고와 땀에도 불구하고 매일 반복되는 걱정, 그래서 한 입이라도 줄이는 것이 그들의 휘어진 허리를 가볍게 하는 유일한 방법임에도 불구하고 산 자식을 버릴 수 없어서 곱지 않은 눈초리로 보고 있던 가난한, 소위 찢어지게 가난한 시골 사람들, 그들의 자녀들을 데려다가 기르고 학교 교육을 시키면서 복음을 가르치는 방법, 그것이 바로 꿈나무 집의 시작이었다. 우리가 키우는 아이들 가운데 훌륭한 선교사와 목사가 계속 나오길 바라며….

그러나 이 일에 대한 경험이 전혀 없는 우리인지라 처음에 세 명을 데려다가 시작했다. 6개월을 보내고, 약간의 자신감이 생겨 6명으로 늘려서 운영했다. 그러나 3명과 6명은 전혀 달랐다. 주일 헌금을 손에 쥐여 주고 교회에 보냈더니 아이들이 작당해서 과일을 사

먹어 버렸다. 학비를 주어서 보냈더니 한 아이가 돈을 들고 슬그머니 사라져 버렸다. 그중 큰 아이 부션은 "가라데를 배운다."라며 매우 졸랐다. "왜 꼭 가라데를 배우려고 하니?"라고 물었다. 그랬더니 "보기 싫은 놈들이 많아 좀 배워서 실컷 패 주겠다."라고 했다.

화장실에 맨발로 갔다가 그대로 식당에 들어왔고, 밖에서 진흙을 밟고서 침실로 또 그대로 들어갔다. 맨발로 자라왔던 아이들에게 집 밖에 나갈 때는 신발을 신어야 한다고 가르치는 데에만 꼬박 1년이 걸렸다.

그런대로 얻은 경험들로 32명을 키우고 있을 때, 이 아이들을 개인별로 만나서 상담하면 정말로 가슴 아픈 사연이 많았다. 가장 많은 경우가 친엄마가 죽었거나 다른 이유로 아버지가 새엄마를 얻은 것이다. 그중에 프라딥의 경우는 세 번이나 완전히 혼수상태에 빠져 병원에 후송하는 법석을 떨었다. 그러나 병원에서 깨어나면 전혀 다른 이상이 없었다. 결국 우리는 그 아이의 품속에서 죽은 엄마의 사진을 발견했고, 그 엄마에 대한 그리움으로 입은 정신적인 충격 때문인 것을 알게 되었다. 한참 소년의 꿈과 이상을 키워갈 열네 살 나이에 겪고 있는 일이었다. 이런 아이들이 드리는 경배와 찬양이기에 나에게 주는 감격은 마치 충격 같은 것이었다.

2018년 12월 16일, 오랜만에 찾은 오디샤 지부 라야가다 선교센터에서 유달리 작은 두 아이가 손을 꼭 잡고 그림자처럼 같이 움직이고 있는 것을 보았다. 아무래도 정상적인 것 같지 않아서 원장님에게 그 아이들에 대하여 물어보았다. 그랬더니 네 살배기 문나와 여섯 살 난 수닐 형제의 술주정뱅이인 아버지가 정신을 못 가눌

만큼 술이 취한 상태에서 엄마를 때렸고, 엄마가 죽은 후에는 딸아이만 데리고 도망가 버렸다는 것이다. 그 후에 길거리에서 살고 있던 두 아이를 경찰이 발견하고 센터에 부탁하여 돌보게 되었다는 것이다. 트라우마가 있는 두 아이는 절대 떨어지지 않고 꼭 붙어 다니고 있었고, 아빠에게 끌려간 누나를 찾아서 보호하려고 해도 술값으로 어디론가 팔려갔다는 소문 외에는 아는 바가 없다는 이야기를 들었다.

3년 전 비슷한 처지에서 꿈나무 집에 오게 되었던 자매 상기타와 수니타가 키도 훌쩍 자라고 밝게 지내는 것을 보면서, 이 아이들도 속히 웃음을 회복하기를 간절히 바랐다.

이런저런 각종 삶의 이야기를 지닌 아이들이 함께 지내고 자라면서 변화하여 기독교인도 되고 사회에 진출하면서 각자의 자리에서 자신의 삶을 살아가는 것을 보는 것이 또한 선교사가 누리는 큰 특권 중의 하나일 것이다.

하나님께서는 한 사람을 통하여 세계 역사를 변화시키는 분이시다. 누가 알까? 우리 아이들 가운데 역사를 변화시킬 인물이 나올지? 나는 이들이 거목으로 자라서 삶에 지친 많은 인생에게 쉴 수 있는 가지를 제공하는 삶을 살아가기를 기도하며 기대한다.

시누 전도사의 고민

　여섯 살 때, 부모를 동시에 잃은 시누는 갑자기 천애의 고아가 되어 삼촌 집에서 양육되었다. 삼촌은 도비라고 하는 빨래를 하는 계급에 속한 사람이었다. 시누는 여덟 살이 되자 도비 카스트 모두가 그러하듯이 삼촌을 도와 빨래터를 맴돌며 커가고 있었다. 그 일을 숙명으로 받아들이기도 전에 빨랫감을 확보하려고 집집을 드나드는 일부터 말린 빨래를 잘 접어서 되돌려 주기까지 제법 익숙하게 몸에 배기 시작했다.

　10살이 되자, 이런 시누를 대견하게 생각하던 삼촌은 자신의 딸을 시누에게 시집보내기로 하고 아들 겸 사위로서 지낼 것을 공표하기에 이르렀다. 이 일은 암마바위구담이라는 조그마한 시골 동네에서는 누구나 잘 아는 일이 되었다. 시누 또한 그렇게 알고, 비록 낫 놓고 기역 자도 모르지만 불편함 없이 카스트의 한 사람으로 신분을 가지고 살아가고 있었다.

그런데 이 잔잔한 호수 같은 시누의 삶에 엄청난 변화가 일어났다. 1994년에 인도복음선교회의 '날곤다 94' 전도팀이 그가 사는 암마바위구담에 이르렀다. 예수님에 대한 복음을 듣고 억누를 수 없는 호기심을 느낀 그는 크루파 전도인을 거듭 만났고, 그때 들은 예수님의 사랑 이야기는 일찍 부모를 여의고 메마른 삶을 살아온 그의 가슴을 울렁거리게 했다. 그리고 드디어 그는 눈물을 흘리며 예수님을 자신의 삶 속에 구세주로 모셨다. 그리고 우여곡절 끝에 성경학교 제6기로 공부를 마쳤다. 물론 글자를 몰라 6개월은 특별반으로 읽기와 쓰기부터 배웠고, 그의 낮은 학력으로 날곤다 전도팀에 소속되기까지도 선교부 특별법의 혜택을 입었지만 말이다. 6개월간의 전도팀 사역에서 그의 뛰어남이 인정되어 임시로 파송된 그가 약화일로에 있던 교회를 든든하게 세워 모두에게 인정을 받는 좋은 전도인이 되었다.

이제 결혼 적령기에 이른 시누에게는 넘어야 할 큰 장벽이 앞에 있었다. 그것은 어릴 때 삼촌에 의해서 결정된 사촌과의 결혼이었다. 물론 그 사촌 동생은 아직도 힌두교인으로 글도 모르는 시골 처녀였지만 종족 내부법에 따르면 당연히 결혼해야 했다. 그러나 기독교 전도인이 된 시누의 상황으로는 힌두교인을 받아들일 수 없는 진퇴양난에 빠진 것이다. 하지만 시누가 "아니다!"라고 힘 있게 대답하지 못하는 큰 이유가 있었다.

암마바위구담 마을에는 크루파 전도인이 기거하며 이미 10여 명이 개종하여 가정 교회를 세워 가고 있었다. 그런데 시누가 그 결혼을 받아들이지 않으면, 크루파 전도인과 가정 교회를 마을에서 내몰아 버리겠다고 삼촌과 문중이 위협하고 있었던 것이다. 라마나페트 선교 센터에서는 이 일로 문중 대표와 연속으로 대화하는 중이나 민감한 사안이라 신중에 신중을 거듭하면서도 결과를 재촉하는 주민들의 눈길을 의식하지 않을 수 없었다.

그 후 시누는 결혼할 사촌 자매가 "예수를 믿어도 집안에서 반대하지 않는다."라는 조건으로 삼촌의 약속을 받고, 또 그 자매가 예수를 영접한 후에 결혼했다. 그리고 이후에도 사역을 잘 하고 있다.

앙클 이야기

인도에서는 친밀하고 가까운 윗사람에게 '앙클'이라고 부르는 풍습이 있다. 그래서 누구에게 그렇게 부르는 것은 "내가 당신을 가족처럼 좋아하고 신뢰합니다."라는 의미가 있다.

내가 인도에서 앙클이라고 부르는 두 사람이 있었다. 아쉬람을 관리하는 미스터 샬비라는 분과 미스터 즈카리야였다. 특히, 미스터 즈카리야는 행정고시에 합격하여 뭄바이 부 세관장으로 은퇴한 사람이다. 나는 그 사람의 기억력을 크게 부러워했다. 얼마나 일들을 정확하게 기억하고 있는지 심지어 날짜와 시간까지 기억하는 것이었다. 이분이 은퇴한 후에 감독님은 그를 교구 전도 부장으로 임명하셨고, 그는 우리와 함께 시골 전도에 항상 함께하셨다. 그는 성품이 올곧고 대쪽 같아서 쉽게 접근할 수 없는 분처럼 보였다. 다른 많은 목사님을 두고 왜 은퇴한 평신도를 교구 전도 부장으로 세우는지 처음에는 감독님이 잘 이해가 안 되었다. 그러나 함께 시골 전도를 다니며 그분의 전도 열정이 얼마나 뜨거운지를 직접 목격하면서 나의 오해가 어느새 찬사로 바뀌었다.

그렇게 시골 전도에 시간을 함께 보내면서 미스터 즈카리야를 나도 모르는 사이에 앙클이라고 부르고 있었다.

그가 북인도 연합교회 선교부장이 된 후에 얼마나 열심히 사역하고 있었는지 옆에서 보기에는 그 넓은 인도를 꼭 날아다니는 것 같았다. 이번 주에는 인도 북쪽 끝에 있는 교구에, 다음 주에는 서쪽 끝에 있는 교구로 가는 식으로 여기저기 계속해서 움직이고 있었다. 그런 그가 "북인도연합교회가 말로 하는 것만큼 실제로 전도에 투자하고 있지 않다."라고 느끼고 무척이나 안타까워했다.

우리 마하라슈트라주만 해도 그랬다. 교회들이 주로 시골 지역에 있는 마라타와다 교구를 방문하면서 전도를 지원할 만한 입장이 아닌 것을 보게 되었다. 그리고 나식 교구 또한 그러했다. 이러한 상황을 늘 보고 다니는 그였기에 총회가 이런 교구들을 실제로 제대로 지원하지 못하는 것에 대해 항상 불만이 있었다. 이제는 총회를 믿고 선교하기는 어려워 보이니 직접 선교 단체를 하나 만들고 법인인가를 받아 선교해야겠다고 말하곤 했다. 그러나 나는 비록 힘은 들지만 총회에서 선교하는 것이 가장 합당한 것이니 기도하면서 더 노력해 보자고 했다.

2014년, 그는 자기로서는 도저히 더는 북인도연합교단 선교부를 믿고 시골 전도를 할 수 없다고, 그 한계가 왔다고 하면서 선교 부장직을 사임했다. 그러고서는 지금까지 이야기해 왔던 선교 단체를 등록해서 직접 선교하자고 제안했다. 지금까지 총회에서 기울인 그의 노력을 익히 알고 있던 나는 스카리야 앙클의 그 말을 수긍할 수밖에 없었다.

그리고 그는 선교 단체를 조직하기 위해서 나와 함께 시작하기를 원한다고 했다. 성탄 행사 등 여러 가지 이유로 나의 이름이 뭄바이 지역에는 상당히 알려져 있었기에 선교 단체에 등록된 개척 멤버로 이사 등재가 된다면 이후에 있을 후원 모집 등에 유리할 것이라고 했다. 이런 말을 듣고 더는 거부할 명분이 없었기에 나는 승낙했다. 그리고 다른 네 명과 함께 총 여섯 명이 초대 이사로 결정되었다.

이 사람들을 중심으로 U.G.W.S.M이라는 선교 단체를 만들고 정부에 등록 신청을 했다. 당시 상황으로 보면, 기독교 선교 단체 등록은 최소한 2년 이상, 4년 가까이 걸려야 했다. 그런데 그것도 신청 단체 중 3분의 1 정도가 겨우 허가를 받을 수 있었다. 그러나 스카리야 앙클은 고위직 관리들을 많이 알고 있어서 그런지 보통 신청하면 여러 번 거부당한 다음 신청을 받아 주는데 한 번에 바로 신청이 접수되었다. 그리고 마치 사명을 이루려는 듯, 허가를 받기 위하여 사방으로 찾아다니며 재촉했다.

2015년 3월 말에 그의 전화를 받았다. 선교 단체 등록이 허락되었다는 것이다. 그는 뛸 듯이 기뻐했고, 전화상으로도 그의 기분이 충분히 전달될 정도였다. 축하 인사를 하고 며칠 후에 한국에 들어

갔는데, 부산에 도착하여 선교회 계단을 올라가는 중에 김진곤 선교사님의 전화가 걸려왔다. 즈카리야 앙클이 하늘나라에 갔다는 것이다. 세상에! 믿을 수가 없었다. 불과 며칠 전만 해도 그가 기쁨이 넘쳐서 하는 전화를 받았는데 하늘나라에 갔다니 말이다. 그래서 그랬을까? 그는 정말 선교 단체 등록 허가를 받기 위해서 밤낮 없이 뛰어다니며 급한 사람처럼 그렇게 일을 했던 것이다.

인도에 돌아온 후에 이사들을 모집하여 이사회를 하는 가운데 그 가족을 자리에 참석시키고 대화를 나누었다. 나는 즈카리야 앙클의 고귀한 그 열정을 우리가 잊지 말자고 하면서, "가족들이 계속해서 이 일을 했으면 좋겠다."라고 권면했다. 그러자 미망인이 된 엘리자베스 안티가 회장으로 봉사하고 사회에 훌륭하게 진출한 그의 아들딸들이 계속 기도하며 후원하겠다고 약속했다. 지금까지 U.G.W.S.M 선교회는 우리 인도복음선교회의 사역을 위해 기도하면서 매월 100만 원 가까운 선교 헌금을 보내오고 있다. 참 복된 가족이다. 즈카리야 앙클의 신앙이 그 자녀들에게 그대로 전달된 것이다.

주께서 이 가족과 U.G.W.S.M 선교회에 계속해서 복 주시기를 원하며, 인도에서 이런 분들이 더 많이 일어나 인도 선교가 자국민들에 의해서 이루어지는 날이 속히 오기를 기도한다.

조수아와 친구들 이야기

2002년에 푸네시 기독교 연합 성탄 축제를 위한 준비 모임 자리에서 처음 조수아 형제를 만났다. 누구보다 활발하고 거침없이 의견을 나누고 이야기하는 그의 모습을 보면서 보통 인도 사람과는 상당히 다르다는 느낌을 받았다. 그 후에 행사를 준비하는 과정에서 한두 번 더 만나면서, 형제의 과거 이야기를 듣게 되었다.

그는 열일곱 살 때, 고등학교를 졸업하고 곧바로 푸네시에 오게 되었다고 한다. 당시 기독교 학생 운동에 하이데라바드 대표로 전인도 기독학생 모임에 참석한 그를 한 학생 운동 지도자가 푸네로 불러 올렸다고 한다. 혼자 사시는 어머니를 두고 오면서 그의 마음이 많이 힘들었지만 어머니의 권유에 순종하여 고향을 떠나게 되었

다고 한다. 한편 무슨 일이든지 열심히 하는 그를 그 지도자는 어여
삐 돌보아 주었고, 결국 자신의 사위로 삼으면서 조수아의 또 다른
삶이 시작되었다.

그의 아내는 마치 한국에서 순종하며 살아온 우리 어머니 세대
의 사람을 연상시킨다. 조수아 형제는 그 후에 인도 국민회의 당원
으로 조인했고, 얼마 지난 후에는 푸네시 청년 조직위원장을 맡았
다. 그런 그이기에 처음 성탄 연합 축제 준비 모임에서의 태도는 보
통의 기독교인과는 확실히 달랐다.

이 형제는 그 어머니에게서 어릴 적부터 주일 낮 예배는 무슨 일
이 있어도 빠지면 안 된다고 배웠고, 예배 때는 꼭 좌석 첫 줄에 앉
아서 예배를 드려야 한다고도 배웠다고 한다. 우리와 같은 교회에
출석했는데, 언제든지 첫 줄 제일 왼쪽에 앉아 있었다. 그래서 성찬
식을 하면 제일 먼저 앞으로 나가게 되는 것이었다.

하나님께서는 그런 그를 결코 잊지 않으셨고, 그는 타지에서 생
활하는 가운데도 집을 구입하고 학원을 운영했다. 그런데 그 학원
이 날로 번창하여 상당한 재산도 모으게 되었다. 조수아 형제는 하
나님이 주신 축복을 바로 써야 한다고 늘 말하곤 했는데, 이 말은
인도 사람들에게 하도 많이 들어왔던 말이라 그저 그렇게 귀로 흘
러 버렸었다.

어느 날, 조수아는 성탄절을 맞아 이것저것 선물을 나누기 위해
바쁘게 움직이고 있는 우리 인도복음선교회 선교사들을 보면서 혹
시 자신이 도울 일이 없느냐고 물었다. 그래서 성탄 선물을 할 수
있는 후원금이 더 모이면 우리 시골 전도인들이 좀 더 따뜻한 성탄

절을 가족과 함께 보낼 수 있을 것이라고 말했다.

그 다음 주 월요일에 전화가 왔다. 자신과 몇몇 친구가 모금했는데 와서 가져가라고 하는 것이었다. 모금액은 10만 루피로서 한화약 200만 원에 해당되는 금액이었고, 인도인들의 씀씀이를 고려한다면 한국의 여섯 배에 가까운 가치가 있는 액수였다. 우리는 그 기쁨을 함께 나누기 위해서 시골 사역자들을 불러 모았고, 그 자리에서 그들이 직접 나누어 주도록 했다. 조수아와 사티시, 제슨 등 세 명의 친구는 무척 기뻐했고, 이후로 지금까지 10년 이상 계속 그 사역을 하고 있다. 그리고 그들이 중심이 되어서 시골에 두 교회도 건축하게 되었다. 조수아는 모인 돈으로 건축을 시작했다. 조그마한 땅을 사서 빌라를 지어 팔곤 했는데, 이제는 제법 규모가 있는 아파트를 짓는 사업을 하고 있다. 그 가운데서도 그는 북인도연합교단을 위해서 봉사하는 시간을 자신의 사업보다 더 할애해 섬기며 살아가고 있다.

하나님께서 조수아 형제와 같은 살아 있는 기독교인들을 많이 일으키셔서 이들을 통해 인도 선교가 이루어질 날이 속히 오기를 기대해 본다.

박해 이야기

아잔타와 엘로라 석굴들은 우리나라 불교인들의 인도 성지순례 가운데 가장 많이 찾는 곳 중의 하나다. 거대한 바위산을 파고 들어가 세운 석굴들이 유명한데, 경주의 석굴암과 비슷하지만 인도의 석굴들은 규모가 엄청나다. 특별히 엘로라 26번 석굴을 만들기 위해 파낸 돌은 유럽 광장의 70배에 해당되는 양이었다. 석공들이 각종 신상을 새기고 만들다가 보니 어마어마한 높이로 파고 올라갔고, 드디어 산꼭대기를 파고 나와서 하늘이 나와 버린 것이다. 그곳을 방문하는 모든 사람은 그 놀라운 규모에 입이 딱 벌어진다. 어마어마한 규모뿐 아니라 그 섬세하고 아름다운 모든 조각이 오직 신에 대한 믿음을 갖고 헌신한 석공들의 망치와 끌로만 이루어졌다는 사실에 신앙이 무엇인지 다시 한번 생각하게 하는 곳이다.

　이 지역은 세계사를 공부할 때 배우는 서고츠 산맥의 북쪽 지역에 해당하는데, 여기에는 "마라타 와다(Mahratha Wada)"라고 하여 인도의 독립 전쟁 영웅이었던 마라타 종족의 언덕이라는 의미이다. 여기서부터 시작하는 언덕은 구자라트주의 경계선을 넘어 계속되고, 그 지역을 구자라트주에서는 "아와당"이라고 부른다. "아와" 종족이 살아가는 언덕이라는 의미이다. 이 거대하게 펼쳐진 언덕 마하라슈트라 지역에는 인도의 상위 계급인 크샤트리아족 마라타 종족이 거주했는가 하면, 가장 천민인 아와 종족이 다른 편 광대한 구자라트 지역에 흩어져 살고 있는 것이다. 세계에서 가장 큰 미전도 족속이 바로 이 마라타 종족이다. 그들은 인도 독립 운동의 영웅인 시바지 왕이 속했던 종족으로 흔히 잘 살고 권력이 있는 사람들이 복음의 필요성을 적게 느끼듯이 지금도 여전히 복음에 배타적이다.

　"아와" 종족들은 각종 이름 없는 하층민들까지 섞여 사는 의미로 사용될 정도로 구자라트주 천민들의 대명사이기도 하다. 상위 계급인 마라타 종족과 다르게 이들은 힌두교에서도 하리잔(Harijan)이라고 분류하여 접촉하면 재수 없는 존재로 취급되고 있다. 그래서 인도에 살면서도 힌두교인으로 인정을 받지 못하는 사람들이다. 이들에게 복음을 들고 나가면 우선 자신들에게 관심을 가진다는 사실만으로도 열린 마음으로 귀 기울여 듣는다. 그리고 "하나님이 당신들을 사랑하신다."라는 말에 감격하고 영접 기도를 하곤 한다. 그들의 마음이 순수하고 믿음 또한 그래서 예배를 드리는 가운데 환자들이 치료를 받는 일이 일상으로 자주 일어났다. 이 광범위한 아와당 지역에 한번 복음이 들어가자 들불처럼 퍼져가기 시작했다. 집단 개종이 일어나고 많은 곳에서 온 동네가 몽땅 기독교인이 되는 일이 일어났다. 따라서 아와당 지역에서는 기독교 인구가 1998년에 이미 30%를 넘게 되었다.

예수를 만난 사람들은 변했다. 먼저 문맹인 그들이 교회를 통해 글을 배우고 책을 읽기 시작하면서 사람들의 의식이 깨어지고 자연스럽게 현실에서 벌어지고 있는 자신들의 입지를 생각하기 시작했다. 계급 사회에서 요구되는 하층민의 삶에서 하나님의 사랑을 받는 인간다운 삶, 그 평등을 생각하게 된 것이다.

계급 사회는 힌두교를 형성하는 기반이 된다. 윤회를 믿는 인도인들은 현재 자신들이 태어나고 살아가는 가문과 계급의 혜택은 모두 전생의 업보에 의한 것이기에 현생에서 모두 평등해야 한다면, 윤회에 의한 전생의 업보를 부인하고 힌두교에 대적하는 무서운 세력이 되는 것이다. 그래서 힌두교인들은 계급을 부인하는 기독교를 거부하고 기독교 선교를 본능적으로 싫어할 수밖에 없다. 그런데 아와당 지역에서 기독교가 불 일 듯 일어나고 있다.

힌두교인들의 반응이 어떨까? 그냥 두어야 할까? 막아야 한다. 누가 할까? 어떻게 막을까? 불러서 타이를까? 아니면 겁을 줄까?

박해? 그것은 인도의 기독교인들이 쓰는 용어이다. 힌두교인, 아니 인도인들에게는 그것이 박해가 아니라 겁을 주는 것이다. 복음을 거부하는 마라타 종족에게는 박해해야 할 이유가 없는 것처럼, 인도 사회의 근간을 흔들려고 하는 아와 종족에게는 기독교 신앙을 부인할 때까지 당연히 겁을 주어야 한다. 그것이 나라와 민족을 사랑하는 인도인이 마땅히 해야 하는 일인 것이다.

인도인민당은 "인도를 힌두교의 나라로 세운다."라는 선거 공약으로 정권을 잡은 정당이다. 이들은 이 일을 실행할 행동대원들을 훈련시킨다. 일 년에 한 번씩은 전 인도에 있는 행동대원들을 한곳에 집결시켜서 훈련한다. 그 장면은 TV 방송을 통해 전국에 방영된다. 외국인들이 보면 무서운 정치 깡패처럼 보이기 십상인 이 전사들을 보면서 힌두교인들은 안심한다. 바로 이 전사들이 투입되는 것이다. 인도 사회를 혼탁하게 할, 힌두교에게 대적하는 세력들에게 힌두교 전사로 갈고닦은 실력을 마음껏 발휘하는 것이다. 그것을 기독교인들은 "기독교 박해"라고 부르고 있는 것이다. 그렇게 해서 1998년에 아와당 지역에 기독교 박해가 일어났다.

힌두교 전사 민족의용단은 지역에 따라 그 이름을 다르게 사용하는데, 바즈랑달이라 부르기도 한다. 구자라트 기독교 박해 때에는 이 바즈랑달이라는 이름으로 겁을 주었다. 사람들을 죽이지는 않았지만 곳곳의 교회 건물들을 파괴하고 불살랐다. 기독교인이라고 하는 사람들이 살고 있는 집의 지붕을 뜯어냈다. 광대한 아와당 지역을 휩쓸고 다니면서 훈련받은 지침대로 차곡차곡 실행했다.

한국으로 철수하여 치료 중이던 내게 연락이 왔다. 대략적인 상황이 이러한데, 정확하게 상황을 파악하려 해도 돌아다닐 수 있는 기동력이 없다고 한다. 가빗 감독도 전화로 지프차 한 대를 지원해 달라고 부탁했다.

'내가 생활비 걱정하면서 사는 것을 알기나 하고 있었을까?'

사방으로 연락했더니 천만 원 정도의 헌금이 들어왔다. 나는 이 돈을 송금해 주었고, 현지에서는 지프차를 구입하여 현장들을 직접 방문해 피해 상황을 확인했다고 한다. 교회 13곳이 완전히 파괴되고, 22곳이 피해를 입었다. 이 상황을 피해서 타지로 나간 교인들의 수는 아직 제대로 파악되지 않고 있다고 했다.

그 아와당 지역에 지금은 250개 이상의 교회가 건축되었고, 그 교회들을 북인도연합교회에 봉헌해서 총회에서는 특별 교구로 관리하고 있다. 저들이 겁주는 행위, 기독교 박해가 오히려 기독교 부흥에 지대한 공헌을 한 것이다.

그라함 선교사의 순교

　호주에서 파송한 그라함 선교사는 가족과 함께 인도 오디샤주 라야가다에 있는 자그마한 시골 마을로 갔다. 그곳은 한센병에 걸려서 오갈 데가 없는 사람들이 모여 사는 마을로 그는 20년 이상을 그들을 섬기며 사역하고 있었다. 특별히 그는 양계 기술을 배우고서 그 동네에 양계를 도입해 주민들의 삶의 질을 높이는 데 매우 중요한 역할을 했다. 이 소문을 들은 한센병 환자들이 그 동네에 하나둘씩 유입되면서 상당한 규모의 동네로 커졌다. 그리고 예수 그리스도를 접하게 된 주민들은 본인들의 병에도 불구하고 이전과 다른 기쁨의 삶을 맛보기 시작했다.

　이 소문은 그 지역 힌두교 근본주의자 바즈랑달 행동대원들을 자극했다. 그러나 그 주위 모든 사람이 그라함 선교사의 선한 사역을 칭찬하고 마음으로 지원하고 있었기에 대놓고 공격하기도 어려웠다. 더군다나 한센병 환자들이 자신들에게 공격을 받았다는 소문이 나면 힌두교 이미지에도 전혀 도움이 될 수 없었기 때문이었다. 흉흉한 소문은 오히려 힌두교에 대하여 나쁜 인식을 갖게 할 뿐이라는 지도자들의 말을 따르며, 그들은 이 괘씸한 선교사를 제거할 기회를 호시탐탐 노리고 있었다.

2005년 1월 어느 날, 그들은 그라함 선교사가 아내를 남겨두고 두 명의 아들을 태우고 집을 떠나는 것을 보았고 계속 미행했다. 사람들이 거의 다니지 않는 들판에 차를 세우고 캠핑하려고 하는 그라함 선교사와 그 아들들을 보았을 때, 그들은 지금이 "신이 주시는 기회"라고 확신했다. 그들은 그라함 선교사와 두 아들을 위협하여 지프차에 오르게 하고는 휘발유를 뿌리고 밖에서 문을 잠갔다. 그 위에 불을 붙이자 밖으로 나올 수 없던 그들이 고함치며 살려 달라고 했지만, 모른 채 돌아서서 그 불이 다 타고 끝나고 나서야 그 자리를 피했다. 그라함 선교사와 두 아들은 이렇게 산 채로 불에 타 죽은 것이다.

이 사실이 신문에 알려지면서 기독교인을 반기지 않던 사람들까지도 한센병 환자들에게 베푼 그라함 선교사의 헌신적인 봉사 이야기를 듣게 되었다. 그리고 그의 숭고한 정신을 서로 이야기하기 시작했다. 그래서 바즈랑달 지도자들이 염려했던 그 상황이 실제로 일어나게 되었다. 많은 사람이 그의 죽음을 슬퍼했고, 힌두 근본주의자인 바즈랑달 대원들의 행동에 대해서 천인이 공노할 행위라고 돌을 던졌다.

그러나 여기서 그치지 않고 그라함 선교사와 두 아들의 장례식에서 결정적인 일이 일어났다. 사안이 이러한 지라 대중매체에서 관심을 가졌고, 기독교 박해에 대하여 침묵하던 관례를 깨고 이튿날 신문에 그 내용이 대서특필되어 나왔었다. 일부 TV에서도 그 사실을 뉴스로 내보내기 시작했다.

그라함 선교사의 아내로 남편과 두 아들을 잃은 부인은 장례식 마지막 고별사에서 이렇게 말했다.

"남편은 하나님의 사랑을 실천하고 살아온 사람입니다. 만일 그가 살아서 이 자리에 있다면, 그 일을 저지른 사람들을 용서해 달라고 했을 것입니다. 나도 남편의 뜻을 따라서 그 사람들을 용서합니다. 재판 과정에서 그 사람들을 선처해 주십시오."

이보다 더 크고 확실한 메시지가 있을 수 있을까? 그라함 선교사는 평생을 두고 다하지 못할 하나님의 말씀을 모든 인도인에게 단번에 전한 것이다. 마치 아벨은 죽었지만 그 죽음으로 말했듯이….

사망한 그라함 선교사의 부인인 글래디스 스타인스(Gladis Staines)는 그 후에 "오디샤주에서 23년간 나병환자를 돌보며 헌신적인 성녀의 사랑을 베푼" 공로가 인정되어 외국인 신분으로는 이례적으로 인도 정부가 최고의 시민에게 주는 훈장인 '파드마 슈리(Padma Shri, 최고의 시민)'의 수상자로 선정되기도 했다.

오디샤주 기독교 대 박해

2008년, 오디샤주 풀바니군에서 기독교 대 박해가 일어났다. 수백 명이 죽었는데, 그중 네 명은 산 채로 불에 타 죽었다. 오디샤주의 힌두들의 기독교 박해는 당시 세계힌두협회의 지도자인 스와미 락스마난다 사라스와띠(Swami Laxmananda Saraswati)가 오디샤주에서 살해되는 일에서 시작되었다. 살해된 사라스와띠는 기독교 개종에 반대하는 운동을 주도한 인물이었다. 그래서 힌두교 측에서는 그의 활동을 못마땅하게 여긴 기독교도들이 사건의 배후라고 주장하며 교회, 교회 부설 고아원과 신자의 집에 불을 지르는 등 공격을 가했다. 수없이 많은 교회가 파괴되었고, 대다수의 기독교 학교 또한 피해를 입었다. 수녀들은 강간을 당한 후에 죽음을 맞았고, 길거리에서는 바즈랑달 행동대원으로 보이는 젊은 청년들이 몽둥이로 기독교인들을 무자비하게 때려 죽였다. 당시를 기록한 영상을 보면, 경찰들은 길가에 멀찍이 서서 기독교인들이 맞아 죽는 모습을 구경만 하고 있었다. 많은 신고가 이어졌지만 경찰들은 뭉그적거리기 일쑤였다. 그나마 현장에 도착 했을 때에는 이미 폭동이 끝나 있는 경우가 대부분이었다.

당시 기독교 박해는 1998년에 있었던 아와당 기독교 박해처럼 겁을 주는 차원이 아니었다. 겁을 주고 난 아와당 박해는 결국 기독교가 더 왕성하게 일어나는 결과를 낳았다. 이미 이 사실을 잘 분석한 이들은 이번에는 기독교를 말살하겠다는 자세로 마구 죽이고 불태우고 부숴 버렸다. 그리고 그 일들을 신속하게 해치우고 빠져나가는 극도로 훈련된 사람들만이 할 수 있는 전략을 사용했다.

이렇게 무서운 기독교 박해가 진행되고 있었을 때에도 나라 안에 살고 있는 그 누구도 이 사실을 모르고 있었다. 푸네시에 살고 있던 우리들조차 전혀 모르고 있던 사건이었다. 그런데 묘하게도 미국 대통령을 방문하고 있던 인도의 맘 모한 씽 수상이 미국 대통령에게서 오디샤 기독교 박해 이야기를 들었다는 것이다. 그가 인도에 확인해 보니, 그때까지도 중앙 정부 인사들 중 이 일을 아무도 알지 못했고, 급히 현장인 오디샤주에 도착했을 때에는 이미 사건이 걷잡을 수 없이 확산되어 있었다.

그 사건의 시작은 정말 잘 계획된 각본에 의해서 진행된 것이었다. 우리 인도복음선교회의 오디샤 지부에 속한 라야가다 선교 센터가 바로 그 박해가 일어난 지역에 있었다. 당시에 고아들을 돌보고 있는 것으로 알려져 있는 라야가다 선교 센터는 경찰들의 잦은 순찰로 늘 안전하다고 생각하고 있는 곳이었다. 그런데 폭도들이 선교 센터를 향해서도 몰려들었다. "수백 명의 폭도가 손에 각종 무기를 들고 그곳을 향해 오고 있다."라는 소식을 접한 경찰이 센터에 나와서 막아 보려고 했지만 중과부적이었다. 그런데 놀라운 일이 벌어졌다. 주민들이 각자 손에 삽과 곡괭이를 들고 우리 센터에 들어와서 지켜 주기 시작한 것이었다. 폭도들이 도착했을 때에는 우리 선교 센터 안의 경찰들과 주민들로 가득 차 있었다. 그래서 폭도들은 할 수 없이 선교 센터 주위에 있는 농가와 수확할 때가 된 가지 밭 200평을 쑥대밭으로 만들고 난 후에 철수했고, 인명 피해는 전혀 없었다.

이후에 중앙 정부에서 흩어진 기독교인들의 자녀들을 수용하기 위해 마땅한 장소를 두루 찾아다녔는데 우리 선교 센터를 보고서 아이들을 맡아 줄 것을 부탁했다. 그리하여 수용 인원 130명이 한계인 우리 선교 센터에서 300명의 아이들을 2년 동안이나 돌보는 사역을 하기도 했다.

다음의 글은 그 사건 중 일부를 선교 단체를 대표하는 인도선교협의회와 교단장 그리고 가톨릭 대주교의 이름으로 오디샤 주지사에게 보낸 내용 증명에 있는 것이다. 기독교의 피해 상황으로 2007년 12월과 2008년 1월 필자의 기도 편지에도 있는 내용이다.

존경하는 주지사님!
저희는 각기 다른 교파의 대표들로서 최근에 오디샤주의 칸다

말과 세 곳의 다른 지역에서 기독교인들에게 가해진 잔학한 박해에 대한 내용 증명을 보냅니다.

이번 사태는 칸다말군의 다린기바 경찰서 근처의 파문기바 동네에서 12월 24일 아침 8시에 시작되었습니다. 약간의 힌두 근본주의자들이 현지 기독교인 단체인 '암베카 다니고 상호'가 관공서로부터 허락을 받고, 성탄절 준비를 위해 세운 크리스마스 장식품을 강제로 철거했습니다. 기독교인 축제를 방해하려는 이 일로 두 그룹 사이에 거친 말이 오가게 되었는데, 불과 몇 분만에 그 근처에 있던 군중이 몽둥이와 칼 심지어 총을 동원해서 '암베카 다니고 상호'의 기독교인들을 때리고 공격했습니다. 근본주의자들은 조금도 주저하지 않고 기독교인들을 공격했는데, 동시에 기독교인들의 상점들은 파괴되고 약탈당하고 총에 맞아 기독교인 두 명이 크게 부상을 입었습니다. 50개의 기독교인 상점들이 부서지고 약탈당하고 6, 7명의 기독교인이 폭도들에게 난타를 당했습니다.

그들은 다시 돌아와서 바무니감교회를 파괴하고 기독교인들의 동네로 쳐들어가 그들의 집과 재산을 불태우고 마을을 떠나라고 종용했습니다. 성당과 교회 그리고 기독교인들은 경찰의 아무런 보호 없이 그냥 당할 수밖에 없었습니다.

그리고 같은 날인 12월 24일, 4~5백 명의 큰 무리가 발리구다읍에 있는 성당과 사제관 그리고 학교를 파괴하며 기물들을 약탈하기 시작했습니다. 저녁 10시 경에는 거대한 성당과 사제관, 컴퓨터 교실과 진료소 그리고 학생 기숙사 두 군데가 부서지거나 불타버렸습니다. 그날, 그들은 침례 교회를 흔적도 없이 불태웠고, 다른 오순절 교회를 공격했습니다.

12월 25일, 그들은 돌아다니면서 목회자들과 기독교인들을 위협해서 감히 경찰에 알릴 수 없었습니다. 기독교인들은 완전히 겁에 질려서 내일을 염려하게 되었습니다. 두 명의 경찰관이 성당 신부님에게 "성당 행사를 취소하지 않으면 문제가 생길 것입니다."라고 했습니다. 얼마 후에 힌두 근본주의자들이 나타나 눈에 보이는 모든 문과 유리창을 부수고 새로 구입한 학교 버스까지 파괴해버렸습니다. 같은 날, 포빈기아 성당의 신부와 수녀들은 안전한 곳으로 피하는 것이 좋겠다는 충고를 받았는데, 낮 12시경에 바즈랑달에 속한 근본주의자들이 성당을 공격해서 파괴했습니다. 사제관 또한 그렇게 파괴되었는데, 이 모든 사건은 경찰이 그곳에 있음에도 아무런 제재도 받지 않고 일어났습니다. 칸다말군에 있는 성당의 절반 이상이 그들의 공격을 두려워하여 성탄 행사를 진행할 수 없었습니다. 바락카마군에서는 기독교인들의 집 400채가 불탔고, 다섯 명이 죽었습니다. 재산을 강탈당했으며, 트렉터 한 대는 불탔습니다. 스티구다면에서 일곱 교회, 피란구다에서 네 교회, 풀바니에서 일곱 교회, 루툰기아 네 교회, 필린기아 세 교회, 다라감 한 교회, 일피구다 한 교회, 디카발리 두 교회가 파괴되었습니다.

푸나에서 TV를 통해 이 사건을 접한 저는 오디샤 주지사가 밝힌 폭동 진압 지연의 이유에 숨기는 것이 있다고 느꼈습니다.

"폭동 세력이 아름드리 나무로 길을 막아 경찰이 들어갈 수 없었다."라고 기자회견하며 어정거리는 3일 동안 기독교인들은 엄청난 피해를 입었습니다. 15,000명이 박해를 피해 정글 지역으로 숨어들고, 식량과 물, 담요가 없는 추운 겨울을 일주일 이상 지냈습니다.

그 후에 본 사태의 심각성과 계속된 주지사의 이해할 수 없는 변명이 계속되었습니다. 이번에는 수상이 직접 나서서 중앙 정부 차원의 "기독교인들의 안전을 보장한다."라는 발표와 함께 군대가 투입되어 잠깐 잠잠해지는 것 같았지만, 이 일은 1월 2일과 15일 그리고 17일에 또다시 폭도들이 기독교인들을 공격함으로써 기독교인들의 삶이 흔들리고 있습니다.

그러나 박해가 더할수록 더욱 강인해지고 건전해지는 기독교의 역사가 이곳 오디샤에서도 그리스도의 숨은 은총으로 꽃피워지기를 바라며 여러분의 기도를 바랍니다. 이 글을 쓰는 현재까지 집계된 결과는 11개 교회 건물 완전 파괴, 34개 교회 건물 반파, 400채의 집이 불타고 고아원 세 곳과 기숙사 한 곳 그리고 기술학교 한 곳이 완파되었으며, 1,600여 명이 여전히 정글 속 어디에서인가 숨어서 나오지 않는 상황입니다.

성탄절 교회 연합 행사를 통해 조직했던 푸네 기독교협의회에서는 이들을 돕기 위해 1월 3일과 8일, 두 번의 기도회를 갖는 동안 교회들에게 공문을 보내어 오디샤 기독교인들을 돕기 위한 모금을 시작했습니다. 그 내용은 다음과 같습니다.

"그리스도 안의 형제들에게!

푸네 기독교협의회에서 모든 성도님께 2008년 새해에 복을 빕니다. 우리가 안전하고 편안한 성탄절을 보내는 동안 오디샤주에 있는 우리 형제자매들은 힌두 근본주의자들의 잔인한 박해에 직면하고 있었습니다. 이번 성탄절에 그들이 잔혹한 경험을 한 내용은 인도복음주의협회 총무님이 오디샤 주지사에게 보낸 내용 증명을 통해서 볼 수 있습니다. 여러분은 내용 증명을 통해서 오디샤주에서 우리의 형제자매가 당한 박해의 중대성을 알게 될 것입니다.

우리의 형제자매들이 고난을 당하는 동안 우리는 조용하고 평화롭게 앉아 있을 수 없습니다. 우리 푸네의 기독교인들은 우리의 단합과 결속이 그들과 함께 있고, 그들의 문제와 고난을 우리의 일부분으로 하고 있음을 보여야 합니다.

그러므로 푸네 기독교협의회의 저희는 오디샤의 기독교인 형제자매로서 교회와 집과 재산을 모두 잃은 그들을 돕기 위한 모금에 동참하기를 호소합니다. 하나님께서 우리가 고난 가운데 있는 그의 자녀들의 필요를 도울 때에 우리를 더 인정하실 것입니다. 우리가 고난을 당하는 그들과 그들을 돕는 이들을 기도로 주님께 올려 드릴 때, 주께서 공격하는 핍박자들에게 예수님이 누구신지 알려 주실 것입니다. 여러분이 언제나 모든 일에 동참하심에 감사드리며 오늘 모두 함께 우리의 기도와 도움이 필요한 형제자매들을 위해서 일어섭시다.

지난 3주 동안 푸네 교회들이 모금한 액수로 우리의 사역이 진행되고 있는 현지 인도복음선교회를 통해서 쌀과 의약품, 담요 등을 보내기로 했고, 다가오는 20일 주일은 푸네시의 가톨릭교회를 포함한 모든 교회가 오후 5시에 모여 오디샤를 위한 평화 행진을 갖기로 결의했습니다.

이 행진이 힌두 과격 근본주의자들에게 기독교인들의 의지를 보여 주는 동시에 오디샤 기독교인들에게 위로가 되고 참석한 모든 이에게는 그리스도 안에서 한 지체임을 새기는 좋은 결과가 되기를 기도해 주십시오."

아삼주 기독교 박해

    네팔에서 발원하여 네팔과 중국 국경을 따라 흘러내려 온 후에 인도를 지나 방글라데시로 내려가 바다로 들어가는 강이 있다. 브라마푸트라라고 부르는 이 강은 가끔씩 뉴스에 오르내리는 방글라데시 대홍수의 원인이기도 하고, 이 강의 수량에 따라 인도의 일부 지역과 방글라데시의 1년 농사가 좌우된다. 브라마푸트라강은 아삼주의 주 수도인 구와하티 시내 한가운데로 흘러가는데, 얼마나 오랜 세월이 흘렀는지 지금도 시내에 건축할 때에는 내진 설계를 해야만 건축 허가가 날 만큼 시내의 모든 땅은 옛날 브라마푸트라강의 바닥이었다고 한다.

    이 브라마푸트라강이 인도에 흘러들어 와서 세계에서 제일 강

수량이 많은 테라분지를 지나면서 수량이 급격히 불어나며 물 흐름 또한 굉장히 빨라진다. 수영을 아무리 잘하는 사람도 그 강물을 거슬러 올라갈 수 없는 빠른 속도로 진행이 된다. 동시에 주위에 수많은 수로가 생겨나서 아삼 지역은 그야말로 세계가 인정하는 곡창 지대가 된 것이다. 나갈랜드주에 가기 위해서 차량으로 몇 번 여행할 때, 몇 시간씩 끝없이 펼쳐지는 아삼의 곡창 지대를 보면서 "참 인도는 대단한 나라구나!"라는 생각을 자주했다.

일찍이 미얀마의 아훔이라는 족장이 아삼 지역에 들어와 정착해 지냈는데, 이 넉넉한 곡창 지대의 영향으로 사람들이 게을러지고 그 여파가 지속되어 종족도 잘 번창하지 않게 되었다고 한다. 이 문제를 해결하기 위해 생각한 것이 소위 일 년에 하루를 정해 축제를 벌이는데, 그날에는 결혼하지 않은 모든 여인을 붙잡아 강간하는 풍습이다. 그렇게 해서라도 종족을 번창시키려는 의도가 있었던 것이다.

이 지역 사람들은 산간 지역을 위 아삼 지방, 평야 지대를 아래 아삼 지방으로 구분하는데, 아래 지방 사람들은 넉넉한 살림으로 인해 선교사들이 들어왔을 때에도 복음을 잘 받아들이지 않았다. 위 아삼 지방 사람들은 산골 생활로 어려움을 겪고 있었고, 복음을 또한 잘 받아들였다. 그 종족들의 이름은 암리가르비와 가르비알롱이다. 우리 아삼 사역자들이 그들에게 복음을 전할 때, 집단 개종도 이루어져서 지금은 약 57개 교회가 세워졌다.

아삼 지방에서도 잃어버린 종족이라고 하는 또 다른 종족이 있다. 이들은 독특한 삶의 형태를 취하고 있어 한곳에 있기보다는 여기저기 옮겨 다니며 사는 유목민 같은 삶을 살았다. 그리고 외부에 노출이 잘 되지 않았다고 한다. 그 사람들이 최근 십여 년 전부터 알려지기 시작하면서 아삼 사람들은 이들을 잃어버린 종족(Missing Tribal)이라 부르고 있다.

잃어버린 종족 사이에 복음이 들어가자 많은 사람이 복음을 받아들이기 시작했다. 이미 우리가 본 것처럼 복음이 왕성해지면 반드시 박해가 따라오는 그 상관관계에 의해 이 종족들에게도 박해가 시작되었다. 박해하는 사람들은 역시 산골 지역을 돌아다니는 민족 의용단이라고 하는 힌두 근본주의자들이다. 이들은 아직 그 종족에 대한 모든 정보가 정확하게 파악되지 않은 점을 악용해 잃어버린 종족들을 박해할 때, 살해를 서슴지 않는다.

2017년, 우리 사역자의 사역 지역에서 60세가 넘은 잃어버린 종족 노부부가 복음을 받아들였다. 힘이 세기로 주위에 알려져 있는 건장한 아들 내외가 같이 지냈는데, 예수를 영접하지는 않았지만 효자로 소문난 이 집을 함부로 공격하지는 못했다. 그런데 아들 내외가 친정집에 다녀오기로 한 그 밤에 사람들이 집에 들어와 도끼로 노부부를 살해했다. 복음의 능력은 정말 신기하고 놀라운 것이어서 폭도들이 노부부를 살해했지만 결국 이 일로 젊은 아들 내외가 복음을 받아들이고 신실한 주의 자녀로 살아가게 된 것이다.

그들의 말에 의하면, 집에 돌아왔을 때에 그 어머니가 아직 숨이 끊어지지 않고 살아 있었다고 한다. 그 사람들은 "예수를 부인하라!"고 종용하고는 "힌두 신을 찬양하라!"고 했다. 그들은 노부부가 이것을 거부하자 도끼로 찍어서 죽였다는 것이다. 아들 내외는 죽음도 불사하고 신앙을 지킨 부모님이 믿은 예수님을 알기 원했고, 전도자의 안내로 결국 예수님을 삶의 구주로 영접하게 된 것이다. 그들은 여전히 박해의 위협 아래 놓여 있지만 전혀 개의치 않고 주의 자녀로 살아가고 있다.

뭄바이 교구, 런꼴교회

　세계 인구 2, 3위를 다투며 인도 경제의 수도라고 일컫는 뭄바이
는 몇 년 전부터 고층 빌딩들이 서로 높이 올라가기 경쟁을 하듯 우
후죽순으로 세워지기 시작하고 있다. 유럽과 아시아 그리고 아프리
카까지 무역을 하고 있는 국제적인 회사들은 이곳에 앞다퉈 지사를
설립하거나 현지 법인을 세워서 사업하고 있다. 현대중공업이 들어
왔고, 포스코가 그 자리를 잡았는가 하면, LG 또한 현지 공장을 짓
고 법인을 운영하고 있다. 현대자동차는 챈나이에서 차량을 생산하
여 유럽으로 수출하고 있고, 삼성 또한 델리 근처의 노이다 공단에
얼마 전 이재용 부회장이 방문하면서 크게 키워갈 듯이 보인다. 그
러나 역시 인도 경제의 심장은 뭄바이이고, 최근에는 릴라이언스그

룹의 암바니 회장의 세계에서 제일 비싼 집이 대중매체에 오르내리면서 뭄바이의 진가를 더 올려놓았다.

뭄바이에서 2시간쯤 떨어진 지역에는 그 오른편으로 서고츠산맥에 속한 산들이 구자라트주까지 연결되어 거대한 원주민 거주 지역을 형성하고 있다. 내가 처음 뭄바이 교구 분들과 함께 전도하기 시작한 1996년에만 해도 이 지역으로 나가면 그때그때 절구에 쌀을 직접 찧어서 밥을 해 먹는 사람들이 살고 있었다. 이들에게는 자신들만의 고유한 전통이 있었고, 부족의 말이 또한 따로 있다. 사탕수수 추수가 끝나면, 1년 내내 할 일이 없어서 그냥 그렇게 놀며 지내는 사람들이었다. 그래서 해마다 겨울철이 되면 BBC 방송의 단골 메뉴처럼 방영된 바와 같이 인신매매단이든 장기 밀매단이든 상관없이 자녀 중 한 아이를 팔아서 생계를 유지하는 처참한 생활을 하고 있었다.

남자들은 저녁을 먹고 나면 삼삼오오 모여 술을 마셨다. 술을 마실 돈이 마땅치 않은 이들은 동물들의 내장을 이용해서 술을 만드는 방법을 사용하고 있었다. 독하기로 소문난 이 술을 잘못 담그면 독이 생기는지 이 술을 마신 사람들이 한꺼번에 많이 사망하곤 했다. 최근에도 수백 명이 사망한 사건이 한국 뉴스에도 나온 적이 있다. 그럼에도 그들의 행위는 그치지 않았다. 그 외에는 딱히 할 일이 없기 때문이다.

술이 한 순배 돌면, 삶의 어려움과 시련들은 모두 사라지고 날아갈 듯한 그 기분으로 그들은 함께 낄낄거리며 다녔던 것이다. 집으로 들어오면 통상 아내들이 불평을 말하기도 했다. 그래서 술을 먹고 들어간 30분 후에는 온 동네에 비명 소리가 들렸다. 물론 부인을 두들겨 패는 사람들의 행위로 인해 벌어지는 일로 거의 매일 저녁 반복해서 일어났다. 그래서 그들의 말처럼 "마누라 패는 재미로 살아가는 인생"이 되었던 것이다.

여기 이 지역에도 우리 인도복음선교회의 전도자 양성 학교를 졸업한 부네쉬 전도사가 복음을 전하기 시작했다. 그리고 이런 형편의 동네 중 하나였던 런꼴이라는 마을에서 몇몇 사람이 복음을 받아들이게 되었다. 처음에 그들은 술이 취한 채 예배 모임에 참석했는데, 술 취한 김에 농담 겸 장난삼아 참석하는 것이었다.

그러나 복음은 듣는 사람에게 말로 할 수 없는 능력이 되고는 했었는데, 여기에서도 예외 없이 복음의 능력이 나타났다. 그들은 술을 끊기 시작했고 부네쉬 전도사의 권면에 따라 산간들을 개척하면서 전과는 다른 삶을 시작했다. 정말 놀라운 변화였다. 여전히 옛 삶을 즐기고 있던 사람들은 어둠이 빛을 싫어하듯이 이들의 모습 자체를 아주 보기 싫어했다. 사람들이 이제 "시시한 짓 그만하고 술이나 한잔 하자."라고 아무리 권해도 그들은 듣지 않았다. 시간이 지나면서 부인들 몇 사람도 예배 모임에 참석했고, 자신의 남편들에게 교인들처럼 변화된 삶을 살기를 요구하기 시작했다.

대단히 화가 난 그들은 어느 날 밤, 평소처럼 거나하게 한잔하고 나서 대나무를 뾰쪽하게 깎아서 창을 만들어 자고 있는 기독교인들의 집을 찌르기 시작했다. 사탕수수를 얼기설기 메고, 그 위에 흙을 대충 바르고 살아가는 집은 찌르면 그냥 쑥 들어갔다. 이렇게 해서 런꼴 마을의 기독교인 몇 명이 창에 찔리고 병원으로 실려가 입원 치료를 받아야 했다. 이 사실을 경찰에 신고했지만 진지하게 듣는 경찰은 없었다. 그들은 사람 취급을 제대로 받지 못하는 종족들이었기 때문이다. 자신들은 모르는 일이니 너희끼리 알아서 하라는 식이었다.

술꾼들의 위협은 매우 무섭지만 복음의 능력 앞에 이미 기울어진 게임이었다. 런꼴 동네는 지금 주민의 절반 이상이 예수님을 믿고 있다.

네하교회

말 짤짤이 프라카쉬 전도사는 본인의 발음이 그러함에도 불구하고 교회를 건축했는데, 그 교회에 들어가는 모든 이가 금방 느낄수 있을 만큼 은혜가 넘치는 교회이다. 원주민 부족 지역에 들어가는 입구에 있는 이 네하교회도 런꼴교회가 겪은 모든 과정을 거치고 여기까지 온 것이다. 교인수도 늘어나서 이제는 예배 때마다 성도들로 가득 찬다.

교회가 부흥하면 나타나는 일이 여기에서도 일어났다. 2017년 10월 25일에 바즈랑달 대원들이 나타난 것이다. 교회가 계속 있으면 이 동네에 저주가 올 것이라고 동네 주민들을 부추겨 하루빨리교회 문을 닫아야 한다고 했다. 힌두교인들은 신의 저주를 아주 무서워한다. 칼리 여신의 저주가 무서워 자식까지 산 채로 목을 따서 바치기도 하는 사건이 신문에 심심치 않게 등장하는 것을 보면 그렇다. 신의 저주라는 말을 들은 썰펀치(추장으로 마하트마 간디가 세운 입법, 사법, 행정권을 지닌 마을 대표)는 교회가 건축되어 부흥하고 있어도 "예수도 신 중의 하나인데 신이 복을 줄 것"이라고 생각하고 있다가 정신이 번쩍 들었다.

"저주라니? 이 조용하고 살기 좋은 우리 동네에 저주라니 말도 안 돼!"

그는 즉시 동네 어른들을 모아서 이 일을 상의했고, 일주일 내에 교회 문을 닫지 않으면 교회를 부숴버리겠다고 했다. 프라카쉬 전도사는 이 사실을 선교부에 알렸고, 우리가 기도하는 동안에 동장과 동네 어른들에게 모임을 갖고 담판을 짓겠다고 했다. 사정이 아닌 담판을 짓겠다고 하는 말에 우리는 놀랐다.

주민들이 모인 자리에 프라카쉬 전도사는 변화된 교인들을 세웠다. 한 사람이 먼저 말했다.

"여러분이 잘 아는 대로 나는 술 마시고 마누라를 패는 재미로 살아 왔습니다. 내가 술에 취해서 동네에서 행패 부리는 것을 여러분은 줄곧 보았습니다. 내가 다시 술 마시고 행패를 부리면 여러분에게 좋겠습니까?"

그러자 한 여인이 일어서서 말했습니다.

"여러분, 나는 여러분들이 보셔서 아시겠지만, 아파서 다 죽어가는 사람이었습니다. 그런데 교회가 들어오고 기도하면서 나았습니다. 그리고 이렇게 들일도 하고 살아갑니다. 저주라뇨? 교회가 들어오고 나서 나는 축복을 받고 살아갑니다."

또 다른 사람이 말했습니다.

"나는 글을 몰라서 편지가 와도 읽을 수 없고, 그렇게 깜깜하게 살아왔는데 교회가 들어오고 나서 글을 배웠습니다. 그래서 지금은 자식들에게 편지도 보내면서 삽니다. 도대체 교회가 들어오고 나서 우리 동네에 손해 본 것이 무엇입니까?"

한 사람 한 사람이 일어서서 하는 말들에 동장과 어른들은 또 다른 정신이 들었다. 교회가 들어오고 난 지난 십 여년 동안에 동네에 좋은 일이 너무 많이 일어난 것이다.

일주일 후에 바즈랑달 대원들이 다시 찾아와서 교회를 헐자고 했을 때에 동장과 어른들은 아주 분명하고 결연하게 대답했다.

"우리는 이 동네에 교회가 계속 있으면 좋겠다. 아무라도 이 교회를 헐려고 하면 가만 있지 않겠다."

그리고 나서 프라카쉬 전도사에게는 "무엇이든 교회에 어려움이 있으면 이야기하라! 그러면 동네에서 적극 돕겠다."라고 약속까지 했다.

지금 이 네하교회는 산 쪽으로 올라가는 동네에 또 다른 가정 교회를 개척하여 예배를 드리고 있다.

나그풀 교구, 아헤리 지역

인도 사회의 큰 어려움 중 하나는 빨치산(People's War Group)들의 활동으로 일어난다. 빨치산이 시작한 배경을 보면, 인도의 계급 사회 문제와 무관하지 않다. 똑같이 공과대학이나 의과대학을 나왔는데도 계급에 따라 취직이 잘 되지 않고 혹은 취직이 되어도 진급이 되지 않았다. 이런 일을 직간접적으로 경험한 사람들이 극단 공산주의 사상을 가지면서 산으로 올라가서 조직한 조직이 빨치산이다. 그래서 그 지도자들은 우수한 전문 엔지니어로서 폭탄 제조나 사제 무기를 거의 전문가 수준으로 생산할 수 있다고 한다. 또한 유수한 대학 등을 졸업한 뛰어난 두뇌를 가진 사람들이 사회에 불만을 품고 합류하게 되면서부터 이 조직은 실질적인 브레인들을 갖게 되었다. 아울러 사회 저변에 깔려 있던 하층민 혹은 하리잔 계급 사람들이 "사람 위에 사람 없다!"라는 평등사상을 가진 극단 공산주의 그룹에 동조하여 산으로 올라가게 되면서 그 세력이 형성된 것이다. 그들은 중부 인도의 내륙 지방인 안드라프라데시주, 오디샤주, 차티스가르주, 마하라슈트라주에 걸친 넓은 지역에 분포하여 지내고 있다. 낮에는 산에서 숨어 생활하고, 밤에는 산 아래로 내려와서 어려운 사람을 괴롭히던 부자들을 공격하여 재산을 탈취해 가는 것이다.

빨치산들은 낙살라이트라고 하는 살인 전문가들을 양성하여 고위층과 부자들에게는 두려움의 대상이지만 어려운 사람들은 오히려 마음속으로 그들을 동조하는 현상까지 생기게 되었다. 2016년에는 차티스가르주의 선거 운동을 위해서 경찰의 호위를 받으며 이동 중이던 인도국민의회당의 지도자들을 공격하여 몰살시킨 일도 있었다.

우리 선교회의 현지인 사역들 중에 나그풀 교구에 속한 8명의 전도자들이 아헤리라고 하는 낙살라이트들의 지역에서 사역하고 있다. 낙살라이트들은 우리 전도인들을 직접 공격하지는 않지만 전도인들이 시골 전도에 나갔다가 저들과 경찰들이 교전하는 사이에 끼어서 목숨의 위험을 몇 번 넘긴 이야기도 있다. 그 와중에서도 가정교회가 세워지고 교회 건축도 이루어지고 있다.

코스푼디교회와 에타빨리교회도 이 지역에 있었다. 그런데 2018년 7월 15일에 정체를 알 수 없는 청년들이 떼로 몰려와 시멘트로 지어진 코스푼디교회의 슬레이트 지붕을 뜯어내었고, 정글 스타일로 지어진 에타빨리교회는 나무 기둥과 야자수 잎으로 된 지붕을 뜯어내고 교회를 완전히 파괴해 버렸다. 그리고 이곳저곳 정글에서 살고 있던 15명의 교인 집들도 모두 부숴 버렸다. 몬순이 시작되어 매일 쏟아지는 빗속에서 졸지에 오갈 데 없는 처지가 된 교인들이 전도자들을 통해 나그풀 교구에 연락했다. 그리하여 임시 천막을 설치하고 도시 교회들이 긴급 모금을 진행했다. 그러는 가운데 우리 선교회에서도 이들을 지원하여 지금은 다시 정글형 집들을 세워서 살고 있다.

박해가 지나가는 지역마다 일어나는 공통적인 특징이 있다. 바로 성도들의 믿음이 훨씬 더 건실해지고 교회들도 부흥한다는 것이다. 아혜리 지역은 이미 7년 전에 순교자가 나온 지역이다. 디모데 전도사가 전도하다가 주민들에게 죽도록 맞고 결국 그 후유증으로 세상을 떠났던 것이다.

그리고 어려움을 겪은 이 두 교회와 성도들뿐만 아니라 아혜리 지역 전체 교회가 계속해서 부흥하고 있다. 작년에도 두 교회를 더 건축하여 입당했다. 초대교회부터 입증된 한 가지 사실은 교회와 성도는 환란과 핍박을 통하여 성장하고 성숙해진다는 것이다. 그래서 혹자는 환란과 박해는 하나님으로부터 오는 축복의 또 다른 얼굴이라고 부른다.

카르잣 선교 센터와 라주

　라주는 우리 카르잣 선교 센터로 들어가는 입구에 상당한 규모의 집을 짓고 사는 골수 힌두교인이다. 농사를 짓는가 하면, 마테란이라는 지역에서는 조랑말을 사서 관광객을 상대로 장사도 하고, 도시에서는 건물을 사고팔기도 하는 장사에 아주 도통한 사람이다.

　도뚜레와디라고 하는 이 동네에는 어찌된 일인지 모든 사람이 계급이 없는 원주민으로 구성되어 있다. 그런데 라주는 그래도 힌두교의 수드라라고 하는 카스트에 속한 사람이다. 시골 지역에서는 아무도 카스트를 내세우지 않아도 계급은 서로 인정하고 산다. 일테면, 라주의 경우는 조선 시대의 상놈들이 사는 동네에 낮기는 하지만 양반이 사는 것과 같은 상황이다. 그는 장사의 눈이 밝아서 너무 눈치 빠르게 움직이는 것은 사실이지만 사람이 참 좋아 보이는 전형적인 인도 사람이기도 하다. 그런 그가 술만 들어가면 완전히 다른 사람으로 돌변하는 것이다. 우리말에 술 먹은 개라고 하는 말을 들어 보기도 했지만, 이 말은 술 취한 라주에게 딱 제격인 말처럼 들린다.

카르잣 선교 센터를 개발하기 위해 드나들 때만 해도 라주는 손님들과 함께 현장에 도착한 우리에게 차를 준비해서 집 안으로 안내하고 대접하는 그 친절함으로 인하여 미안한 마음이 저절로 들게 하는 사람이었다. 우리가 센터 공사를 시작했을 때에 라주는 재빨리 물을 나르는 트럭을 한 대 구입했다. 공사를 하면 당연히 물이 필요한 것이고, 눈치껏 자신이 먼저 준비해서 우리에게 다가온 것이었다. 그러나 이권이 개입되었을 때에는 이 친절함은 전혀 다른 얼굴로 나타나는 인도 사람의 또 다른 얼굴이기도 했다.

공사를 하는 동안 날이 더워 시멘트에 물을 자주 줘야 하는데 그 양이 도대체 얼마인지 계산할 수가 없었다. 센터를 책임지고 운영해 나갈 김진곤 선교사는 이 사람으로 인해 이러지도 저러지도 못하는 많은 어려움을 겪고 있었다. 그러던 어느 날, 공사 중인 카르잣 선교 센터에 전기가 들어왔다. 우리 직원들은 뛸 듯이 기뻐했지만, 라주는 사색이 되었다. 물차까지 구입해 두었는데, 우물을 파게 되면 어떻게 될 지 알 수 없었던 것이다.

센터의 건축 공사가 끝나고 아이들이 입주하고부터는 숨겨진 라주의 사생활이 드러나기 시작했다. 그는 낮과 밤이 전혀 다른 두 얼굴의 사나이였다. 낮에는 열심히 살아가는 보통 사람이었고, 밤에 한잔을 걸치고 나면 술 취한 개로 변하는 것이다. 술 취한 후에는 우리 선교 센터에 와서 고함을 마구 질러댔다. 험악한 그의 말에 겁을 먹은 아이들은 잠을 제대로 자지 못하는 힘든 시간을 보내고 있었다.

그는 뭄바이 교구에서 지하수를 개발하기 위하여 지하수의 물을 뽑아 올릴 수 있도록 전압이 센 삼선 전기를 연결한다는 소문을 듣고 무척 괴로워했다. 이제는 정말 물을 팔아먹을 수 없게 되는 것이다. 그러니 그는 술을 더 마실 수밖에 없었다.

어느 날, 라주는 카르잣 선교 센터의 책임자였던 아룬이 오토바이에 데이빗을 태우고 전기 사정을 확인하려고 인도전력공사(INDIA Electric Power Cooperation)에 갔다는 소식을 들었다. 그는 화가 더 많이 나서 또 한잔을 걸치고는 식식거리며 아룬이 돌아오기를 기다렸다. 그리고 일이 늦어지는 바람에 밤늦게 돌아오는 아룬을 향하여 쇠파이프를 사정없이 휘둘렀다. 아룬은 오토바이에서 나가 떨어졌고, 헬멧이 두 쪽 나면서 머리를 크게 다쳤다. 데이빗 또한 크게 다쳤고, 그 밤중에 둘은 병원으로 이송되어 입원하게 되었다. 의사는 이것이 일반적인 사고가 아니라 구타에 의한 것임을 확인했다. 법에 따라, 경찰서에 신고하자 경찰 조사가 이루어졌고 그 과정에서 라주의 행적이 낱낱이 드러나게 되었다.

라주는 우리 센터 아이들만 아니라 그곳 주민들에게도 골치 아픈 사람이었다. 그는 경찰서에서도 양반 행세로 고함을 질러대고 있었다. 경찰서장은 자신이 책임질 테니 앞으로 그가 또 술 취하여 행패를 부리면 "안 죽을 만큼 죽도록 패서 끌고 오라."고 그가 들을 수 있을 정도로 우리 센터 식구들에게 큰소리로 말했다.

목숨을 겨우 건진 아룬이 결국 선교 센터를 떠나게 되는 어려움을 겪었지만, 이제는 라주의 고함소리가 없는 평안한 밤을 모두가 누리고 있다.

시골 지역의 선교 센터를 몇 군데 세웠지만, 어려움이 없이 지나간 곳은 단 한 곳도 없었다. 또 다른 일들이 선교 센터에 일어나 지나가겠지만, 하나님의 자녀들이 거목으로 자라는 복스러운 장소로 쓰일 날이 곧 오게 될 것이다.

하나님의 카메라 앞에서

지난 2005년 6월 8일, 하이데라바드 외곽에서 의문의 목회자들의 죽음이 있었다. 각기 다른 지역에서 벌어진 비슷한 종류의 죽음으로 두 명의 낯선 사람이 찾아와서 따라 나갔고, 실종된 후에 근처 작은 호수에서 동시에 시신으로 발견되었다. 이름 없는 이 두 목회자의 죽음은 그냥 흔히 일어나는 사건으로 처리될 뻔했으나 장례식에 참석한 살인자를 어느 열두 살 소년이 기억하고 경찰에 신고함으로 세상에 그 전말이 드러나게 되었다.

이 두 살인자는 오디샤주에서 호주 선교사 스탠리 그라함과 그의 어린 두 아들을 산 채로 불태워 죽였던 '씽'이라는 사람이 사형 선고를 받은 것에 대해 불만을 품은 힌두 근본주의자들이었다. 일을 저지른 동기가 "기독교 목회자들을 죽여 그에 대한 원한을 풀려고 했다."라고 신문에 보도되었다. 아무도 모른 채 감쪽같이 지나가고, 또 다른 무고한 목회자들이 죽어 나갈 뻔한 이 사건은 기독교인들의 억울한 죽음을 피하게 하고 세상에 알리려 하신 하나님의 카메라를 절대 통과할 수 없었을 것이다.

이 사건은 나에게 많은 시간을 생각하게 했다.

'하나님의 카메라 앞에서 여기 인도에서 일어났고 또 일어나고 있는 박해의 사건들이 그냥 통과되겠는가?'

아벨의 피의 호소를 들으신 하나님의 불꽃같은 눈동자가 인도 땅을 보고 계실 것이다. 이제까지 기독교 역사를 통해 많이 보게 하신, 박해자가 복음 전도자가 되는, 사울이 바울이 되는 역사가 인도 땅에도 이루어지기를 기도하며 기대한다.

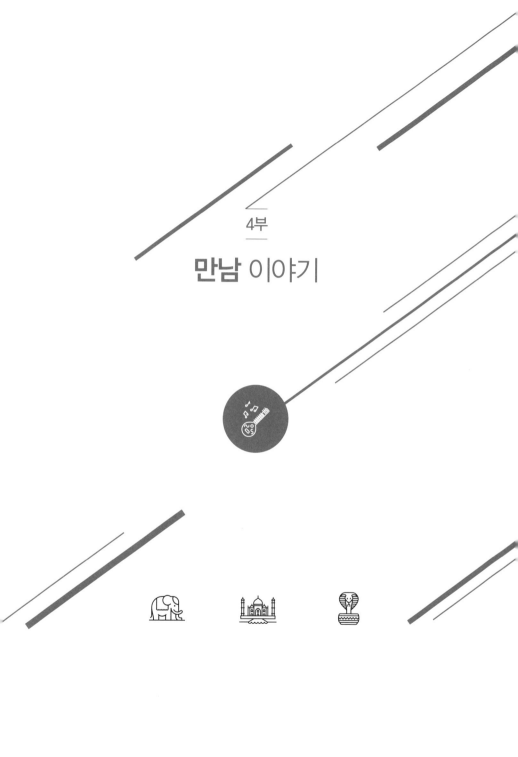

4부

만남 이야기

만남 이야기

    선교행전이라 불리는 사도행전의 주인공은 단연 사도 바울일 것이다. 위대한 선교사 바울의 선교 행적을 세워 나가는 과정에서 가장 중요한 것을 꼽으라면, 나는 단연 만남이라고 생각한다. 물론 그에게 가장 소중한 만남은 사울이 바울로 변하는 다메섹 도상에서 예수님과의 만남이었지만, 이후에도 그의 사역은 가는 길목마다 하나님께서 준비하신 사람들을 만나면서 진행되었다.

    무서운 박해자이자 대적자였던 사울이 바울로 바뀌었다는 사실에 대한 예루살렘 성도들의 인정은 바나바라는 사람과의 만남을 통해서 이루어졌다. 그가 드로아의 환상을 보고 "와서 도우라."는 마게도냐로 갔을 때, 그 첫 성인 빌립보에서 자주 장사 루디아를 만났고 그로 말미암아 마게도냐 사역을 진행할 수 있었다. 또한 브리스길라와 아굴라를 만나 텐트 메이커(Tent Maker) 사역을 진행할 수 있었다. 또 바울의 상황을 에베소와 골로새 교회 등을 오가며 전하던 연락책 두기고와 신실한 목회자 디모데 등과의 만남을 통해서 그의 선교 사역은 진행될 수 있었다.

하나님께서 사도 바울의 사역을 위해서 준비하신 사람들을 만나게 하지 않았다면, 어떤 모습으로 사도행전이 쓰일 수 있었을까? 전혀 상상이 가지 않는다.

나의 선교 사역에서도 하나님께서는 필요한 곳곳마다 준비하신 사람들을 만나게 하셨다. 그 만남이 아니었다면, 오늘날의 인도복음선교회 사역은 이루어질 수 없었을 것이다. 그러니까 만남을 통해 하나님은 그분의 도움을 나타내 주신 것이다. 정말 필요한 때 그리고 필요한 장소에서 사람들을 만나게 하셨고, 나의 사역에 '눈에 보이는 천사'라고 표현할 정도의 무게로 그분들은 선교 사역에 힘이 되어 주셨다. 그래서 나는 하나님이 예비한 사람들 또는 눈에 보이는 천사들로 설명할 사람들과의 만남, 그 만남 이야기를 함께 나누고자 한다.

손윤탁 목사님

현재 남대문교회 당회장으로 시무하시며 한국 선교신학회 회장을 역임하신 손윤탁 목사님은 내가 청년회 회장이었을 당시에 담당 전도사님으로 계셨다. 내가 예수님과 인격적으로 만나고 첫사랑에 빠지던 그 과정에서 가장 소중하게 쓰임 받으신 분이다. 선교사로 파송된 이후에도 늘 기도해 주셨고 선교회 자문위원으로 오늘까지 수고하고 계신다. 영적인 멘토인 동시에 선교의 든든한 버팀목이 된 분이다.

정순기 집사, 유미숙 권사님

1989년 3월 6일, 우리 가족을 인도 선교사로 파송한 교회에서는 인도 선교후원회라는 이름으로 선교사에게 필요한 여러 일들을 지원하고 있었다. 그러나 파송된 지 2년이 채 되지 않아 교회에 분란이 일어났고, 그 와중에서 후원회를 책임지고 유지해 줄 사람이 없는 지경에 이르렀다.

그때에 정순기 집사님이 자신의 회사 사무실 곁에 인도 선교후원회 사무실을 두고 관리를 시작하셨다. 그리고 인도복음선교회가 문공부에 종교단체로 등록한 1999년 그해에 초대 회장으로 취임하여, 이후 10년 이상 그 수고를 다해 주셨다.

최선을 다해 현장에 필요한 지원을 계속하셨고, 이사회를 조직하여 그 모든 초기 과정을 거쳐서 선교회가 자리잡도록 힘쓰셨다. 특별히 매월 기도회 과정을 만들어 운영해 주셨고, 지금까지도 선교를 지원하고 계신다. 현재는 선교회 이사로 봉사하고 계신다.

김기범 장로, 홍승애 권사님

우리 가족이 인도에 도착했을 때에 뭄바이에는 예수를 믿는 몇 가정이 있었다. 우리는 당시 집사님이셨던 김기범 장로님 댁에 머물면서 외국인 등록과 인도 정착에 필요한 조치들을 마치고 하이데라바드로 가게 되었다.

그 후에 집사님은 우리의 비자를 연장하는 일을 계속 대신해 주셨는데, 당시는 주재원조차 비자 받기가 어려운 때여서 정말 큰 도움이 되었다. 특히 부인 홍승애 권사님은 FISH 찬양팀의 멤버로 봉사하셨고, 그 기간 동안 팀원 모두의 큰언니 역할로 애정을 쏟아 그들을 돌보아 주셨다.

이분들은 우리가 추방당할 때에 큰 도움을 주셨다. 그 도움이 아니었다면, 출국한 태국에서 다시 비자를 받아 인도에 입국하는 그 과정 자체가 불가능했을 것이다. 아울러 그 후에 이루어진 우리 모든 사역이 없었을 것이다.

이종혁 장로, 한유순 권사님

인도에서 추방을 당하고 태국으로 갔을 때, 우연히 그분이 운영하는 사업체가 있는 호텔에 머물면서 만나게 되었다. 우리가 인도에 재입국할 수 있도록 자신이 운영하는 회사 직원으로 해서 장기 체류가 가능한 비즈니스 비자를 받도록 해 주셨다. 그리고 그 기간 동안 호텔에 머물며 생활했던 모든 비용을 지불해 주셨다. 열병에 걸렸던 아들도 이 시기에 나을 수 있었다. 이 과정은 어쩌면 우리의 선교 사역 가운데 가장 힘든 때였고, 우리는 이종혁 장로님과 한유순 권사님의 도우심을 잊을 수가 없다.

윤대훈 장로, 김순랑 권사님

우리가 뉴델리 한인교회에 부흥회로 갔을 때, 대우의 인도 지사장으로 근무하시던 윤대훈 장로님(당시에는 집사님), 김순랑 권사님 부부를 만났다. 그분들이 선교 센터 부지 헌금을 해 주셨고, 그로 인해 오늘 날 라마나페트 선교 센터가 이루어진 것이다. 특별히 두 분은 현지 학교에 다니고 있는 아들 이레의 교육 환경을 보고 마음으로 안타까워하셨고 중학교 과정을 코다이카날 국제 학교에서 받을 수 있도록 학비를 제공해 주셨다.

오랜 세월 연락이 끊긴 채 지내왔었는데, 이레가 한국의 신학교에 입학한 것과 학비를 조달하지 못하는 우리의 사정을 알고 중동 선교회를 통해서 신학교를 졸업할 때까지 장학금을 보내 주셨다.

이렇듯 첫 선교 센터인 라마나페트 선교 센터가 세워진 것과 아들의 교육을 다 마칠 수 있게 된 것은 이분들과의 만남 덕분이다.

김경혜 권사, 도준호 집사님

북인도연합교단으로부터 전도인 양성 과정을 부탁받았을 때, 대답은 했지만 사실 그 사역을 시작할 물질이 없었다. 마침 그때 유학 중인 아들을 만나기 위해 인도에 들어오신 이분들과 만나게 되었다. 두 분은 전도인 양성 과정 이야기를 듣고는 흔쾌히 이에 응하셨고, 그 후에도 다른 사람을 통해 3기 훈련비를 한 번 더 후원하신 적이 있다.

우리가 한국에 들어올 때마다 맛있는 음식과 여행 경비를 부담해 주시던 분들이다. 특별한 기도의 은사를 갖고 있는 권사님은 지금도 우리 선교회 사역을 위해서 열심히 중보하고 계신다. 지금은 성경대학으로 발전한 전도인 양성 학교는 두 분과의 만남으로 인해 시작할 수 있었다.

한현숙 권사님

　모든 분과의 만남 과정이 전혀 예상하지 않은 방법과 경로를 통해서 이루어졌지만, 특히 한현숙 권사님과의 만남도 하나님께서 준비하신 방법이었음을 고백할 수밖에 없다.

　권사님은 평생 미국 양자회에서 봉사하며 제3세계의 수많은 어려운 어린 아이를 복지 제도의 혜택을 입고 자라게 하는 일을 하셨다. 그리고 이것을 인정받아 미국 상원의회 의장상과 한국의 동백장 훈장을 받으신 분이고, 지금도 미네소타 한인회장으로 봉사하고 계신다.

　푸네에 있는 '사랑의 집'이라는 양자회를 돕기 위해 인도에서 봉사하다가 건강이 여의치 않아 치료를 받는 과정에서 그 양자회 이사로 있던 분의 연락으로 이분을 만나게 되었다. 물론 그 이사님은 내가 선교사가 아닌 한국 사업자로 알고 계셨지만, 내가 한국 사람이니 무엇인가 권사님에게 도움이 되지 않을까 하는 막연한 기대로 연락을 했다고 하셨다.

　이후에 권사님은 우리 사역지를 돌아보면서 현지인 사역자들과 우리 선교사들에 대한 부담을 안고 미국으로 돌아가셨다. 그리고 매년 인도를 방문해서 시골 교회들을 순회하며 말씀을 나누었고, 미네소타 하늘담은교회를 통해서 지금까지 물질로도 선교를 지원하고 계신다. 이화여대 동창생들을 만나 인도 선교를 소개하셨고, 그중 강복순 권사님은 인도에 두 번째 교회를 건축 중에 있다.

하나님께서 이분을 통해 많은 사람이 인도 선교에 관심을 갖고 기도하게 하는 역할을 감당하게 하셨다. 또 우리 인도복음선교회가 미국 한인 교회로부터도 후원을 받는 계기를 만들어 주셨다. 인도 양자회 이사인 힌두교인에 의해서 서로 모르던 기독교인들이 동역자로 세움을 받게 된 것이다.

박춘봉 장로, 조은희 권사님

윤대훈 장로님의 소개로 만난 박춘봉 장로님은 아랍에미리트의 두바이 근처인 라스알카이마에 근무하실 때에 만났었다. 인도에 들어오셔서 뭄바이 교구 사역을 돌아보시고, 현재 카르잣 선교 센터의 기초를 놓을 수 있는 금액을 헌금하셨다. 이 헌금으로 센터 건축을 시작하게 되었고, 그 후의 건축 과정에서 하나님은 필요한 사람들을 보내셨다. 그 결과, 다섯 번째 선교 센터인 오늘의 카르잣 센터를 아름답게 지을 수 있었다.

두 분은 지금까지도 정말 필요할 때에 필요한 금액을 헌금하셔서 우리 사역을 돕고 계신데, 이 책도 두 분의 권고와 후원으로 발간할 수 있게 된 것이다.

김성철 집사님

집사님은 중동 아랍에미리트에서 만나게 되었는데, 그 후로 지금까지 우리 선교회에서 매월 정기 후원으로는 최고 금액의 헌금을 드리고 계신다.

집사님은 은퇴한 선교사들을 위한 선교관을 지어 드리는 것이 소원이라고 한다. 그리고 교단이 하려고 해도 쉽지 않을 그 일을 위해 세계 각지를 뛰어다니며 수고를 통한 건축 헌금을 준비하고 있다. 경제적으로 순탄하지 않은 많은 여건 속에서도 집사님은 계속 정규 헌금을 드리고 계신다. 그리고 만날 때마다 그 선교관에 대한 이야기를 나누며 꿈을 키워가고 있다. 주께서 그 꿈을 이루어 주셔서 은퇴하는 많은 선교사가 그 선교관에서 쉬는 날이 속히 오기를 간절히 바라고 또한 기도하고 있다.

오벳 미살 목사

내가 인도에 도착하고 나서 처음 동역하게 된 현지인이다. 당시 그는 India Gospel Ministries라는 단체를 등록하고 혼자서 전도지를 돌리는 사역을 하고 있었다. 그의 선교 목표는 교회가 없는 곳에는 교회를 세우고(Extension of the Church), 교회가 있는 곳에는 그 교회를 든든히 세우는 것(Edification of the Church)이다. 우리는 서로 선교 목표가 같은 것을 확인하고, 조건 없이 협력 사역을 시작했다. 그 후 나는 운전 기사로, 그는 전도인으로 뜻이 있는 사람들과 함께 시골 전도 사역을 시작했다. 그리고 꿈나무 집도 함께하며 선교의 꿈을 실천해 나갔다.

그동안 의견 차이로 몇 번 크게 다투는 일도 있었지만, 결국 우리는 같은 꿈을 꾸는 사람이기에 이 모든 과정을 넘어설 수 있었다. 이렇게 지난 30년 동안 동역하고 있다. 내가 마하라슈트라주로 사역지를 옮긴 후에도 그는 계속해서 라마나페드 선교 센터를 운영하면서 오디샤주에 라이가다 선교 센터를 건립했다.

우리 인도복음선교회의 인도 사역 25주년 되던 2014년에 인도 복음 선교동맹(India Gospel Mission Alliance)이라는 단체를 공동 운영 하기로 협정을 맺었다. 그는 인도 IGM의 대표로 탈랑가나(Telanga-na)와 오디샤 지부장을 겸해서 사역하고 있다.

하나님께서는 이 형제를 통해 나의 선교 사역의 꿈을 이루어 오도록 은혜를 베풀어 주셨고, 현지인에 의해 이루어지는 선교 사역의 열매로 남게 하셨다.

즈카리야 앙클과 엘리자베스 안티

즈카리야 앙클은 뭄바이 교구와 동역할 당시, 서고츠 산맥에 속한 한 산골 동네에서 처음 만났다. 가빗 감독님과 함께 전도 지역 순례에 왔다가 그곳에 있던 나를 만났던 것이다. 그 후, 북인도연합 교단 선교부장을 거쳐 UGWSM이라는 선교 단체를 같이 개척 멤버로 세웠다.

이 선교회는 본인이 하늘나라로 떠난 오늘까지도 우리 선교회를 통해 인도 현지인 사역자들을 물질로 지원하고 있다. 인도인에 의한 선교를 꿈꾸며 추진하고 있던 나는 그분들로 인해 인도에서도 선교 헌금 모금의 가능성을 보았다.

내 안에 그분들로 인한 위로와 감사가 적지 않다.

조수아 형제

조수아 형제는 우리 가족이 인도에서 출석하는 교회에서 만나게 되었다. 그는 우리 사역을 알고 난 직후, 성탄절 전도인들의 선물비를 몇몇 친구들과 함께 지원했다.

현재까지 3개의 교회를 건축하고 계속해서 우리 사역을 물질로 돕고 있다. 이 또한 인도인들에 의한 물질 후원이기에 나에게는 너무나 감사하고 귀하기 이를 데 없는 일이다. 본인의 사업보다 북인도연합교회 총회의 사업 추진 촉진자 사역과 총회 산하 학교들을 돌보는 일에 더 많은 시간과 노력을 쏟는 조수아 형제를 만나게 하신 하나님께 감사하고 있다.

그러나 이 모든 것을 넘어서 나에게 가장 멋진 만남이 되는 것은 역시 그동안 동역해 온 여러 동역자 선교사님과의 만남이다. 하이데라바드에서 초기 사역을 할 때에 동역했던 임권동, 박상옥 선교사가 그랬고, 박혜정 선교사 또한 잊을 수 없다. 그리고 지금 동역하고 있는 김진곤, 김미경 선교사와 이영철, 이진숙 선교사, 이경환, 윤혜영 선교사, 장창희, 이미숙 선교사, 아들이자 동역자가 된 김이레, 임지연 선교사. 그들과의 만남은 오늘 우리 인도복음선교회가 있게 한 가장 소중하고 아름다운 만남일 것이다.

어찌 만남이 이것뿐일까? 어쩌면 내가 다 기억하지 못하는 만남, 때로는 스쳐간 만남들, 이 만남들은 나를 향해 하나님이 준비하신 도움의 손길이었다. 그분들을 통해 나의 나 됨과 오늘의 인도복음선교회 사역이 이루어지게 되었다.

주께서 이 모든 분에게 만 갑절로 복 주시기를 두 손 들어 축복한다.

| 부록 1 |

이상한 인도 풍습 이야기

조혼

하이데라바드 시내를 떠나서 상가레디군으로 가는 방향 40km에 이르면 망고가 잘 되고 그 맛이 좋아서 '마무리빨리(망고 동네)'라고 부르는 동네가 있다. 여느 인도 시골 마을과 같이 평화로운 풍경이 펼쳐져 있는데, 그 동네 입구에 조그만 시골 교회가 하나 있다.

1990년 12월, 한참 무슬림과 힌두교인 사이에 종교 분쟁이 심각할 즈음에 전도하려고 방문한 이 동네에서 주민들에게 잘 알려진 귀신 들린 한 여인이 영화 상영 중에 벌떡 일어나더니 덩실덩실 춤을 추기 시작했다. 마침 영화 장면은 예수님이 십자가의 길을 가는 것이어서 시골 사람들이 눈물을 훔치며 영화에 몰입하고 있는 가운데 일어난 갑작스런 일이었다. 예수 영화의 분위기는 다 사라지고 사람들은 이 새로운 춤사위를 보면서 웅성이기 시작했다. 할 수 없이 영화 상영을 중단하고 전도팀 전원이 합력하여 기도했다. 그랬더니 동네 주민 그 누구도 제어하지 못하던 이 귀신 들린 여인이 꼬꾸라지고 벌벌 떨면서 거품을 토하고 고래고래 고함을 지르더니 귀신이 달아나고 이내 조용해졌다. 그 광경에 놀란 동네 사람들이 우리에게 "또 와서 복음을 들려 달라."고 부탁했다. 그 후에 계속 그 동네를 찾아가 결국 교회가 서게 된 곳이다.

그 교회에는 주로 "하리잔"이라고 불리고 "접촉하면 재수가 없다."고 하는 최하층 사람들이 예배에 참석했다. 그 교회에 열한 살 된 "니따"라는 아이가 있었다. 얼마나 장난이 심한지 주일학교 예배 시간에는 니따의 태도에 따라서 그날 예배가 좌우되기도 했다.

하루는 니따의 부모가 꾸마루 전도사에게 니따의 결혼을 알리며 주례를 부탁했다. 열한 살짜리 아이가 결혼한다는 사실을 듣고 꾸마루 전도사도 나도 물론 반대했다. 그러나 그 부모는 자기 종족은 "열 살이 되면, 결혼해도 된다."라고 하면서 이런 갈등으로 인해 결국 교회를 떠났다. 그리고 딸을 교회가 아닌 자신의 집에서 힌두 방식으로 식을 치렀다.

이렇게 결혼식을 한 이유가 있었다. 니따의 집은 너무 가난하여 아이가 장성하여 시집보낼 때에 지참할 "다우리(Dawry)"를 마련할 형편이 아니었다. 그래서 "다우리가 필요 없다."라고 말하는 서른두 살 총각에게 딸을 시집보내기로 한 것이다. 시집간 니따는 이제 시댁에서 사용할 땔감 나무를 해 오는 일, 멀리 떨어진 우물에서 가족이 마실 물을 길어 나르는 일, 얼마 되지는 않지만 농사짓는 일, 그 외에도 집안의 모든 일을 온몸으로 하면서 살아가야 하는 처지가 되었다. 장난꾸러기 니따는 결혼 이후에 교회에 더는 나올 수 없었을 뿐 아니라 그 지독한 장난을 한 번도 쳐보지 못한 채 아침 일찍부터 밤늦게까지 집안일과 밭일을 번갈아 계속해야 했다. 마치 일하는 기계처럼 그 장난꾸러기 인생을 끝낸 채, 시골 아낙네가 살아가는 그 길로 떠나게 된 것이다.

근친결혼(동생과 사위)

상기타 자매는 인도 하층민의 삶이 흔히 그렇듯, 그 행색에서 가난과 어려움에 찌든 삶이 그대로 드러나는 여인이다. 일찍 남편을 여의고 하나 남은 딸과 살아남기 위해 사람이 할 수 있는 모든 일을 마다하지 않고 하면서 살아왔다.

그 딸 스위티가 열 살이 되었을 때, 이미 상기타 자매는 육십이 넘어 보이는 주름투성이 할머니의 얼굴을 한 사람이 되었다. 이제 한참 큰 스위티는 여러 모양으로 자신들의 삶을 돌봐 주면서 함께 살아가는 외삼촌이 마치 아버지 같기도 하고 때로는 친구 같기도 하여 세상에 가장 믿음직한 보호자로 여겼다.

며칠 후, 스위티는 집안사람들이 함께 모여 회의하는 가운데 자신에 대해서 말하는 것을 얼핏 듣게 되었지만, 모처럼 만난 사촌들과 즐겁고 신나게 뛰어 노는 날이라 오가는 이야기를 자세히 듣지는 못했다. 친척들이 떠나기 하루 전, 큰외삼촌이 집안을 대표해서 중대 발표를 했다. 스위티와 외삼촌이 결혼하라는 것이다. 그렇게 되면, 이제 몸이 상하고 힘이 없어 활동할 수 없는 상기타를 대신해 외삼촌의 벌이로 세 식구가 생계를 꾸려나갈 수 있다는 이유였다. 결혼이나 부부의 삶을 잘 알지 못하는 스위티는 외삼촌과 결혼해 함께 살 수 있다는 자체가 큰 기쁨이고 마음이 든든해지는 까닭에 크게 즐거워했다.

이제 그들은 집안사람들의 축하 속에서 결혼했다. 외삼촌은 누나를 장모로 모시고 스위티는 외삼촌을 남편으로 삼아 함께 살아가게 되었다.

살인 면허증

인도의 트럭 뒷편에 보면, "나팔을 부세요." 하는 말이 쓰여 있다. 그래서 그런지 트럭들은 경적(klaxon)을 유달리 많이 사용한다. 장거리를 오가는 화물 트럭일 경우, 더욱 심해서 차 창문을 열면 귀가 다 아플 지경이다.

트럭들이 최북단에서 최남단까지 갈 때는 보통 4일 정도 시간이 걸리기에 기사 두 명이 교대로 운전한다. 그러다 보니 밤중이라도 차를 세우지 않고 밤새도록 달려가는 것인데, 고속도로만 아니라 상당히 많은 경우에 넓지 않은 시골 도로도 달려가야 한다.

이런 상황을 본 한 네덜란드 유학생은 인도 트럭 기사 면허증이 'License to kill(살인 면허증)'이라는 글을 올렸다. 밤중에 좁은 길을 냅다 달리다 보면, 사람이 갑자기 튀어 나올 경우에 피할 확률은 매우 낮아진다. 그래서 사람이 다칠 수밖에 없는 현상을 그 학생은 재미있게 표현했던 것이다.

이 학생에 따르면, Lisence to kill을 가진 트럭 기사들이 무서워하는 기사가 있는데, 바로 오토바이 기사들이라는 것이다. 오토바이는 인도에서 유달리 많이 사용하는 교통수단이기도 한데, 오토바이를 타는 사람들은 끼어들기를 특히 잘한다. 그래서 무섭게 달려오는 트럭들도 오토바이가 끼어들면 꼼짝 못하고 잡혀 있게 되는 것이다. 그렇게 보면, 네덜란드 학생은 인도 유학 기간에 인도의 교통 문화를 자세히 본 것 같다.

인도의 트럭들은 여러 가지 용도로 쓰인다. 역시 짐을 옮기는 일에 가장 많이 사용되고, 다음으로 시골 지역에서는 결혼식 손님을 나르는 이동용으로 자주 사용된다. 트럭 위에 줄을 묶고, 그 줄을 잡고 사람들이 서서 가는 것이다. 같은 면적의 버스보다 훨씬 더 많은 사람이 탈수 있기 때문에 시골 결혼식에서는 트럭이 요긴하게 쓰인다. 하지만 한 번씩 사고가 나면 인명 피해가 심하다. 결혼식장을 갔다 오는 길에 난 사고로 목숨을 잃는 사람들이 신문지상에 자주 나오는 이유다.

그는 또 이런 글도 썼다. 길 오른편인지 왼편인지, 어느 편에 차를 세워야 할지 몰라 교통경찰에게 물었다. 그랬더니 "자리가 있는 곳에 세우면 된다."라고 친절하게 답해 주었다는 것이다.

학생이 하루는 운전하고 가는데 차량 한 대가 오른쪽 깜빡이를 컸다. 그래서 왼쪽으로 방향을 틀다가 그 차를 받을 뻔하고 깜짝 놀라 신호 대기 중이던 옆 기사에게 또 물었다.

"오른쪽으로 가려면 깜빡이를 어느 쪽 것을 켜야 하나요?"

그러자 인도인 기사가 별걸 다 묻는다는 얼굴로 대답했다.

"당신 편한 대로 하세요."

여하튼 인도에서는 자기 편한 방식으로 운전하는 데도 차량들이 자연스럽게 흘러간다. 왼편과 오른편, 신경 쓸 일이 없다. 그저 앞만 보고 가면, 옆 차들이 알아서 피해 가는 것이다. 마치 "사람이 각기 자기의 소견에 옳은 대로 행하였더라(삿 21:25)."라는 성경구절처럼 말이다. 그렇게 살아가는 데도 사회가 별무리 없이 자연스러운 듯 흘러가는 것이다.

한번은 한국 TV에서 "인도에는 누드 버스가 있다."라는 방송이 나왔다고 한다. 그 방송을 직접 보지는 못했지만, 인도에는 확실히 누드 버스가 있다. 한국처럼 버스가 완전히 만들어져 나오는 경우가 있긴 하지만, 더 많은 경우에 큰 트럭처럼 아랫부분만 있는 차를 끌고 나와 거기에 버스 윗부분을 입히면 버스가, 트럭 윗부분을 입히면 트럭이 되는 것이다. 따라서 그 아랫부분만으로 다니는 차가 나왔을 때, 사람들은 누드 버스라고 부를 수도 있을 것이다.

누드 버스는 아무것도 없는 상태에서 운전기사가 앉을 의자 하나 달랑 얹어 두고 운전을 해 그 차를 수리할 곳으로 옮겨 가게 된다. 그래서 특별히 추위를 많이 타는 인도 사람들은 누드 버스를 운전할 때에는 눈만 빼꼼히 나오는 것으로 머리와 얼굴을 감싸고 입

은 옷 위에는 담요를 첩첩이 끼워 차고 운전해 가는데, 그 모습이
정말 우스워 참을 수 없을 정도다. 우리가 경험하지 못한 많은 것이
뒤섞여 지나가지만 모든 것을 포용하고 아무렇지도 않은 듯 그렇게
지나가는 것, 그것이 인도가 아닌가 싶다.

명예 살인

많은 사람이 인도 계급 사회에 대해 갖는 의문 중 하나는 "어떻
게 21세기 달나라에 다니는 시대에 케케묵은 계급이라는 제도가 아
직도 인도에서 유지되고 있을까? 대체 그 이유가 무엇일까?"라는
것이다. 그렇다. 모든 것은 바뀌었다. 사회 제도와 풍습도 그리고
시대를 살아가는 사람들의 세계관도 바뀌었다. 그러나 수천 년이
흐르고 나서도 바뀌지 않는 것 하나는 세계에서 유일한 인도의 계
급제도이다. 어떻게 이것이 바뀌지 않는가?

크게 두 가지로 생각해 본다. 인도 사회의 바탕에는 힌두교라고
하는 기초석이 튼튼하게 받쳐져 있다. 인도인들은 태어나는 순간
부터 삶의 여정 중에서 특별한 변화가 있을 때에 힌두교 의식을 행
한다. 그런데 의식을 거치지 못하면, 그 사람은 다음 생애에 태어
날 때에는 절대로 그 계급을 유지하지 못한다. 모든 사람은 다르마
(dharma)라는 의무를 지키는 정도에 따라서 다음 출생 때에 사람이
되기도 하고, 심지어는 동물이 되기도 한다는 것이다.

인도 사회가 유지되는 데에는 카르마와 다르마라는 두 기둥이
있다. 계급마다 의무는 다르지만, 모든 계급이 반드시 지켜야 의무

로 인생의 네 단계가 있다.

첫째는 태어나서 학생으로서 공부하는 단계이고, 둘째는 가정을 꾸리고 자녀를 낳으며 가장의 의무를 다하는 단계이다. 셋째는 부부가 함께 자연으로 돌아가 자연 속에서 생활하는데 이것을 산야샤라고 한다. 그리고 마지막으로 준비가 다 끝나면 부인을 집으로 돌려보낸 후에 자연 속에서 죽음을 맞이한다.

그러나 이것조차도 시대가 바뀌면서 많이 변했다. 대다수 사람들은 현실 속에서 물질문명과 함께 살아가며 변해 버렸다. 아직도 소수 사람들은 이것을 성실히 이행하고 살아가는데, 특별히 상위 계급일수록 더욱 그러하다.

하지만 이것으로는 계급 사회의 인도를 유지할 수 없을 것 같다. 그러면 어떻게 이 계급 사회가 유지될까?

이에 대한 두 번째 답으로 결혼을 생각한다. 인도에서의 결혼은 철저하게 계급 간의 결혼이다. 다른 계급 간의 결혼은 도저히 용납되지 않는다. 그래서 같은 계급 사람끼리 결혼하기 위해 모든 신문들은 일요일에 결혼 광고를 한다. "무슨 계급에 속한 어떤 사람이 결혼을 원한다."라는 식이다. 광고를 보고 혼기를 놓친 사람들도 짝을 찾아서 결혼한다. 같은 계급 사람끼리 결혼하는 이상 인도의 계급 제도는 바뀔 수 없는 것이다.

시대의 변화에 따라서 간혹 연예 결혼을 바라는 젊은이들이 생기기 시작했다. 그러나 설령 젊은 시절 한때 연애를 했다고 하더라도 일반적으로 결혼할 때가 되면 부모의 소개로 중매를 통해 결혼하게 된다. 그런데 간혹 제도를 벗어나는 젊은이들이 있다. 만일 그들이 다른 계급에 속한 상대와 결혼하면, 인도 사회의 근간인 계급이 깨어진다. 이것이 깨어진다는 것은 힌두교가 거부되었다는 의미이다. 그래서 오랜 세월 흘러온 하나의 관습이 있는데, 그것이 곧 명예 살인이다.

인도에서 오빠는 특수한 의미를 가진 단어이다. 오빠는 평생 동안 여동생을 보호해 주어야 할 의무가 있다. 동시에 여동생이 그릇된 길을 갈 때는 이것을 바로 잡도록 지도해야 할 의무도 있다. 여성이 가는 길 중에 잘못된 가장 큰 길은 다른 계급의 사람과 결혼하는 것이다. 그래서 이런 일이 생기면, 오빠는 가문의 명예를 지키기 위해 반드시 그 여동생을 죽여야 한다. 그렇지 못하면, 그 오빠는 힌두교의 다르마(의무)를 다하지 못해서 다음 생에 개나 돼지로 태어날 수도 있다는 것이다. 얼마나 안타까운 일인가? 가문의 명예를 지키지 못한 것도 부끄러운 일인데, 더구나 동물로 태어난다니? 그래서 지금도 명예 살인이 끊임없이 일어나고 있다. 하지만 재판이 진행되는 가운데 결론이 어떻게 나는지 잘 아는 사람은 많지 않다.

얼마 전에 우리가 사역하는 마하라슈트라주 전도자의 사역지 마라타와다 교구에서 살인 사건이 일어났다. 길가 수풀에서 부패한 젊은 여자의 시신이 발견된 것이다. 이 사건을 조사하던 경찰은 이 여자의 아버지와 삼촌 그리고 외삼촌이 이 일을 저질렀다는 결론을 내렸다. 그들은 여자의 오빠가 해외에 살고 있었기에 오빠의 의무를 다하지 못해서 자신들이 대신했다고 진술했다. 신문에는 재판 과정에서 아버지가 한 말이 실렸다.

"우리 인도 사회의 근간을 뿌리 채 뒤흔드는 이 나쁜 풍속을 막기 위해서, 나는 어쩔 수 없이 우리 아이를 죽였습니다."

이 재판이 어떻게 결론 내려질까? 정상적인 살인 재판을 기대하는 사람은 아무도 없는 것 같다. 인도라고 하는 사회를 세워 가기 위해서는 그 사회의 근간을 흔드는 다른 계급 간의 결혼을 막아야 하는 것이 그들의 대의이기 때문이다. 그래서 명예 살인은 자주 일어나고 끊임없이 일어나면서도 사회적인 합의에 의해 묵인되고 있는 것 같다.

이처럼 이 명예 살인이야말로 인도를 계급 사회로 유지하는 가장 중요한 역할을 하는 것으로 보인다. 그래서 우주선이 달나라에 오가는 시대에도 인도 사회의 계급 제도는 바뀌지 않는다. 그리하여 힌두교 또한 이 땅에서 든든히 자리 잡고 인도 사회의 기초 역할을 담당하며 상호 유지가 되는 것이다.

다우리 제도

하이데라바드시 한가운데에 위치한 탱번이라는 호수는 차르 미나르와 함께 도시의 명물로 유명하다. 더군다나 10년 전에는 메가 시티 프로젝트라는 도시 계획으로 수질 개선과 주변 환경을 정리하고 나서 그 아름다움이 더해졌다. 게다가 호수 가운데에는 일본 불교인들의 후원으로 세워진, 동양에서 제일 크다는 붓다의 입상이 있다. 이 호수는 이제 외국인 관광객들까지 성지 순례로 방문하는 장소가 되었다.

그러나 이 호수는 인도에서는 불명예스럽게도 자살 코스로 매우 유명하다. 수많은 여인네가 이곳에서 물로 뛰어들어 자신의 생을 마감한 다. 우리가 하이데라바드에 거주할 때는 거의 매일 자살 사건이 있었다. 최근 들어서 그 수가 줄었다고 하니 그나마 다행스런 일이다.

이렇게 자살 코스로 유명해진 이유는 단 하나, 다우리 제도 때문이다. 잘 아는 대로 인도는 결혼 지참금이라는 다우리 제도가 아직도 유효한 곳이다. 결혼할 때에 신부는 결혼 경비뿐만 아니라 그 남편이 될 사람의 가문에 걸맞는 결혼 지참금을 준비해서 시집가야 한다. 이것이 1회로 끝나면 그나마 나은 경우이다. 그중에 제대로 취직하지 못하거나 사업 실패 등으로 생활이 어려운 가정의 남편들은 여인네들을 친정으로 계속 보내 돈을 가져오도록 요구한다. 이것은 남편만 아니라 그 시부모와 가족들도 당연한 것으로 여기는 사회적인 악이 되고 있다. 친정에서 돈을 얻어 오는 것도 한두 번이지 이것이 반복되면 미안한 마음에 친정에 가지도 못한다. 그렇다고 시댁에도 빈손으로 갈 수 없는 상황이 되면 이런 여인네들은 오갈 데 없이 배회하다가 결국 탱번의 유혹에 빠지는 것이다.

다우리 제도는 남인도 지역이 북부 지역보다 훨씬 더 강하다. 북동부 지역에는 한때 모계 사회가 유지되기도 했는데, 그 여파로 지금도 여인들의 지위가 탄탄한 편으로 당연히 다우리 제도는 없다. 그리고 북인도 지역도 다우리는 있지만 그래도 남인도와 비교하면

훨씬 수월한 편이다.

한 번은 남인도연합교단 목회자의 사모가 손가락이 절단되어 사회 법정에 고소한 사건이 있었다. 이것은 교회에서도 큰 쟁점이 되었지만 아무 결론도 내리지 못하고 지나가 버렸다. 사모님은 목사의 계속된 다우리 요구 한계에 이르러 이것을 수용하지 못했고, 이 사실에 화가 난 목사가 부인의 손가락을 잘라 버린 것이다.

남인도 지방에는 지금도 목사가 되면, 다우리 금액이 늘어난다. 남인도연합교단은 교회들이 안정되어 있어서 사례금과 대우가 괜찮은 편이다. 따라서 그 목사에게 결혼하는 여인들은 그만큼 더 다우리를 준비해야 사모가 될 수 있는 것이다. 다우리를 지급하면서까지 결혼하는 사모님들을 보면, "얼마나 사명감이 불타실까?"라는 의문이 가끔 든다.

유아 살해

세계에서 남녀 유아 성비 차이가 가장 심한 나라 중 하나가 인도다. 다우리 제도가 있는 나라에는 당연히 남아 선호 사상이 있다. 어떤 방법으로든 임신 중에 남녀 성별을 구별할 수 있으면 여아를 유산하려고 할 것이다. 하지만 인도는 초음파 검사를 통해 아이의 성별을 확인하는 것을 법으로 엄격하게 금하고 있다. 따라서 성별을 알려 준 의사는 면허가 취소되는 것뿐 아니라 교도소에도 가야 한다. 이렇게 무서울 정도로 성별 확인을 금하고 있는 인도에 세계에서 가장 큰 성비 불균형이 있다는 말은 유산을 하든 또는 어떤 다른 방법으로든 여자아이들이 살해되고 있다는 반증이다.

내가 사회복지학 박사 논문을 쓰기 위해 인도 아동들에 대한 조사를 하고 있다가 믿을 수 없는 사실을 책에서 읽게 되었다. 여자아이가 태어나면 그 즉시 시어머니와 시댁 식구들이 유아의 코와 입을 막아 산모가 미처 보기도 전에 살해한다는 것이다. 잠깐이면 되는 것이다. 코와 입을 막고 몇 분만 지나면 유아는 아무런 반항도 하지 못하고 살해된다. 그러나 살해한 그 사람들이 아이가 출산 중에 잘못되어 죽었다고 말하면, 여자아이일 경우에 산모는 소리 죽여 우는 것 외에는 어떻게 할 방법이 없다. 이렇게 쥐도 새도 모르게 유아 살해가 이루어지는 것이다. 당연히 법적으로 어떻게 할 수 있는 사건이 아니다. 여아를 낳은 그 산모는 열이면 열 모두 침묵을 지키기 때문이다. 자신들이 살아온 여자의 일생 때문에 여아임을 알게 된 이상, 시어머니의 행위가 최선임을 본인들도 인정하는 것이다. 그래서 그렇게 엄격히 성별 확인을 금하고 있음에도 유아 성별 불균형은 세계에서 제일 높은 나라가 된 것이다.

그래도 지금 도시에서는 산부인과에서 출산하는 경우가 많아졌지만, 인구의 70%가 여전히 시골에 살고 있는 현실에서 여아 살해는 어쩔 수 없이 이루어지는 사회악이 되었다. 이것은 매중매체에도 전혀 나오지 않는, 인도 사회가 묵인하고 있는 무서운 범죄이다. 여자아이로 자라는 아이도 어릴 때는 잘 모르고 그냥 지나가지만 점차 나이가 들어 결혼할 때가 가까워오면서 그 마음이 천근처럼 무거워지기도 한다.

친정집이 부자라고 해도 "딸 셋을 시집보내고 나면 집안이 망한다."라는 유행어가 사실인 인도 사회이다. 다우리 제도는 여아 살해라고 하는 또 다른 무서운 범죄를 조장하고 있다. 인도 사회의 이 모든 제도를 보면서, 예수님이 하신 "너희 아비 마귀는 거짓의 아비 (요 8:44)"라는 말씀이 잊히지 않는다.

| 부록 2 |

강화되는 힌두트바 운동 속의
기독교 선교 전망

    2015년 1월 5일, 인도의 24시간 뉴스채널인 NDTV와 각종 TV 채널이 한 주간 뜨겁게 다룬 사건이 있었다.

    인도 반도의 끝부분에 위치한 아름다운 바닷가로, 스와미 비베카난다(1893년, 미국 시카고에서 열린 세계종교회의를 통해 힌두교를 전 세계에 소개한 인도 힌두교와 민족주의의 영웅)의 동상이 우뚝 서 있는 칸니야쿠마리라는 지역의 IAS Officer가 "기독교 설교를 했다."라는 이유로 새로 선출된 주지사가 사임을 종용한 것이다. IAS Officer는 경찰직, 세무직, 세관직, 행정직에서도 상위 성적으로 합격한 사람을 뽑는 인도 행정 고시의 꽃으로 불린다. 이들의 역할은 선거로 선출된 정치인 군수와 함께 군정을 돌아보는 것인데, 공무원으로는 그 지역의 최고위직에 해당하는 사람이었다.

타밀나두주에서 인도인민당(Baratiya Janata Party, 약칭 BJP)이 집권하면서 당에서 세운 주지사가 "공무원이 기독교 복음을 전한다(사실은 출석하는 교회에서 설교했다.)."라고 하여 직위 해제와 동시에 사퇴를 요구했다. 이에 대해, IAS Officer인 기독교인 우마산카는 "인도의 헌법에 명시된 종교의 자유에 의해서 근무 시간이 끝나고 사적인 시간에 예배에 참석하기도 하고 때로는 교회 요청으로 설교하기도 하는데, 이것이 어떻게 법을 어긴 것인가?"라고 항변하며 뉴스에 나온 것이다. 그는 칸니야쿠마리군의 IAS(Indian Administrative Service)로 발령을 받은 후, 3년 동안 이와 같은 신앙생활을 해 왔고, 그간 아무 문제도 없다가 인도인민당이 집권하자마자 일어난 이 일을 헌법을 인용하며 항변했다. 모든 TV 채널의 적극적인 지원에도 불구하고, 힌두트바(Hindutva)를 앞세워 세워진 주지사 앞에서는 무력할 수밖에 없었다.

"힌두트바, 즉 힌두 국가 건설"을 선거 공약으로 압승을 거두고 집권한 인도인민당이 집권 여당이 된 지난 몇 년 동안, 인도에서 사역하는 외국인 선교사들은 추방을 당하거나 입국을 거절당하는 모양새로 인도를 떠나게 되었다. 한국인 선교사 약 160여 가정이 이런 과정을 겪었고, 현재도 계속 진행 중인 상황이다. 이 모든 것의 시작은 힌두트바 운동을 진행하는, 종교를 정치의 도구로 사용하는 현 정권의 정책에 의해서 생겨난 것이다.

힌두트바 운동을 알면, 오늘 인도에서 벌어지고 있는 이러한 현상이 왜 일어나는지를 이해할 수 있다. 그래서 나날이 강화되는 힌두트바 운동을 같이 한번 생각해 보려고 한다. 그리고 그 환경 속에서 우리가 어떤 방법으로 선교해야 할지를 고민하며 내가 느끼고 사역하던 것을 같이 나누어 보려고 한다.

그 순서로 먼저 힌두트바 운동이 생기게 된 역사적인 배경을 살피고, 이 운동을 주도하고 있는 민족의용단(Rashtriya Swayamsevak Sangh, 약칭 RSS)의 탄생 과정, 민족의용단과 현재의 인도인민당 정부와의 관계 그리고 인도인민당의 등장 과정에서 민족의용단의 역할을 조명해 보려고 한다.

그 후에 현재 수상인 나렌드라 모디와 민족의용단의 관계를 살피는 동시에 힌두트바 운동이 어떠한 과정을 통해 종교 분쟁이나 타종교 박해를 전개하고 있는지 함께 생각해 본다. 그 다음으로 이처럼 강화되는 힌두트바 운동이 인도 기독교에 미친 영향을 확인하고자 한다. 마지막으로 이처럼 날로 강화되는 힌두트바 운동 속에서 기독교는 선교 차원에서 어떻게 접근해 나가야 할지 함께 나누어 볼 생각이다.

힌두트바 운동을 정치적으로 주로 해석하고 있지만, 그 내용을 깊이 통찰하고 있는 부산외국어대학교 이광수 교수님의 글도 일부 인용하고 있음을 미리 밝힌다.

"매일 한 교회씩 북인도에서부터 시작하여 파괴하겠다."

1991년 신년 벽두부터 인도인민당의 제1야당 부상과 함께 그 세력을 떨치게 된 인도인민당 행동대 바즈랑달(Bajrang Dal)의 광고 문구이다.

세계힌두교협회(VHP, Viswa Hindu Prasad)는 "매년 1만 명의 요가 강사들을 힌두교 선교사로 전 세계에 파송하겠다."라고 연이어 신문과 방송을 통해 발표했다.

이 단체들은 민족의용단의 가족들이라는 의미의 상 빠리바르(Sangh Parivar)라고 하는 상층 카스트에 의해 조직된 힌두교 근본주의 단체에 속했는데, 여기서 세운 인도인민당을 측면에서 지원하는 행동대원들 단체이다.

2014년 12월, 성탄절을 얼마 앞둔 시점에서 역 개종을 시도하는 운동이 힌두 근본주의자들을 통해 광범위하게 일어났다.

"왓바스(집 떠난 형제들이여, 고향으로 돌아오라!)!"라는 이 거대한 캠페인은 먼저 "1,200만 명의 집(힌두교)을 떠나 타지(기독교)로 간 형제들, 북동부 산악 지대의 원주민들에게 그동안 그들에게 등한시한 것을 회개하며, 이번 성탄절에 20만 명이 돌아오도록 노력하겠다."라고 발표했다.

동시에 그들은 인도에서 살고 있는 수많은 방글라데시인에게 "힌두교로 개종하든지 아니면 인도를 떠나라!"라고 공개적으로 모든 방송과 신문을 통해 대대적으로 광고했다. 그리고 그들은 실재로 "무슬림이 힌두교로 개종하면 4렉 루피(한화 약 700만 원)를, 기독교인들이 힌두교로 다시 돌아오면 2렉 루피(약 350만 원)를 보조하겠다."라면서 20만 명에게 지급할 수 있도록 국민을 상대로 모금을 시작했다.

2017년에는 인도 독립 당시에 세속주의 국가 건설에 반대하면서 현재의 힌두트바 운동의 기초를 놓았던 힌두 마하사바(Hindu Mahasava)라는 단체에서 마하트마 간디가 암살된 날에 "간디의 암살자 나투람 고드세(Nathuram Godse)의 동상을 인디아의 어머니 템플 곁에 세우겠다."라고 해서 내 귀를 의심한 적이 있다.

어떻게 이런 일들이 인도 국민들 다수의 지지를 받으며 진행될 수 있을까? 힌두트바 운동이 일어나게 된 배경을 이해하면 절로 고개를 끄떡이게 된다.

힌두트바가 생기게 된 역사적 배경

어떻게 힌두트바 운동이 21세기 최첨단 과학 시대를 열어가고 주도하는 이 인도 땅에서 가능할까? 이 일을 이해하기 위해서 우리는 먼저 이 운동이 필연적으로 일어날 수밖에 없는 인도 역사의 흔적을 살펴보아야 한다.

첫 번째 배경은 이렇다. 서기 1200년 무렵부터 현재 티키에 살던 투르크족과 아프가니스탄에서 침공한 세력들이 번갈아 가며 델리에 왕국을 세워 술탄임을 자처했다. 이들의 왕조는 술탄에이트(Delhi Sultanate)로 불리는데, 무슬림 제국의 인도 통치 시대이다.

평화롭기만 하던 힌두인들은 듣도 보도 못한 이슬람교를 접하게 되었다. 비록 크게 개종을 강요당하지는 않았지만, 통치자들을 돕던 사람들이 먼저 이슬람교 풍습을 따르면서 일차적인 문화와 종교적인 충격을 경험하게 되었다.

이어 1320년에 세워진 투글루크(Tughluq) 왕조는 무슬림 왕조였다. 그 가운데 피루즈 황제는 사원 파괴자로 역사에 남게 되었는데, 당시 그는 힌두교인들의 자존심이자 극한 사랑을 받던 오디샤 푸리의 자간나타 사원을 대파했다. 그 이유는 다분히 종교적이었다. 황제가 보기에는 이교도의 사원인 자간나타 사원은 정치적으로 무슬림을 반대하는 사람들의 모임 장소였기 때문이었다. 이 사건은 힌두 신들을 숭배하던 힌두인들에게 황제뿐만 아니라 그 황제가 섬기는 이슬람교에 대해 적대감을 가지게 되는 계기가 되었다.

이후 무굴 제국의 인도 통치 초대 황제였던 바베르로부터 악바르 황제까지의 통치 시대에는 힌두 종교에 대해 관대했다. 특히 악바르 황제는 무슬림 외의 사람들에게 거두던 인두세를 폐지하고, 힌두교 왕국인 라지푸트 공주와 결혼하여 두 종교 간의 화합을 이루었다. 이 일은 인도에서 인기를 끌었던 "조다 악바르(Jodhaa Akbar, 2008)"라는 영화에서 자세히 볼 수 있다.

그러나 두 종교 간의 이런 밀월 관계는 악바르의 증손인 아우랑제브 황제 시대에 와서 최악의 길을 걷게 되었다. 그는 아버지 샤자한 황제를 어머니의 무덤인 타지마할이 보이는 건너편 레드 포트에 감금했다. 그는 또 북인도에서 남인도의 데칸고원까지 방대한 인도를 통일한 위대한 황제인 동시에 정복한 곳마다 힌두 사원을 파괴하고 이슬람 사원을 세웠다. 이로 인해 힌두교인들의 가슴에 지울 수 없는 아픔과 분노가 심어졌고, 이후에 힌두트바 운동이 일어나는 빌미를 제공하게 되었다.

두 번째 배경은 파키스탄과 분리 독립된 시기에 인도에서 일어난 사건들을 통해 볼 수 있다. 마하트마 간디는 종교 화합의 시도로 단식했다. 마지막 단식을 마친 후, 무슬림 지도자로 후일 파키스탄 건국의 아버지가 된 진나(Muhammad Ali Jinnah)와 대화가 잘 진행되는 듯 했다. 그러나 그날 밤 무슬림이 벌인 캘커타 대학살로 단일 인도 독립이 아닌 펀잡(Punjab)주를 반으로 양분하여 북쪽은 무슬림에 의해 파키스탄이, 남쪽은 힌두인들이 인도로 분리 독립하면서 일어났다.

이렇게 해서 1,200만 명의 사람이 2개월 만에 무슬림은 파키스탄의 펀잡으로, 힌두인들은 인도의 펀잡으로 나뉘어 이동하는 인류 역사에 가장 가슴 아픈 사건 중 하나가 발생했다.

인도에서 크게 흥행했던 "가다르(Gadar, 2001)"라는 영화에 그 내용이 자세히 그려져 있다. 인도에서는 무슬림이 탄 기차가 파키스탄으로 출발하고 동시에 파키스탄 지역에 살던 힌두교인들은 인도를 향하여 출발했다. 그러나 그 기차가 목적지에 각각 도착했을 때, 여자들은 성폭행을 당하고 성기가 잘린 채 살해되었고 수많은 어린이 또한 살해되었다. 영화가 다 현실일 수는 없다 해도, 그 참상은 외국인인 내가 보기에도 피가 끓었던 기억이 생생하다. 그런데 직접 그 일을 겪은 사람들이 서로의 종교에 대해 증오심을 갖게 된 것은 어쩌면 당연한 일일 것이다.

세 번째 장면은 영국의 인도 통치 당시와 인도 독립 직후에서 엿볼 수 있다. 영국은 인도를 원활하게 통치하기 위해서 무슬림과 힌두 간의 갈등을 최대한 이용했다. 그러나 영국으로부터 독립을 원하던 인도인들은 인도 독립이라는 한 목표를 갖고 무슬림도 힌두교인도 아닌 인도인이라는 인식 하에 하나로 움직였다. 따라서 영국이 취한 전략은 큰 효과를 볼 수 없었다.

그들은 민족주의라는 기치 아래 하나가 되었고, 오히려 종교심이 많았던 그들은 "왜 영국인들이 믿는 기독교가 인도를 통치하게 되었을까?"라는 질문을 마음에 담고, 기독교 예배에 참석하면서 그 이유를 찾기 시작했다.

그리고 나서 힌두교를 기독교식으로 따르면서 브라모 사마지, 아리아 사마지 등의 단체를 조직하고, 강한 인도인으로 서기 위해 이미 힌두교 베다 경전에 나와 있는 "'범아일여(梵我一如, 신의 성품 안에서 신과 인간은 하나)'의 사상으로 돌아가자!"라고 주장했다. 그 결과, 기독교 선교 단체와 유사한 라마크리슈나 미션(Ramakrishna Mission)을 세웠는데, 종교를 통해 인도 독립을 꾀한 라마크리슈나와 그의 제자 비베카난다 등의 종교인들이 나오게 되었다.

한편으로 지금까지 내려온, 온갖 섞여 있는 힌두교 전통들을 통일시켜 하나의 종교 형태로 재해석했다. 이것을 브라만교를 중심으로 힌두 사회 및 정치에 도입했고, 아리아 민족의 우수성을 세우자고 주장한 브라만 출신 틸락과 비나약 사바르카 등의 민족주의자들이 나와 지금의 힌두트바 운동의 이론과 기초를 놓게 되었다.

인도가 독립한 후에 이들은 힌두교가 아닌 모든 종교의 평화로운 공존을 추구하며 세속주의 국가를 세우려는 인도국민의회당의 정책을 반대했다. 그들은 계급 타파의 성향으로 '만지거나 닿으면 재수 없다.'라는 불가촉천민 '하리잔'들을 '신의 아들들'이라고 하며, '하리존'으로 부르는 마하트마 간디의 정책을 도저히 용납할 수 없었다. 더구나 그의 비호 아래 인도 헌법을 창시한 암베드카르(Bhimrao Ramji Ambedkar) 박사를 중심으로 하층민들의 계급 상승 욕구와 평등사상이 팽배하자 상층 카스트로 이루어진 이들을 중심으로 드디어 민족의용단을 조직하기에 이른 것이다.

민족의용단의 탄생과 성장 과정

골왈카르(Golwalkar)에 의해 탄생한 민족의용단은 1920년대에 설립된 이후로 문화 단체를 표방했지만, 정치적 영향력을 행사할 의도가 있다는 것을 결코 숨기지 않았다. 민족의용단의 출발 자체가 1920년대 하층 카스트의 사회적 상승 욕구에 직면한 상층 카스트와 지주 연합 세력의 대응이었다.

초기 민족의용단은 암베드카르가 이끄는 달리트(Dalit) 운동이 평등을 주장하는데 맞서 카스트에게는 고유하게 배당된 몫이 있다고 노골적인 차별을 주장했다. 즉 처음부터 카스트 정치를 목적으로 생겨난 것이다.

민족의용단은 영국 제국주의가 인도를 식민 지배한 지 150년 정도가 지난 1925년에 민족주의 운동이 활발하게 일어나면서 만들어진 우파 민족주의 단체이다.

영국 식민 정부는 인도 민족주의 세력을 약화시키기 위해 종교 감정을 조장해 힌두 공동체와 이슬람 공동체로 나누어 이간질했다. 그 후로 10년 넘게 이런 작업이 진행되는 동안, 힌두 민족 감정이 고취되면서 그에 따라 무슬림에 대한 적대적 감정이 갈수록 커져 갔다.

급기야 인도와 파키스탄으로 분단되어 갈 무렵, 그들은 무슬림 공격과 테러에 앞장섰다. 결국 1948년에 화합을 주장하면서 분단 반대를 외친 간디를 암살하기에 이르렀다. 그들은 네루 정부에 의해 바로 활동 금지령을 받았으나, 얼마 되지 않아 복권되었다. 그 후로 차츰 세력을 결집하여 지금은 인도 안팎으로 3만여 개의 지부를 두고 있는 명실상부한 인도 최대 최고의 극우 단체가 되었다.

그러면 그들은 어떻게 해서 이렇게 세를 불릴 수 있었을까?

민족의용단의 정관 4조 b항에는 민족의용단이 정치가 아닌 "순수하게 문화적인 일에 몰두한다."라고 명문화하고 있다. 이 조항은 1949년에 만들어진 것이다. 간디 암살사건을 계기로 세속주의 노선을 가던 네루 수상은 민족의용단의 활동을 금지시킨다. 민족의용단의 거듭된 활동 재개 요청으로 당시 내무부 장관이었던 파텔이 이 정관을 조건으로 1949년에 민족의용단 금지 조치를 해제해 준 것이다. 그러나 이때의 정관이 민족의용단의 정치 활동을 실제 약화시키지는 못했다. 오히려 그들은 자신들의 노선을 실행할 제도 내에서 움직이는 정치 조직이 더욱 필요하다고 판단했다.

인도 극우파 민족의용단의 성장 배경

　민족의용단이 세를 불릴 수 있었던 것은 인도-파키스탄 분단 시 발생한 거대한 재해에 인도주의적 차원으로 접근했기 때문이다. 물론 파키스탄 쪽에서 건너 온 힌두에 대해서만 인도주의적 태도를 보였지 그 반대의 경우에도 동일하게 해당되는 것은 아니다.

　인도-파키스탄 분단은 1947년 8월을 전후로 몇 개월 사이에 1,200만 명이나 되는 사람을 새로 만들어진 국민 국가 인도와 파키스탄으로 이동시킨 인류사 최대 비극의 하나이다.

　인도로 내려온 난민들은 살육의 아비규환 속에서 부모형제나 고향과 재산을 잃은 사람이었다. 자연히 무슬림에 대한 원한과 복수심이 사무칠 수밖에 없었고, 평생 파키스탄은 불구대천의 원수 나라가 되었다.

　고향을 떠나 도착한 낯선 땅, 물선 곳에서 그들을 맞이해 주는 사람은 아무도 없었다. 식민지를 갓 벗어난 상태인 인도 정부는 그들을 챙길 여력을 아직 갖추지 못했고, 여전히 가난에 찌들어 있던 국민들도 제 목숨 하나 부지하기 힘들던 상황이었다. 이때 나선 것이 민족의용단이었다.

　민족의용단은 우선 난민촌에서 구호와 의료 지원에 관한 일을 도맡아 했다. 당시 난민들을 돌보는 일은 민족의용단만 한 것이 아니었고, 기독교 선교사들도 함께했다. 그런데 기독교 선교사들은 난민 보호와 함께 기독교로 개종시키는 데에도 목표를 두고 있었다. 그래서 분단 과정에서 종교와 개종을 둘러싸고 돌이킬 수 없는 마음의 상처를 입은 힌두 난민들에게 기독교 선교사의 호의는 그리 큰 울림이 없었다.

이와 반대로, 적어도 겉으로는 아무런 대가 없이 자신들을 같은 민족인 힌두 품안으로 데려 오는 일에만 열중하는 민족의용단의 모습에 감동을 받았다. 그러면서 난민들은 서서히 '우리' 민족은 '인도' 민족이 아닌 '힌두' 민족이고, 파키스탄과 무슬림은 원수라는 민족의용단의 사고 프레임에 동조하게 되었다. 결국 세는 이념이 아닌 가슴으로 불리는 것이다.

난민들을 임시로 정착시키는 과정에서 아직 기능을 제대로 갖추지 못한 정부는 할 수 없이 전국적으로 상당한 조직을 갖추고 있던 민족의용단에게 난민 정착의 일을 맡기다시피 했다.

인도에서 파키스탄으로 이주해 간 이주민들과 파키스탄에서 인도로 이주해 온 이주민들의 집과 재산 현황을 조사하여 그 규모가 서로 비슷한 것을 골라 배분해 주는 정책을 실시하는 과정에서 그 집행을 맡은 민족의용단의 입김은 매우 세졌다. 그래서 난민들은 그들에게 기대어 사는 것이 가장 현명한 처사임을 알게 되었다. 그래서 많은 난민이 자신들의 이념과는 관계없이 민족의용단에 가입하기도 했다.

평범한 사람들을 근본주의자와 극단 세력으로 변화시키는 과정

그들은 파키스탄에서 인도로 이주해 왔다고 하더라도 민족의용단이 가지고 있던 힌두주의를 신봉하는 사람은 아니었다. 민족의용단이 크게 홍보했던 것처럼 힌두주의에 기반을 둔 새로운 국가 건설에 동참하려고 피난 온 것이 아니었다.

그들은 대부분 힌두와 무슬림 간의 종교공동체 폭력 사태를 잠깐 피하려 한 것뿐이었다. 당장 먹고 살 일이 막막하여 민족의용단에 가입했을 따름이었다. 그들은 반(反)무슬림주의자도 힌두 근본주의자도 아니었고, 다만 편잡의 소산인 민족의용단에 대해 자부심을 갖고 있었다. 그들은 대부분 네루 정부의 세속주의를 지지했다.

하지만 난민들은 점차 무슬림에 대한 적개심을 갖고 극우 힌두 민족주의자로 변하기 시작했다. 난민 캠프에서부터 하루가 멀다 하고 힌두와 무슬림 사이에 폭력 충돌과 난동이 벌어졌기 때문이다.

그런데 그 난동을 주도하고 조직한 세력은 바로 민족의용단이었다. 그들은 겉으로는 난동을 부인하면서 자작극을 비롯한 온갖 방법을 동원해 난동을 사주하고 실행에 옮겼다. 낮에는 인도주의 집단, 밤에는 테러 집단이었던 것이다.

그러다가 마하마트 간디가 암살을 당한 후인 1948년 2월에 민족의용단 조직의 대표들이 대거 체포되고, 조직 전체는 활동이 금지되었다. 조직 입장에서는 더할 수 없는 치명타를 입었다. 하지만 그들에 대한 분위기는 그렇게까지 악화일로를 걷는 것은 아니었다. 비록 민족의 아버지로 추앙받는 간디를 암살한 것에 대해서는 거의

모든 국민의 비난을 받았고, 종교공동체주의자라는 낙인이 찍혔지만 역설적으로 이미 불구대천의 원수가 된 무슬림에 대한 저항자로서는 보이지 않는 지지를 받았고, 이미 더욱 굳어진 힌두라는 동류의식을 통해 국민들로부터 넓은 동정심을 받을 수 있었다.

여기에 곳곳에서 무슬림과의 종교공동체 분쟁이 빈발하고, 이윽고 카시미르 분쟁이 발발하면서 파키스탄에 대한 적개심이 커졌다. 그 속에서 힌두 민족주의는 쉽게 성장했다.

민족의용단과 인도인민당과의 관계

민족의용단과 인도인민당의 관계를 아버지와 아들, 멘토와 멘티, 큰형(Big Brother)과 동생 등으로 묘사한다. 정작 민족의용단은 자신들이 문화 단체에 불과하며 정치와는 관련이 없고 인도인민당과는 친하게 지내며 조언을 주고받는 수준일 뿐이라고 주장한다.

하지만 간디 암살 이후, 역사적으로 세 번에 걸쳐 활동이 금지되었던 민족의용단이 자신들의 주장 그대로 문화 단체라고 생각하는 인도인은 아무도 없을 것이다. 그리고 인도인민당이 민족의용단의 최종 결정을 뒤집을 만큼의 자율성을 가지고 있는지에 대해서도 회의적으로 보는 시각이 많다.

민족의용단은 1954년부터 선전요원(pracharaks)을 양성하는 정치 훈련 캠프를 운영했다. 이들의 정치 훈련 캠프는 요즈음 TV에 생중계 되고 있고, 영국 국영 BBC 방송은 다큐멘터리로 제작하여 방영했다. 그들은 이렇게 양성된 선전요원들로 인도인민당의 전신인 국민단(Jana Sangh)을 통제하려 했다. 민족의용단은 자체의 정치적 활동은 부인하지만, 자원봉사자(swayamsevaks)들이 정당에 가입하는 것은 허용한다. 민족의용단은 지금도 이런 방식으로 인도인민당을 비롯한 여러 정치 조직에 자신들의 대리인을 파견한다. 이들을 통해 민족의용단의 제도 정치 조직에 대한 통제가 작동한다.

바즈파이, 아드바니, 나렌드라 모디와 같은 힌두 우익의 대표적 정치인들이 모두 선전요원으로 활동했던 경력을 가지고 있다. 민족의용단이 과거 국민단에 가했던 통제는 아주 노골적이어서 자신들의 노선에 충실하지 않은 인도인민당 대표들은 그들의 공개적인 명령으로 당에서 축출되기도 했다. 정치로부터 손을 떼겠다는 1949년의 약속은 공공연하게 무시되었다.

2005년에는 당시 민족의용단의 대표였던 수다르샨(K. S. Sudar-shan)이 TV 프로그램에 나와 바즈파이와 당의 대표적 인물인 아드바니가 이제 더 젊은 지도자들에게 자리를 내주어야 한다고 말했다. 그러자 당 내에서 절대적인 권력을 행사했던 두 사람은 일거에 힘을 잃어버렸다.

그들은 정치적 승리는 사회적, 문화적 분위기의 결과물이고, 인도인민당의 선거 승리나 실패는 민족의용단이 자신들의 종교공동체주의적 이념이 받아들여질 만한 문화적 분위기를 형성하느냐에 달려 있다고 말한다. "우리의 문화가 우리의 정치가 될 것이다."라고 그들은 당당하게 주장한다.

인도인민당의 등장과 민족의용단의 역할

인도인민당의 정치적 세력은 두 번의 계기로 급성장했다. 그리고 그 계기 모두 민족의용단이 주도한 격렬한 종교공동체주의적 폭력 사태였다.

아요디아 사건

1980년대에서 90년대까지 아드바니는 힌두교도의 순례 행사인 라트 야트라(Rath Yatra)를 이끌었다. 이 행사는 유사 고고학적인 근거로 무굴 제국의 유적인 이슬람교 성지가 원래는 힌두교 성지였다고 주장하며 이슬람교와 힌두교 간의 갈등을 고조시켰다.

결국 종교 간 갈등은 아요디아 사건(1992년)으로 폭발했다. 인도인민당은 이 사건을 이용해 급성장했고, 1996년에 실시한 총선에서는 다수당이 되었다. 1999년에는 정식으로 집권당이 되어 5년 임기를 채웠다.

아요디아 비극 이후에 인도인민당의 권력은 우후죽순처럼 커져만 갔다. 그런데 이는 힌두 수구 세력의 난동이 격화될 수 있음을 의미한다. 그리고 곧 소수인 무슬림의 저항이 격화될 수 있음도 의미한다.

무슬림의 저항은 불특정 다수를 위한 테러였는데, 그중 가장 큰 것은 1993년 3월 12일, 인도 최대 경제 중심지인 뭄바이에서 터진 폭탄 테러이다. 테러의 주동자는 인도의 유명 배우이자 무슬림인 산자이 듀타로 현재까지도 푸네의 예로와다 교도소에 수감 중이다.

이날 뭄바이에서는 증권거래소, 쇼핑 센터, 공항, 시장, 호텔 등 사람이 많이 다니는 곳만 집중적으로 동시에 폭탄이 터졌다. 그 장소만 해도 13군데였다. 이 일로 한 번에 257명이 목숨을 잃고, 1,400여 명이 부상을 입었다. 그렇지만 무슬림 테러는 힌두의 더 잔인한 학살을 낳았다.

구자라트 사태

2002년 2월 27일, 인도 서부 구자라트주 작은 도시 고드라(Godhra)역에서 열차 화재가 일어났다. 사건 직후부터 짧게는 3일, 길게는 한 달 가까이 일어난 사태이다. 성지 순례를 다녀오던 힌두교도들이 탄 열차에 화재가 발생해 수십 명이 사망한 사건이 일어났다. 이슬람교도들이 계획적으로 일으킨 사건이라는 소문이 퍼지면서 힌두교도들이 이슬람교도들을 공격해 천 명 이상의 사망자가 발생했다.

구자라트 폭동은 느닷없이 발생한 어느 기차 화재 사건에서 시작되었다. 역을 막 떠난 기차 안에서 난데없는 화재가 발생하여, 58명이나 순식간에 불타 죽는 참극이 일어난 것이다. 기차가 무슬림 밀집 거주지에 비상 정차했고, 무슬림 군중이 몰려와 돌을 던졌다는 것이다. 그런데 동시에 기차에서 불이 났고, 출입문은 모두 잠겨 있어서 그 안에 있던 여성과 어린아이 대부분이 희생되었다. 그들은 세계힌두교협회의 대원들로 아요디아에 성지 순례를 다녀온 길이었다.

당시 연방 정부와 주 정부의 여당이던 인도인민당이 조사위원회를 구성하여 발표한 바에 따르면, 무슬림 폭도가 휘발유를 구입해 바닥에 뿌리고 기차 안에서 불을 질렀다는 것이다. 무슬림 폭도에 의한 방화 사건이 분명했고, 그 가운데 죄질이 무거운 31명에 대해 유죄를 판결했다.

그들은 우선 이 사건이 무슬림의 소행일 것이라며 모든 무슬림을 남김없이 처단해야 한다고 선동하기 시작했다. 그리고 정부가 운영하는 방송국은 희생자 가족의 울분과 증오 그리고 애도로 가득 찬 내용을 담아 한 순간도 쉬지 않고 방송을 내보냈다. 누가 보더라도 폭동을 자극하는 내용을 담은 방송이었다.

더불어 밑도 끝도 없이 무슬림들이 힌두 여성을 집단 강간한다는 소문이 퍼졌다. 소문은 고드라를 넘어 삽시간에 구자라트주 전역에 퍼졌다.

그리고 하루가 지난 뒤, 무슬림에 대한 원한도 고드라에서 구자라트 전역으로 퍼졌다. 특히 구자라트 중심 도시 아흐메다바드(Ahmedabad)에서는 한 달 동안 학살 난동이 벌어졌다. 아침부터 힌두 수구 세력의 색깔인 황토색 옷을 입고 힌두 전통 칼과 도끼 그리고 활, 몽둥이 등으로 무장한 폭도들이 규칙적으로 시내 전역으로 나갔다. 수백 명이 한 집단으로 구성되었는데, 상부 지령에 따라 체계적으로 움직였다. 그들은 먼저 집에 돌을 던지고, 석유를 뿌린 다음 불화살을 날려 불을 질렀다.

경찰 진압으로 사살된 사람 또한 모두 무슬림뿐이었다. 그 결과

셀 수 없이 많은 무슬림이 힌두 세력의 난동에 쓰러졌다. 그 사망자 수가 적게는 1,000여 명에서 많게는 5,000명이 넘었다.

칼에 찔리거나 불에 타 죽은 사람은 대부분 현장에서 알라를 욕하라거나 힌두 신을 찬양하라고 강요받았다. 여성의 경우에는 강간을 당하거나 젖가슴이나 생식기가 도려내진 경우가 셀 수 없이 많았고, 사지가 절단된 어린이 수 또한 집계가 제대로 되지 않을 정도였다. 종교공동체 간 폭력 갈등의 인도 역사에서 처음으로 여성이 적극적으로 폭동에 가입하기 시작했다.

구자라트 학살의 경우, 이 난동을 일으킨 모디 정권은 갖은 수를 써서 차기 선거에서 재선해야 했다. 그래서 그들은 대규모 대중 집회를 열어 끊임없이 선동을 일삼았다. 2006년에 구자라트의 의용단 일가는 선거를 한 해 앞두고 250헥타르에 이르는 대규모 행사장에 22개의 힌두교 목욕 의례 시설을 만들어 100만 명에 가까운 사람을 동원했다.

그들은 의례를 통해 힌두 공동체 의식을 고취하면서 정치적 세를 과시했다. 그런데 대중은 이러한 집단주의에 쉽게 환호하고 현혹되는 법이다. 결국 2007년에 치러진 선거에서 구자라트 사람들은 학살자 모디를 다시 선택했다.

영화감독 라케시 샤르마(Rakesh Sharma)는 "최종 해결(Final Solution, 2003)"이라는 다큐멘터리 영화를 제작했다. 이를 통해, 명백하게 나치가 유대인 학살을 자행한 홀로코스트(the Holocaust)에 비견한 것이다.

영화는 힌두의 학살을 피해 고향을 떠나 임시 정착한 무슬림 난민 캠프를 유대인 게토에 비유하고, 힌두 수구 세력이 무슬림을 인도에서 모조리 쓸어버려야 하는 문제를 논의하는 모습을 보여 주어 우리에게 이 사건이 단순한 종교공동체 갈등을 넘어 나치의 홀로코스트 형 인종 청소로 진행된 것을 잘 알 수 있다.

힌두 근본주의 세력은 이제 무슬림은 이 나라 국민이 될 수 없고, 따라서 이 나라 안에 그 무슬림이 살 공간을 주어서는 안 된다는 주장을 서슴지 않는다. 다만 나치는 그 사악함을 강제 수용소와 가스실에서 은폐한 채 자행했지만, 인도의 수구 난동 세력은 그 학살을 대낮 길거리에서 보란 듯이 저질렀고, 그것이 TV로 중계 방송되었다는 점이 다를 뿐이다.

나렌드라 모디와 민족의용단의 관계

2013년 3월, 인도인민당은 당 최고 의사 결정 기구인 의회 위원회(Parliamentary Board) 및 중앙 선거 대책 위원회(Central Election Committee)의 위원으로, 또 6월에는 중앙 선거 대책 위원회의 위원장으로 나렌드라 모디를 임명했다.

모디는 도대체 어떤 정치인이기에 민족의용단의 적극적인 지지를 받는 것일까? (http://www.redian.org/archive/78737)

그는 1950년에 구자라트주에서 대대로 식료품상을 하는 중하층 카스트 집안에서 태어났고, 어린 시절부터 신앙심이 깊어 한때 싼야씨(Sanyasi, 힌두 수도자)를 꿈꾸기도 했다. 모디는 10대 후반에 홍차 장사를 했는데, 가게 단골이었던 민족의용단 간부의 영향을 받아 하부 청년조직에 가입하고 곧 선전요원이 되었다.

1987년에 모디는 민족의용단의 명령으로 인도인민당 구자라트 주 본부에 파견되어 조직 담당 비서(Organisation Secretary)로 일하게 된다. 이 일은 민족의용단과 인도인민당의 관계를 잘 보여 준다. 모디는 같은 민족의용단 선전요원 출신이던 바즈파이와 긴밀한 관계를 맺었다.

수상이 된 바즈파이는 모디를 전국 조직 담당 비서(National Organization Secretary)로 임명했다. 이것은 민족의용단과 인도인민당을 연결하는 역할을 하는 자리라고 알려져 있다. 이후 모디는 극우적 언사로 정치적 유명세를 얻는다.

구자라트 학살을 부추긴 것은 물론이고, 1999년에 까르길 전쟁(Kargil War)에서 파키스탄과의 평화 협상이 실패로 돌아가자 어느 기자 회견에서 파키스탄에게 "비리야니(Biryani, 볶음밥과 유사한 인도의 대표 쌀요리)가 아니라 총탄과 폭탄을 대접할 것이다."라고 대답해 호전성을 과시했다.

힌두트바의 정략

2015년 1월, 나렌드라 모디는 한 대중 집회에서 자신의 출신 카스트를 공개적으로 천명했다. 이런 일은 주로 중앙 정부의 수상을 노리는 거물급 정치인들은 잘 하지 않는 일이다. 규모가 작은 선거구에 출마한 정치인이라면 출신 카스트의 지지를 등에 업고 당선을 노려볼 수 있겠지만, 대중을 상대하려면 특정 카스트가 아닌 힌두 전체를 포괄한다고 말해야 하기 때문이다.

모디의 이날 발언과 그가 쓴 책은 민족의용단이 지향하는 힌두트바 정치의 중요한 작동 방식을 잘 보여 준다. 그는 청소일을 세습하는 불가촉천민 집단 발미키스(Valmikis)의 예를 들어 말한다.

"그들은 신이 부여한 이 일(청소)을 전체 사회의 행복과 신을 위해 해야 할 의무가 있다. 세대를 이어가며 말이다. 그리고 이것을 내적인 정신적 활동이라고 부른다."

카스트 차별을 노골적으로 지지하는 듯한 말이다. 그러나 곧바로 이어서 이렇게 강조한다.

"모든 카스트가 이런 식으로 신이 부여한 일을 함으로써 힌두 전체의 조화로운 통일을 이룰 수 있다."

모디의 발언은 힌두트바 정치의 양면성, 즉 조화로운 통일을 위한 차별이라는 자기모순의 정치를 잘 보여 주고 있다. 그의 말에서 알 수 있듯이 힌두트바 정치는 본질적으로는 다른 카스트들이 엄격하게 규정된 지위에 자리해야 한다는 카스트 피라미드에 근거한 이념이다. 이것이 그들의 진짜 생각이다. 그러나 하층 카스트 민중들을 동원하기 위해서는 단일한 힌두 정체성을 강조한다. 그래서 명목상으로는 카스트 간의 엄격한 차별과 위계를 드러내지 않으려 한다. 지위가 낮은 카스트 소속의 민중이 자신들의 카스트 정체성보다 힌두 정체성을 더 우선시하도록 만드는 것이 힌두트바의 정치적인 힘의 원천이다.

1980년대 이후에 불가촉천민들과 기타 후진 계급에 대한 직업 유보 제도(Job Reservation)가 확대되자 민족의용단은 이로 인해 자신들의 아이들이 마땅히 누려할 몫을 빼앗겼다고 느꼈다. 처음에는 달리트, 기타 후진 계급을 상대로 폭력적 행동을 자행했지만, 곧 이념으로 포장하는 태도로 바꾸었다. 이렇게 하여 람 사원 건설 운동이 시작되었다.

이 운동으로 민족의용단은 달리트들을 힌두트바 정치 안으로 포섭해 종교 간 갈등의 최전선에 배치했다. 힌두 정체성이 카스트 정체성보다 우선시되면 종교공동체주의의 계급 배반 정치가 작동한다.

2013년 UP주의 무자파르나카르 사건에서도 지역의 힌두계 자뜨(Jat) 카스트와 무슬림 간에는 하층의 소수 집단이라는 연대 의식이 존재했었다. 그러나 종교공동체주의자들의 선동으로 힌두 정체성을 강조하면서 이 연대는 깨졌다. 즉 계급 간 연대를 종교적 적대로 대체시킨 것이다.

민족의용단의 이념은 실제로는 카스트 간 차별을 유지하면서 카스트 간의 평등이 아닌 조화를 이야기한다. 하층 카스트들은 카스트 위계에서 발생한 분노를 무슬림을 향해 발산한다. 이것이 종교공동체적 폭력이고, 하나의 힌두라는 이념이 그 폭력을 정당화한다. 이렇게 힌두트바 정치는 카스트 문제에 대한 기만적 대응으로 대중을 정치적으로 동원한다.

힌두트바 운동이 인도 기독교에 미친 영향

힌두트바 운동이 기독교에 미친 영향은 여러 가지로 나타났겠지만, 크게 두 가지로 생각할 수 있을 것 같다. 첫 번째는 힌두트바 사상을 가진 힌두 근본주의자들의 박해와 제도적인 기독교 선교 제약이라고 하면, 두 번째는 그 박해와 제약에 대한 기독교계의 반응일 것이다.

이제 이러한 측면에서 두 가지를 동시에 고려해 보려고 한다.

1. 1990년 신년 벽두 신문 광고

"북인도에서부터 시작하여 하루에 한 교회씩 파괴한다."라는 신문 광고가 나왔다. 그 후에 인도 교회들은 지역과 도시별로 모여 대책을 의논하기 시작했다. 이 일은 지금까지 연합을 크게 생각하지 않던 인도 교회들이 연합을 생각하게 된 계기가 되었다.

당시에 우리 가족이 지내고 있던 하이데라바드에도 히마야다구다교회를 중심으로 일주일에 한 번씩 정규적으로 목회자 기도회로 모이기 시작했다. 두 번째 기도회 때에 "한국 교회의 박해를 소개해 달라."는 요청을 받고 말씀을 나누었다. 나는 그 자리에서 일제 강점기의 제암리교회의 예를 들어 말했다.

"교회를 부수러 오면 온 교인이 함께 모여 앉아 기도회를 하다가 순교하는 것이 인도 교회를 지킬 유일한 길입니다."

나는 그때 아직 젊었었고, 또 순교가 성도의 가장 큰 은혜로 확신하고 있었기에 열정적인 설교를 통해서 상당한 도전을 준 것으로

알고 있다. 그리고 그해 성탄절을 전후로 일어났던 힌두교 폭동 당
시에 우리 전도팀이 복음을 전하러 나간 사실이 알려지면서 본의
아니게 순교자의 길을 가는 사람이라는 대우(?)를 받기도 했다.

하지만 힌두 근본주의자들의 엄포성 광고는 인도 교회들의 연합
과 신앙을 재점검하는 좋은 계기가 되었다. 실제로 그 광고가 나간
이후에 교회들의 연합 모임이 각지에서 일어났다. 그러나 교회 건
물이 파괴되었다는 소식은 더는 없었고, 해프닝처럼 끝난 이 일은
오히려 교회들의 연합을 이루고, 교회의 부흥을 촉발하는 계기가
되었다.

2. 1997년 구자라트 기독교 박해

구자라트 기독교 박해의 경우를 생각해 보면, 그 박해 이유는 명
백했다. 들불처럼 퍼져나가는 기독교인들의 증가 추세 때문이었다.

구자라트와 마하라슈트라주의 경계 지역인 아와당이라는 구릉
지역에 살고 있던 원주민들은 힌두 사회로부터 달리트로 불리며 이
름 그대로 잊힌, 버려진, 방치된 사람이면서도 사람이 아닌 (사람으
로 인정되지 않는) 삶을 살아왔다.

어느 날 기독교 전도자들이 찾아와서 예수의 사랑을 이야기하며
자신들을 신의 자녀들이라고 불렀다. 그때 그들은 감격했고, 연이
어 참석한 기도회에서는 수많은 환자가 나음을 입었다. 눈으로 보
고 몸으로 체험한 이 일들은 막을 수 없이 넓은 아와당 지역으로 퍼
져 나갔다. 보다 못한 힌두 과격분자들의 조직적인 공격으로 많은

교회가 불타고 성도들이 고향을 떠나는 사태가 발생했다. 그러나 심한 박해가 있었음에도 불구하고 일단 그 놀라운 사건을 체험한 기독인들을 잠재우기에는 역부족이었다.

힌두들의 거친 박해에도 이 지역 교회들은 계속 부흥했다. 그리하여 2006년에는 IEM(India Evangelical Mission)이라는 선교 단체에서 그동안 개척한 250여 개의 교회를 북인도연합교단에 인계하기에 이르렀다.

3. 2008년 오디샤 기독교 박해

오디샤주는 인도 전역에서 나타나는 힌두 대 무슬림의 대립 구도와는 달리 힌두 대 기독교도의 대립이 문제가 되는 지역이다. 전체 인구의 2.1%인 무슬림보다 기독교도가 조금 더 많아(2.6%) 이 지역에서 강한 세력을 가진 힌두 보수주의 단체인 바즈랑달이 기독교도들을 주공격 대상으로 삼았기 때문이다.

하지만 이 지역에서 힌두들의 기독교 박해가 격화된 보다 근본적인 문제는 주 인구의 22.13%를 차지하는 원주민들을 놓고 힌두화하려는 바즈랑달과 기독교를 전파하려는 기독교 선교사들의 경쟁이 치열하기 때문이다.

인도의 기독교도 대다수는 지정부족민(원주민)들이다. 식민지 시대 때부터 힌두 문화권 밖의 이질적인 집단을 기독교화하려는 시도가 있었다. 인도 독립 이후에는 부족민들이 힌두와 다른 자신들만의 정체성을 확립하려는 정체성 운동 과정에서 기독교로의 대규모

집단 개종을 하기도 했다.

바즈랑달은 힌두교 극우 단체인 세계힌두교협회의 청년 단체로 알려져 있다. 바즈랑(Bajrang)은 힌두 신의 하나인 원숭이 형상을 한 하누만(Hanumān)으로 오디샤주나 마하라슈트라주 등의 시골 지역에서 주로 섬기고 있고, 달(Dal)은 모임을 의미한다.

이 단체의 구호는 "봉사, 안전 그리고 문화(sevā surakṣā sanskṛti)"이다. 구체적으로 소 도살 반대, 종교적으로 분쟁이 있는 지역에 힌두교 사원 건설, 밸런타인데이 반대 운동 등을 벌인다. 이는 공산주의, 무슬림, 기독교 등의 위협에서 힌두 정체성을 지키겠다는 명분에서다.

또 한 가지, 왜 하필 오디샤에서 기독교 박해가 많이 일어나느냐는 것을 생각해 보아야 한다.

오디샤의 불가촉천민, 지정부족민들에게 가장 호소력 있는 목소리는 극단 공산주의(마오주의)의 무장 반군인 낙살라이트(Naxalite)들이다. 2000년대 초에 오디샤주의 30개 지역 중 10개 지역이 낙살 반군의 영향권 아래에 있었다. 지금은 25개 지역으로 늘어났다. 이것은 오디샤주의 불가촉천민, 지정부족민들이 대다수인 가난한 농민들이 여전히 억압적이고 과도하게 착취하는 지주 소작 관계에서 벗어나지 못하고 있기 때문이다. 이들이 자신의 이익을 위해 목소리를 낼 때면, 곧바로 지주들이 자신의 무장 사병에 투입하여 잔인하게 탄압한다.

낙살 반군은 이것을 빌미로 억압을 받는 이들의 보호자를 자처하며 세력을 키운 것이다. 오디샤주에 방대하게 퍼져 있는 "낙살라이트들이 기독교인들을 보호하고 있다."라는 소문은 아무래도 바즈랑달에게는 '반갑지 않고 또 의심이 가게 하는 그 무엇'이 되기 쉬운 것으로 추정할 수 있다.

세계힌두협회, 바즈랑달 등의 힌두 근본주의 단체는 힌두 교도들이 타종교로 개종하는 것을 반대하는 운동을 전개하면서 기독교가 힌두 교도들의 개종을 회유 혹은 강요하고 있다고 주장하고 있었다.

바즈랑달 행동 대원들의 악랄한 공격으로 3명의 기독교인이 산 채로 불태워졌다. 이에 겁에 질린 50,000명의 기독교인이 고향을 떠나 돌아오지 않았다. 따라서 칸다말군 지역의 메인라인교회인 가톨릭교회와 북인도연합교회의 풀바니 교구는 성도 수가 감소하여 교회들의 무력감이 아직까지도 심각한 상태로 계속되고 있다.

4. 개종 금지법 시행

아루나찰, 비하르, 라자스탄, 오디샤, 차티스가르, 구자라트, 타밀나두 주 등에서 시행하고 있는 개종 금지법은 세례를 받으려면 부모의 동의를 거쳐서 군 법원(Distric Court) 판사의 승인 판결을 받아야 한다. 그것도 1회 3명으로 제한되어 있다. 이 법안은 '종교의 자유를 허용하는 인도 헌법을 거스르는 법'이라 하여 반대 목소리도 높았지만 인도 사회 전반에 깔려 있는 '인도는 힌두교 나라'라는 사회적인 합의를 넘어설 수 없었다.

그런데 개종 금지법에 따라서 그 자녀가 기독교로 개종하는 것을 허락하는 부모는 아예 없는 경우가 대부분이다. 설령 부모의 동의를 거쳤다고 하더라도, 군 법원의 판사는 여러 서류를 요구하고 또 보충을 통보하다 보니 중간에 지쳐서 그만두는 사람이 대다수였다. 그래서 사실상 극소수라도 개종이 허용되는 법이 아닌 아예 개종이 금지되는 법으로 시행되고 있을 뿐이다.

당시에 우리가 머무르던 마하라슈트라주에서는 입법 예고안으로 주 의회에서 이 법안이 계류 중이었다. 가톨릭 신부가 18세 여자아이에게 세례를 주었는데, 그 부모를 힌두 근본주의자들이 급박하고 회유하여 법정에서 그 신부가 "강제적으로 유도하여 딸이 세례를 받게 되었다."라고 증언했다. 이것은 사회적으로 큰 문제가 되기도 했다.

뿐만 아니라 기독교인들이 어떤 혜택이나 대가를 주어 개종을 했을 경우에는 가차 없이 처벌이나 벌금이 집행되었다. 물질로 회유하여 개종을 유도하는 것은 "양심의 자유가 용납되지 않는다."라고 했다.

이 개종 금지법으로 인하여 지금까지 무료 병원이나 고아원, 학교 등의 사회봉사로 간접 전도를 하던 선교 단체들도 큰 난관에 부딪히게 되어 현재까지도 풀어야 할 숙제로 남아 있다.

5. 풍습 저해법

힌두교 근본주의자들은 힌두교를 '인도의 문화와 풍습'으로 법적인 정의를 내린다. 그리고 기독교의 전도 행위 자체가 인도의 풍습을 저해하는 행위로 간주했다. 전도 현장에서 기독교 전도인들에게 몰매를 가하고, 더불어 경찰에 고발하여 풍습 저해법 위반으로 입건시킨다. 그런 후에 미리 잘 준비시킨 가짜 증인들의 증언을 앞세워 높은 벌금을 내게 한다. 그렇지 못하면, 형을 살게 하는 방법으로 기독교인들의 전도 행위 자체를 억압하고 결과적으로 전도를 포기하도록 유도하는 것이다.

2017년, 우리 인도복음선교회 북동부 지부에서 전도하던 현지인 사역자가 이 법으로 고발되어 힌두 근본주의자들로부터 맞은 몰매는 항의도 못한 채 경찰서에 억류되어 있었다. 경찰이 요구한 벌금은 그의 수입으로는 엄두도 없는 액수이기에 한 달을 갇혀 있었는데, 이 사실을 알게 된 경찰 고위직에 있던 한 기독교인에 의하여 풀려난 사건도 있었다.

"반만년의 유수한 인도의 힌두 풍습을 헤치는 해괴한 서양의 풍습을 전하여 지역민들에게 혼란을 야기하고 사회에 충격을 주는 것을 막겠다."라는 취지의 풍습 저해법은 기독교 전도를 원초적으로 봉쇄할 수 있는 기가 막힌 힌두트바의 전략이다. 바로 힌두트바를 힌두 정권의 풍습 저해법으로 옷 입혀서 집행하고 있는 것이다.

이런 법들은 기독교 박해를 통해서는 도저히 그 확산을 막을 수 없음을 경험한 힌두인들이 고심 끝에 내놓은 법이기에 기독교 선교에 크나큰 장벽이 되고 있다.

6. 검은돈(Black Money) 방지법

2014년, 인도인민당이 선거에 압승을 거두며 집권할 당시에 선거공약으로 내세운 것이 있다.

"스위스은행 비밀 구좌의 10위권 안에 인도인들 4명이 있는데, 그 돈을 꼭 회수하겠다."

이를 실행하기 위해서 검은돈 방지법을 만들었다. 그 후에 그 돈을 회수했다는 뉴스는 들어 본 적이 없지만 법 집행을 위하여 세무조사 특별법을 만들었다. "탈세하여 만들어진 검은돈들을 찾아내겠다."라는 취지로 세무서 공무원들에게 특별 권한을 주어서 그들이 무작위로 뽑은 이들을 조사하게 하는 것이다. 이 과정에서 조사 받는 사람의 대답이 애매하면 15년까지 지난 일을 소급하여 세무 조사하도록 지시한 것이다.

그리고 인도에 체류하는 모든 외국인들은 외국인 등록소에 등록해야 하고, 그 등록을 기준으로 세무 직원이 무작위로 추출하여 조사하는 방법을 실시한다고 발표했다. 그동안 외국인 등록법에 따르면, 1년 이내로 거주하는 자는 외국인 등록소에 등록할 필요가 없었다. 하지만 새로운 법에 따르면, 누구든지 4년 내에 인도 체류 기간이 1년을 넘으면 신고해야 한다는 것이다.

이 법은 기가 막히게 잘 준비된 양날의 칼로 기독교인들을 난도질할 수 있는 법이었다. 이들은 먼저 이 법을 현지 교회들에게 적용했다. 규모가 크지 않은 교회들은 자체적으로 세운 집사들이 회계를 운영했고, 이들의 회계 장부는 세무서 직원들이 보기에는 그 수

준이 말이 아니었다. 그래서 이들의 질문에 제대로 답변하지 못한 교회들이 소급된 15년 동안의 모든 장부를 조사 받게 되었다.

결론적으로 수많은 교회가 이 법에 걸렸다. 인도의 큰 교단들은 모두 감독 제도를 도입하고 있는데, 이 일로 인하여 수많은 감독이 법정에 고발되었다. 조사가 진행되는 동안 감독 직무가 정지되었고, 연이어 교회의 모든 업무는 마비되었다. 특별히 인도 교회는 영국 통치 당시에 선교사들이 세워, 철도청 다음으로 많은 부동산을 소유하고 있었다고 전해지고 있다. 그 부동산을 처분하거나 개발하는 과정에서 반대하던 사람들은 "세무서 직원들이 교회에 조사를 온다."라는 말을 들은 즉시 자진해서 고발하기 시작했다.

인도 감리교회 뭄바이 연회감독이 세상 법정의 판결로 감독 직무가 정지되었다. 북인도연합교단의 델리 교구감독은 이 과정을 견디지 못하여 자진하여 사임했다. 그런가 하면 차티스가르 교구감독과 러크나우 교구감독 또한 직무 정지를 당하게 되었다. 인도 교회는 검은돈 방지법에 의하여 직격탄을 맞고 분열되어 급격히 움츠러들게 되었다. 이것이 바로 힌두 극단주의들이 검은돈 방지법을 준비했던 이유이자 바랐던 결과였던 것이다.

다른 한편 칼날은 외국인 선교사들을 향했다. 선교사 비자가 되지 않는 나라에서 장기로 체류한 외국인 선교사들은 비자 획득이 다른 것보다 상대적으로 쉬운 사업자 비자를 많이 사용하고 있었다. 이런 이들에게는 자진해서 철수하는 것이 유일한 방법이었다. 무작위로 추출 되어 세무 조사를 받고, 제대로 대답을 못하면 어김없이 15년 치를 소급하여 조사를 받아야 했다. 그래서 문제가 있다고 인정되면 세금을 내야 하는데, 대기업 직원 월급에 준한 세금에다가 30배 벌금까지 내야 하는 것이다.

결국 이 검은돈 방지법은 인도 내의 검은돈을 찾아내려는 목적보다 기독교를 분열시키고 약화시키는 최선의 법인 동시에 선교사 추방을 위한 가장 잘 준비된 힌두트바 운동의 일등공신으로 사용되고 있는 것이다.

강화되는 힌두트바 운동 속의 기독교 선교

이제까지 힌두트바 운동이 인도 기독교에 끼친 영향을 살펴보았다. 이제부터는 이런 환경 속에서 어떤 방법으로 선교하는 것이 지혜로운 방법이 될지 한번 생각해 보려고 한다.

이에 앞서 "참새 한 마리도 허락 없이는 땅에 떨어질 수 없게 하시는(마 10:29)" 하나님이 왜 이런 일을 허락하셨는지 한번 살펴보기로 한다.

첫째로 우리로 자기를 의지하지 말고 오직 죽은 자를 다시 살리시는 하나님만 의지하게 하심이다. 고린도후서 1장 8-9절에 "형제들아 우리가 아시아에서 당한 환난을 너희가 모르기를 원하지 아니하노니 힘에 겹도록 심한 고난을 당하여 살 소망까지 끊어지고 우리는 우리 자신이 사형 선고를 받은 줄 알았으니 이는 우리로 자기를 의지하지 말고 오직 죽은 자를 다시 살리시는 하나님만 의지하게 하심이라."는 말씀이 나온다. 인간의 의지와 노력으로는 도저히 어쩔 수 없는 상황을 맞으며 선교사는 죽은 자를 다시 살리시는 하나님만을 의지하게 된다. 마치 죽은 자처럼 자신의 의지로는 아무것도 할 수 없는 선교지 상황이지만 죽은 자를 다시 살리시는 하나님이 그분의 방법으로 선교 환경을 살리시기를 전적으로 의지하고 사역하게 하시기 위하여 이런 일들도 허락하셨다고 믿는다.

둘째로 예수의 생명이 우리 몸에 나타나게 하셔서 겁 없이 하나님의 말씀을 더욱 담대히 말하게 하기 위해서이다. 고린도후서 4장 10절에 "우리가 항상 예수의 죽음을 몸에 짊어짐은 예수의 생명이 또한 우리 몸에 나타나게 하려 함이라."고 말씀하셨고, 빌립보서 1장 14절에는 "형제 중 다수가 나의 매임으로 말미암아 주 안에서 신뢰하므로 겁 없이 하나님의 말씀을 더욱 담대히 전하게 되었느니라."고도 말씀하셨다.

셋째로 그들에게 증거가 되게 하시려고 허락하셨다. 마태복음 10장 18절에 "또 너희가 나로 말미암아 총독들과 임금들 앞에 끌려가리니 이는 그들과 이방인들에게 증거가 되게 하려 하심이라."는 말씀이 있다.

과연 박해는 기독교인들을 믿음 안에서 더욱 강건하게 하는 도구가 되는 동시에 '박해 받는 자'들의 소식을 접하는 힌두인들에게 기독교에 대한 관심을 갖도록 했다. TV와 신문들을 통하여 박해 현장을 수많은 사람이 동시에 보게 되었고, 이 일을 통하여 또 많은 사람이 예수님을 알게 되었다. 그중에 영생을 주기로 작정된 자(행 13:48)들은 주의 품으로 돌아왔을 것이다.

선교지에서 보낸 지난 30년을 돌아보면, 얼마나 많은 시간 동안 자신의 경험과 얕팍한 지식으로 사역하려고 했는지 생각하기조차 부끄러울 지경이다. 또 얼마나 많은 시간을 두려움으로 떨었는지 알 수 없다. 물론 신분을 속이고 숨어서 사역하는 동안에 나도 모르게 생긴 일이기는 하지만 환경이 아닌 "주님만을 신뢰했다."라고 하면 얼마든지 '예수의 죽음을 우리 몸에 짊어진 자'로서 죽음의 두려움까지도 극복하고 담대히 전할 수 있었을 것이다. 그럼에도 불구하고 이런 부끄러운 삶을 살아온 나를 통해서까지도 수많은 사람이 예수님을 믿고 성도의 삶을 살며 예수님의 증인이 되었다.

그래서 '죽은 것 같은 선교 여건 속'에서도 예수님께서는 그분이 하실 일을 그분의 방법대로 하실 것으로 전적으로 믿고 의지한다. 그리고 이러한 믿음으로 사역하는 선교사들을 세우시기 위해서 이런 여건들도 허락하셨다고 믿는 것이다.

실제로 힌두트바 운동이 강화될수록 현지인 사역자들과 현지 교회들이 하나님을 신뢰하여 더욱 담대히 복음을 전하기 시작했다. 그동안 기도해 오고 있던 "현지인에 의한 현지인들의 선교"라는 우리의 기도와 소원이 이루어지고 있는 과정이라 믿는다. 또한 박해의 소식을 들은 세계 교회들이 인도를 향해 관심을 갖고 더욱 집중적으로 기도하여 인도 선교의 앞날에 새로운 일들을 기대하고 있는 것도 사실이다.

강화되는 힌두트바 운동 속의 기독교 선교 방법의 실천적인 조언

이제 강화되는 힌두트바 운동 속의 기독교 선교 방법의 실천적인 조언으로 나와 우리 인도복음선교회에서 해 오고 있는 사역 방법을 제시해 본다.

1. 현지인을 세우는 사역을 하라

내가 속한 인도복음선교회의 선교 정책의 근간은 현지인 위주의 선교(Indigenous Mission)로서 현지인에 의한 현지인을 위한 선교 활동이다. 선교사들은 현지인을 일으키기 위한 일에 최선을 다하되 현지의 필요와 현지인들을 위한 프로그램 계발에 노력하고 있다. 그리고 가능한 조력자의 역할을 수행하는 것을 원칙으로 한다. 현지인을 세우는 사역은 여러 가지가 있겠지만 신학 교육과 현지인 지도자 양성(Training of the Nationals through the Theological Institution)이 중요하다고 생각한다.

선교의 성패는 선교사에게 달려 있듯이 인도 교회 성장의 성패는 현지인 목회자에게 달려 있다. 따라서 우리는 신학교나 전도인 양성 학교 등의 운영에 지혜를 모아서 현지인 목회자와 전도인 양성에 심혈을 기울이고 있다. 자신의 문화와 풍습, 사고방식과 의식 구조를 잘 알고 생활하는 현지인 지도자야말로 인도 복음화에 있어서 최선의 통로가 될 것이기 때문이다.

특히 현지인들이 훈련 과정에 있을 동안은 하나님이 우리에게 맡기신 기간으로 생각하고, 동역하는 선교사들이 한뜻으로 한국 교회가 가지고 있는 특징인 영성, 즉 기도와 말씀 익히기에 전력을 기울여 그들이 복음의 본질을 소유하고 현장으로 나갈 수 있도록 도움을 주고 있다.

훈련 과정을 마친 이들은 다시 교구로 돌아가서 전도사와 목사로 사역하고 있는데, 이들은 이미 현지 교구의 관리를 받으며 사역하고 있기에 선교사의 인도 거주 유무에 상관없이 그 사역을 계속하게 될 것이다.

2. 현지 교단, 선교 단체와 동역하라

나를 포함해서 한국 선교사들이 선교지 교회로부터 듣는 가장 큰 비판은 "협력하지 않고 독단적으로 사역한다."라는 것이다. 선교사가 현지 교회와 협력 선교를 하는 데 가장 중요한 것은 한국 교회가 현지 교회보다 우수하다는 자만심을 버리고, 그들을 섬기려는 자세를 갖추는 것이다. 이것이 절대 필요하다. 한 영혼이라도 더 구원하기 위한 선교를 위하여 선교사는 선교지에서 C.N.I, C.S.I, 장로교회, 감리교회, 성결교회, 침례교회, 오순절 계통 교회 그리고 또 다른 어떤 복음주의 교파, 교회와도 협력하여 사역하는 것이 필요하다.

또한 현재 인도에서 사역 중이거나 앞으로 사역할 국제단체나 국내 단체와도 협력 선교를 지향해야 한다. 특히 현지인 선교 단체와의 협력에도 관심을 가져야 한다. 이것은 잘 훈련된 현지인 지도 자가 유능한 외국인 선교사보다도 복음 전파에 더 효율적이기 때문 이다.

아울러 교민 교회는 세계 선교를 위해서 세우신 하나님의 선교 기지이다. 이스라엘 백성이 디아스포라의 상황 속에서 회당을 중심 으로 하여 선교의 새로운 역사를 열었던 것처럼 세계에 흩어진 교 민 교회들이 세계 선교의 전진 기지 역할을 할 수 있을 것이다. 그 러므로 전략적으로 협력하여 선교하는 것이 필요하다.

나는 1989년 3월에 파송받고, 첫 10년을 사역한 후인 1999년 4 월에 C.N.I(Church of North India)의 뭄바이 교구와 함께 동역을 위한 양해 각서를 썼다. 그리고 시골 전도와 전도자 양육, 교회 음악 사 역을 시작했다. 교구는 전도자 훈련을 위한 훌륭한 건물을 가지고 있었기에 우리는 건축을 위한 시간과 물질을 훈련을 위해서 사용할 수 있었다. 그리고 시골 전도를 위해서는 후원자 모집에 사용할 에 너지를 교구에서 보내 주는 청년들을 교육하는 데 쓸 수 있었다. 왜 지금까지 이 방법을 택하지 않았는지 후회가 다 들 정도였다.

비록 더디게 진행되는 교단의 사역 방식에 맞추어 가는 것과 어 디까지 참아야 하는지 끝이 보이지 않는 고비가 있었지만, 동역을 시작한지 20년이 지난 지금은 그저 감사한 일로 가득하다.

C.N.I 교단에서 2007년에 전 인도 교단과 선교 단체를 초청하 여 개최한 나그풀 선교 세미나를 마치는 자리에서 교단 설립 목적 인 '전도를 등한시한 죄'를 공식으로 표명했다. C.N.I 교회는 2013

년에 열린 총회에서 선교와 전도가 교단의 최우선 사역임을 채택했고, 2015년에는 그동안 사용해 왔던 선교부라는 명칭을 전도부로 바꾸어 상비부로 설치했다. 그리고 그 산하 26개 교구에 전도를 독려하고 있다.

안드류 감독을 교구담당이 아닌 전도부장으로, 전임 사역자로 임명하여 모든 교구가 전도에 더 힘쓰도록 전국을 순회하면서 독려하는 일을 하고 있는 것이다.

과연 몇 명의 해외 선교사가 있어야 교단이 하는 이런 일을 감당할 수 있을까? 설령 선교사가 추방되더라도 누가 이 일들을 멈출 수 있겠는가?

3. 선교사 간에 협력 사역을 하라

우리 인도복음선교회는 팀 사역을 선교 사역 방향 중 하나로 정하고 실천하고 있다. 그것은 교회가 존재하는 양식이 공동체이듯이 선교회가 존재하는 양식도 공동체(팀)임을 믿기 때문이다. 선교가 복음 선포를 통해 이방인들을 하나님과 화평하게 함으로써 하나가 되게 하는 일이라면, 그 화평과 하나 됨은 선교사들에게도 공동체(팀)라는 존재 양식으로 이미 내재되어 있어야 한다. 이 일은 상호 희생과 공동 노력(Collaborating)을 감수하는 것이 필요하지만, 사역수행에 있어 효율성(Efficiency)을 높이고 화합(Combination)을 강화하는 것으로 나타난다.

선교사 간의 협력 사역은 사역을 공유(Principal of Joint Ownership)

하고 회원 상호 신뢰와 협력을 바탕으로 각자가 추진하는 사역들을 공동 사역으로 함께 책임진다.

이러한 사역 공유와 공동 책임을 나눌 때, 혼자서 일하며 겪는 한계인 안식년이나 선교지 추방 등의 갑작스런 상황으로 선교 사역이 중단될 위기를 쉽게 극복할 수 있다.

또한 협력 선교는 전략적으로, 전문적(Principal of Specialty)으로 세분화하여 각 회원의 은사를 바탕으로 사역할 수 있다. 따라서 진행되는 사역들은 효율성(Principal of Efficiency)을 높이게 되어 재정과 시간을 낭비하거나 공연한 불편을 초래하지 않게 된다.

그동안 인도복음선교회에서 동료 선교사들과 팀 사역을 하고 있었던 나는 선교지 사정상 30년 사역을 기점으로 선교 현장을 조기 은퇴하고 비거주 선교사로 본국 사역과 인도 선교 현장을 오가며 사역을 하게 되었다. 그럼에도 인도 선교 현장에는 그다지 여파가 없다. 15년 가까이 동역하던 후배 선교사가 현지 대표가 되었고, 그와 함께 사역하는 다른 선교사들의 동역으로 모든 사역은 이전과 같이 진행되고 있다. 현지 교단과 현지인 사역자들 또한 변함없이 각자의 일들을 진행하고 있다.

글을 정리하며

이제까지 힌두트바가 생기게 된 역사적 배경과 힌두트바 운동의 주체인 민족의용단의 탄생 과정을 살펴보았다. 민족의용단과 인도인민당과의 관계와 현 인도 집권 여당인 인도인민당의 등장 과정에서의 민족의용단의 역할 그리고 현재 인도 수상인 나렌드라 모디와 민족의용단의 관계를 생각해 보았다. 동시에 그들이 펼치는 힌두트바의 정략이 어떠한 방법으로 펼쳐지는지 보았다. 또 그 힌두트바 운동이 기독교에 미친 영향을 살핀 후에 나날이 더 강화되는 힌두트바 운동 속의 기독교 선교 방법이 과연 어떠해야 좋을지 상고해 보았다.

끝으로 "성경으로 돌아가자!"라는 말로 권고하고 싶다. 성경만이 이 모든 현상의 답이기 때문이다.

1. 선교지 삶이 박해의 삶인 것을 예수님이 제자들을 파견할 당시에 이미 예견하셨다. 두려워 말고 지혜롭게 대처하자!

> 보라 내가 너희를 보냄이 양을 이리 가운데로 보냄과 같도다
> 그러므로 너희는 뱀 같이 지혜롭고 비둘기 같이 순결하라(마
> 10:16)

2. 선교사는 매일지라도 하나님의 말씀은 매이지 아니한다.

> 복음을 인하여 내가 죄인과 같이 매이는 데까지 고난을 받았으
> 나 하나님의 말씀은 매이지 아니하니라(딤후 2:9)

3. 박해는 예수 생명이 우리 몸에 나타나는 축복의 또 다른 방편

이다.

우리가 사방으로 우겨쌈을 당하여도 싸이지 아니하며 답답한 일을 당하여도 낙심하지 아니하며 박해를 받아도 버린 바 되지 아니하며 거꾸러뜨림을 당하여도 망하지 아니하고 우리가 항상 예수의 죽음을 몸에 짊어짐은 예수의 생명이 또한 우리 몸에 나타나게 하려 함이라 우리 살아 있는 자가 항상 예수를 위하여 죽음에 넘겨짐은 예수의 생명이 또한 우리 죽을 육체에 나타나게 하려 함이라(고후 4:8-11)

4. 육체만 아닌 육체와 영혼을 함께 다스리는 자를 기억하자. 더군다나 주를 위하여 자기 목숨을 잃는 자는 얻는다고 하셨다.

몸은 죽여도 영혼은 능히 죽이지 못하는 자들을 두려워하지 말고 오직 몸과 영혼을 능히 지옥에 멸하실 수 있는 이를 두려워하라(마 10:28)

자기 목숨을 얻는 자는 잃을 것이요 나를 위하여 자기 목숨을 잃는 자는 얻으리라(마 10:39)

아멘, 주 예수여 오시옵소서!(계 22:20)

참고 자료

Cherian. M. T., *Hindutva Agenda and Minority Lights*, Bangalore: CFCC, 2007

V. D. Savarkar, *Hindutva*, Delhi, 2003

Vinay Lal, *Political Hinduism*, Oxpord University Press: USA, 2010

A Reader, *Hindu Nationalism*, Princeton University Press: USA, 2007

이광수, "구자라트 무슬림 학살은 인도판 나치 홀로코스트"(2014년 9월 15일)

　　http://www.redian.org/archive/77170

한형식, "인도인민당, 종교공동체주의와 시장주의(증오와 폭력의 계급정치)"(2014년 9월 24일)

　　http://www.redian.org/archive/77835

한형식, "종교가 어떻게 정치를 지배하나"(2014년 10월 13일)

　　http://www.redian.org/archive/78737

http://namu.wiki (검색어: 종교극단주의)

http://jinbowiki.org (검색어: 힌두트바)

http://ko.wikipedia.org (검색어: 인도인민당)

http://wiki.korindia.com (검색어: 힌두트바)